辽沈战役

纪实

郭荣辉——著

辽宁人民出版社

©郭荣辉　2025

图书在版编目（CIP）数据

辽沈战役纪实 / 郭荣辉著 . — 沈阳：辽宁人民出版社，2025.3
ISBN 978-7-205-10983-7

Ⅰ . ①辽… Ⅱ . ①郭… Ⅲ . ①辽沈战役（1948）—史料 Ⅳ . ① K266.606

中国国家版本馆 CIP 数据核字（2023）第 251622 号

出版发行：辽宁人民出版社
　　　　　地址：沈阳市和平区十一纬路25号　邮编：110003
　　　　　电话：024-23284325（邮　购）　024-23284300（发行部）
　　　　　http://www.lnpph.com.cn
印　　刷：天津光之彩印刷有限公司
幅面尺寸：160mm×230mm
印　张：19.5
字　数：300 千字
出版时间：2025 年 3 月第 1 版
印刷时间：2025 年 3 月第 1 次印刷
责任编辑：董　喃　王　增
装帧设计：留白文化
责任校对：吴艳杰
书　号：ISBN 978-7-205-10983-7
定　价：78.00 元

目　录

序篇　历史的急转弯

1945年。

战争的浓云开始散去，阳光驱散阴霾，再一次洒满希望的土地。

终于，正义的利剑斩断了邪恶的魔手。

终于，燃烧的土地飞起了和平的鸽子。

战争是创痛，是悲伤，是灾难，是毁灭。

战争是奋起，是抗争，是拯救，是新生。

在人类这场殊死的较量中，历史写下了最为悲壮与辉煌的篇章。

从西方到东方，从地中海到太平洋，整个世界开始了胜利的进军。

欧洲。

5月2日，苏联红军攻克柏林。翌日，盟军进入德国最大海港城市汉堡。

5月8日，德国统帅部代表于柏林在苏军最高统帅部和英美盟军最高统帅部代表面前，正式签署《德军无条件投降书》。

亚洲。

8月6日，美国空军在日本广岛投掷一枚原子弹。三天后，又向日本长崎投下第二枚原子弹。

8月8日，苏联对日宣战。翌日，苏联百万红军在远东最高统帅华西列夫斯基元帅指挥下，在中国东北和朝鲜北部4000公里战线，同时向日军发起进攻。

8月15日，日本宣布无条件投降。

9月2日上午9时，美、苏、英、中、法等九国代表在东京湾美国密苏里号战列舰上，举行了日本向盟国投降的签字仪式。

至此，世界反法西斯战争宣告胜利结束。

这是世界历史的里程碑。

这是中国革命的转折点。

现实迫使蒋介石必须做出选择。

毛泽东也必须做出选择。

国共都不得不重新解决自己曾经面对的问题。

过去的战争结束了，新的战争又将开始。

蒋介石："日本人只是肌肤之病，共产党则是心头之患。"

重庆。

夕阳的余晖将山城涂上金色的光环。

远远望去，整个"陪都"显得越发神秘。

黄山府邸——蒋介石官邸。

这是一个更为神秘的角落。位于长江南岸，离重庆市区约20公里。占地400余亩，以雄居主峰的云岫楼和松厅为中心。云岫楼为土木结构的两层建筑，是委员长的办公地。松厅为中西合璧建筑，是蒋夫人宋美龄的住宅。这里海拔约540米，于此可远眺渝都美景。

云岫楼二楼休息厅。

蒋介石坐在藤椅上小憩。

他微闭着双眼，面露喜色，显得怡然自得。

连日来的喧闹，并没有使他疲倦。他总是带着儒雅的微笑在庆祝胜利的集会上频频亮相，发表演说，一展领袖的风度。

他很得意。作为一个胜利者，一个大国的领袖，他完全有理由得意。

此刻，他一人静静地坐着。多年来的孤独和寂寞已全然消解，他心中充溢着胜利的喜悦。

他曾孤独过，并一度陷入困境。但他走过来了，尽管这一步走得并不轻松。

他不会忘记，第一次坐在这里时的心情是多么沉重。

淞沪失守，南京陷落，武汉崩溃，重庆成了抗战时期的陪都。

蒋介石与夫人宋美龄在日军轰炸重庆之后走出防空洞仍显惊魂未定

日本人的飞机不时在重庆上空嗡嗡作响，即使是偶尔的麻烦，也会使神经紧张的人们陷入极度的恐慌。

英国人自顾不暇，美国人坐视旁观。

东方战场，中国军队在苦苦支撑着。

最后，还是日本人"帮"了这个忙。

日本偷袭美国珍珠港，不但自身招惹了麻烦，还帮助了别人。

珍珠港事件的第二天，美国对日宣战。英国对日宣战。太平洋战争爆发。第二次世界大战进入新时期。

中国终于摆脱了孤立的局面。在美、英对日宣战的当天，蒋介石立即召开紧急特别会议，商讨对策，并于翌日正式对日宣战。紧接着又对德国、意大利宣战。

在后来的时间里，蒋介石开始出现在世界战争的舞台上。中国跻身于美、英、苏、中四强之中。中国不再是可有可无的小角色。

印缅远征、开罗会盟、旧金山联合国制宪，中国扮演的都是国际角色。

蒋介石也因此成为这个国际角色的总导演。在他的心目中，日本人不过是一个小丑，尽管曾使他难堪、棘手，但他相信，将一个小丑拨落马下，只是时间的问题。仗正打着的时候，他就断言："日本人只是肌肤之病，共产党则是心头之患。"他心里很清楚，他真正的对手不是日本人，而是共产党，是毛泽东。

现在，太阳旗不再耀武扬威。在他眼前浮现的是，中国军队正踏着溅满尘土的太阳旗迅猛攻击，收复山河。

抗战胜利了。

蒋委员长胜利了。

举国一片欢腾。那欢呼声似乎还在震荡着委员长的耳鼓。

蒋介石睁开眼，从藤椅上站起来，目光投向远处。

黄昏笼罩着山城。嘉陵江与长江在这里交汇，蜿蜒东流。

蒋介石望着远处若明若暗的江水，心中不禁泛起了涟漪。

他想起了那个怎么也无法让他忘记的人物——毛泽东。尽管在"攘外"的同时也在"安内"，但这个问题还是留了下来。

他知道这个问题的分量，也知道拖得越久，越难以解决。

江水可汇，国共能融吗？

黑夜降临。

又是一个长长的暗夜。

几天后，蒋介石邀《大公报》记者胡霖密谈。

这是一个非正式会谈。蒋介石这么做或许是想从纷乱的思绪中摆脱出来，或许是想听听来自另外一个方面的声音。他身边的人说得够多了，他自己也想了很多，美国人的声音同样萦绕在他的耳际。战后的问题仍然像雾一样笼罩着。

胡霖是《大公报》的经理，是一位颇负盛名的资深记者。出于职业的灵敏，他对中国的现实有着敏锐的观察。蒋介石单独邀他来，他自然明白个中滋味。因此，他对时局的看法颇为直言不讳。

胡霖建议说："从政治方面考虑，政府应将首都迁往北平，并将北平改称北京。"

蒋介石："南京是国人的首都，得胜还都，势在情理。"

胡霖："如果这样做，北方人远离政治中心，会有二等公民的感觉，政府会失去黄河以北人民的支持。"

胡霖见蒋介石没再回答这个问题，又转换了一个话题，说：

"中共问题，要么认真谈判，要么公开宣战，不要理会美国人的意见。"

蒋介石："美国政府希望出现一个政治统一的中国。他们担心战争会再度引起国际的麻烦，再说苏军在东北还没撤。"

胡霖："现在人们很关心东北问题。有人议论说，接收东北将是政府最为头痛的事。"

蒋介石："东北问题已经通过外交途径解决。"

胡霖："日本人占据东北14年，政府对东北应给予特殊的关怀。有人主张让张学良主掌东北。"

蒋介石只是"嗯"了一声，不知是肯定，还是否定。

胡霖见蒋介石的表情有些不悦，便不再主动说话。

应该说胡霖的意见是比较实际的，对蒋介石也是有利的。

但是，蒋介石似乎是没有听进去。

他采取了另外一种做法——既能让国人欢迎，又会使美国人满意的方式。

他向毛泽东发出了邀请。

毛泽东："我们要给蒋介石洗脸，而不是砍头。"

延安。宝塔山。

晚风掠过河面，送来阵阵凉意。月光拨开云层，流泻在水面上。延河水泛着银色的波光，缓缓流动。

月光下，宝塔巍巍挺立，庄严神圣。

毛泽东在延安窑洞撰写《论持久战》

一只鸟惊叫着飞过宝塔，钻入深深的夜幕。

万籁俱静。这寂静的夜晚催人熟睡，又令人难以入眠，仿佛蕴藏着一种躁动，要冲破黎明前的黑夜。

点点灯光渐渐熄灭，座座窑洞又藏入夜的怀抱。

枣园。中共中央办公地。

这是中国的"红都"。与喧闹的"陪都"相比，的确显得过于冷清。就是这个僻远穷困的角落，总是让蒋介石心绪不宁。延安，成了他心中无法摆脱的影子。

但是，许多人却怀着一种理想、一种追求、一种希望来到延安，又满腔热血从这里踏上抗日的前线。

抗战胜利了，延安越发显示出神奇的魅力。

蒋介石再一次把目光投向延安。

延安的夜是平静的，延安的夜又积蕴着猛烈的风暴。

此刻，枣园一孔普通的窑洞仍然亮着灯。灯火摇曳着，一只硕大的身影映在粉刷得洁白的洞壁上。

毛泽东稳稳地坐在木椅上，秉笔疾书。

他写得一手好字，飘逸洒脱，遒劲奇绝。他的文章更是洋洋洒洒，充满着犀利和睿智。他天才的洞察力和卓越的远见令所有的人——不管是他的追随者还是他的对手都不能不折服。别的不说，一篇《论持久战》竟然让一个日本兵自动放下武器，走向延安。

抗战胜利后的时局更加严峻，毛泽东以他特有的敏锐，开始了对时局和今后方针的思索。毛泽东接连撰写发表了《抗日战争胜利后的时局和我们的方针》《蒋介石在挑动内战》《评蒋介石发言人谈话》等文章，指出了内战的危险性与和平的可能性。他说：

"国民党怎么样？看它的过去，就可以知道它的现在；看它的过去和现在，就可以知道它的将来。"

"蒋介石的方针，是要打内战的。我们的方针，人民的方针，是不要打内战的。"

蒋介石在注视着毛泽东，毛泽东也在注视着蒋介石。他们各自都在思考中国的命运与前途。

夜给人们带来黑暗，黑暗迫使人们寻找光明。

时间在流动，夜色在消失，思绪在旋转。毛泽东彻夜无眠。夜间工作，已是他多年来的一种习惯。夜的寂静，给了他无限的遐想。他的思想在夜色中酝酿、成熟，并燃起光明的火焰，在夜空中跳跃、升腾。

毛泽东放下笔，点燃一支烟，猛吸了两口，然后站起身，走到地图前。他把目光射向延安，许久又移往重庆，接着在插有小红旗的地方来回巡视，最后停在状如鸡头的地方——那里是东北。

一唱雄鸡天下白。他知道东北的地位是多么重要，也清楚红旗插上黑土地将意味着什么。在蒋介石盯着延安的时候，他已经把目光转向这里。

在中共七大"关于选举候补委员问题的讲话"中，毛泽东直截了当地阐明了自己的观点。他说：

"东北是很重要的，从我们党，从中国革命的最近和将来的前途看，东北是特别重要的。如果我们把现有的一切根据地都丢了，只要我们有了东北，那么中国革命就有了巩固的基础。"

毛泽东总是棋高一筹。苏联红军出兵东北，他就把八路军开进了黑土地。蒋介石还在与苏联人通过外交交涉东北问题的时候，八路军的将士与苏军正在紧紧地握手和拥抱。

时间就是胜利。天时不可失也。

东方破晓。毛泽东离开地图，把目光转向洞口。晨曦映红了窑洞，新的一天又将开始。

太阳红红地照在黄土高原，远处传来一位陕北老汉高亢的歌声。

毛泽东站在黄土高原，志在挥扫天下。蒋介石卧于蜀中盆地，岂能坐失山河。他们都很自信，又都从来不小看对手。

在连续接到蒋介石两次电报邀请后，8月23日，毛泽东主持召开中共中央政治局扩大会议。即将出发到前线去的刘伯承、邓小平、陈毅、林彪、陈赓、薄一波、萧劲光等也参加了会议。

毛泽东在会上作了长篇发言，对国内国际政治形势作了科学的分析。他说：

"现在情况是，抗日战争的阶段已结束，进入和平建设阶段。"在分析进入和平时期面临的可能性后，毛泽东着重提出一个问题，说："和平能否取得，内战能否避免？"

毛泽东有力地作了一个手势，对未来充满信心地说：

"蒋介石想消灭共产党的方针没有改变也不会改变。我们现在新的口号是：和平、民主、团结。"接着，他又分析说：

"中国的政治局面，现在是独裁加若干民主，并占相当长的时期，我们还要钻进去给蒋介石洗脸，而不是砍头。这个弯路将使我们党在各方面达到更成熟，中国人民更觉悟，然后实现新民主主义的中国。"

会场十分肃静，大家都在认真地听主席的发言。

毛泽东点燃一支烟，然后放慢速度，把话题转到蒋介石邀请去重庆谈判的事情上来。他用征询的目光对大家说：

"恩来同志马上就去谈判，谈两天就回来，我和赫尔利就去。这回不能拖，应该去，而且估计也不会有什么危险。"

朱德对主席去重庆谈判深感不安，他脸带怒气地说：

"啥子和谈，老蒋在耍把戏。"

周恩来："蒋介石居心叵测，是在摆鸿门宴。"

刘少奇："主席应该从长计议。"

在场的几位将军也都不主张主席去重庆。毛泽东知道大家是担心他的安全，笑着说：

"蒋介石这个人我是了解的。只要你们在前方打得好，我就安全一些，打得不好，我就危险一些。你们打了胜仗，我谈判就容易些，否则就困难一些。"接着，他又风趣地说：

"目前的情况是有三种果子，我们可能得一批小的，失去一批大的，另外，还要力争一批不大不小的。"

最后，毛泽东语气十分肯定地说：

"我是否出去？我们今天还是决定出去而不是不出去。但出去的时机由政治局书记处决定。我出去，决定少奇同志代理我的职务，书记处另推陈云、彭真同志为候补书记，以便我和恩来出去后，书记处还有五人开会。"

在毛泽东决定赴会的当天，蒋介石第三封电报又到了。第二天，毛泽东复电蒋介石：

> 梗电诵悉。甚感盛意。鄙人亟愿与先生会见，共商和平建国之大计，俟飞机到，恩来同志立即赴渝进谒，弟亦准备随即赴渝。晤教有期，特此奉复。

8月25日，中共驻重庆代表王若飞回到延安。毛泽东等七位政治局委员连夜同王若飞再次研究毛泽东去重庆的问题。第二天，毛泽东在中央政治局会议上报告了讨论的最后意见：

决定同意毛泽东去重庆。

中共中央政治局同意了这个意见，并于当日将毛泽东同志起草的《中共中央关于同国民党进行和平谈判的通知》发往各中央局和各大战略区，向党内通报：

毛泽东、周恩来、王若飞赴渝和蒋介石商量团结建国大计。

重庆，历史性的时刻

重庆。九龙坡机场。

8月28日下午3时37分，一架草绿色飞机徐徐降落在跑道上。毛泽东和周恩来、王若飞在国民政府军事委员会政治部长张治中、美国驻华大使赫尔利陪同下，从延安飞抵重庆。

这是一个历史性的时刻。

《大公报》记者子冈记录下这一历史的瞬间。在第二天出版的报纸上，他这样写道：

> 人们不少有接飞机的经验，然而谁也能说出昨天九龙坡飞机场迎接毛泽东是一种新的体验，没有口号，没有鲜花，没有仪仗队，几百个爱好民主自由的人士却都知道这是维系中国目前及未来历史和人民幸福的一个喜讯。第一个出现在飞机门口的是周恩来，他的在渝朋友们鼓起掌来。他还是穿那一套蓝的布制服，到毛泽东、赫尔利、张治中一齐出现的时候，掌声与欢笑声齐作，延安来了九个人。
>
> 毛泽东先生，五十二岁，灰色通草帽，灰蓝色的中山服，蓄发，似乎与惯常见的肖像相似，衣服宽大得很。这个在九年前经过四川境的人，今天踏到了抗战首都的土地了。

毛泽东在机场发表了书面谈话。然后被赫尔利、张治中送到曾家岩张治中的住宅桂园小憩。

这天晚上，蒋介石在黄山别墅山洞林园住处为毛泽东举行欢迎宴会。中国两大政党的领袖，经过18年的较量后，再一次握手。

昨天是对手，今日是朋友。闪光的酒杯被频频举起，他们脸带微笑，言语谦恭，整个宴会洋溢着友好愉快的气氛。

"度尽劫波兄弟在，相逢一笑泯恩仇"。他们终于走到了一起，彼此称兄称弟。昨天还唤作"贼""匪"，今天又开始互敬"先生"。历史在他们的手掌间变幻。

昨天是战火烽烟，今天是丽日晴空，那么明天呢？

明天从昨天走来。

蒋介石此刻的心情是难以揣度的。毛泽东坐在蒋介石的身边是否就心无余悸了呢？

蒋介石可以忘记过去，毛泽东能吗？他端起红红的葡萄酒杯祝贺蒋公身体健康的时候，那滴血的刺刀就真的被忘记了吗？

1927年上海事变，蒋介石对共产党人进行了无情的清洗。他号召国民党人与共产主义决裂，他说："如果我们允许他们那可怕的政见蔓延，一切都将成为泡影。"

蒋介石反共的心理由来已久。1923年，孙中山先生决定联俄联共，改组国民党，他选中蒋介石去苏联考察。这次苏联之行，他大失所望。在给孙中山的信和报告中，他表示了对共产党的不满情绪，他写道：

"我很快就察觉出苏联社会各部门及苏联共产党内存在的公开

毛泽东应蒋介石邀请赴重庆谈判。图为毛泽东、周恩来、王若飞（右一）和国民党代表张治中（左一）、美国大使赫尔利在延安机场合影

重庆谈判期间，毛泽东同蒋介石在招待会上

的和秘密的激烈斗争。我比以往任何时候都确信苏联政治是独裁和恐怖主义的统治工具，它与以三民主义为基础的国民党的政治体制完全不同，这是我出访苏联所得出的结论。如果我们一直待在国内，我们恐怕永远不会发现这些。"

在国共合作的热烈气氛下，蒋介石的建议并没有被孙中山采纳。不久召开的国民党一大，毛泽东等共产党人被选进了国民党中央执行委员会和中央监察委员会。毛泽东在国民党中央党部任宣传部代理部长。这时的蒋介石在中执委中还没有位置，他被任命为黄埔军校校长。

蒋介石尽管是孙中山忠诚的追随者，但他的良好建议总是被拒绝。直到陈炯明叛变，他从上海南下广州，与在黄埔港"永丰"号军舰避难的孙中山度过了56个难熬的日夜后，孙中山才认识到一直坚定不移支持他的人是蒋介石，而不是别人。此时的蒋介石在军事上已崭露头角，政治还没有引起他的兴趣。他在日记中曾写道："政治使人过狗一般的生活……道德何在？友谊何在？"但是，涉入政治领域后，在政治权术方面，他表现得相当的成熟和精到。

国民党二大，蒋介石第一次当选为国民党中央执行委员，随后又被选为常务委员。此后一系列动作，蒋介石扶摇直上，登上了国民党的最高宝座。"中山舰事件""整理党务"不仅使他战胜了党内的对手，共产党人也失去了作用。他担任了中央执行委员会主席和国民政府军事委员会主席，还兼任国民党中央组织部和军事部部长。而毛泽东却失去了宣传部的职务，只保留了农讲所负责人的位置。从此，毛泽东与蒋介石开始了长达半个世纪的较量。

蒋介石血洗上海，共产党人陷入血雨腥风之中。在逆境中，共产党举行了南昌起义、秋收起义、广州起义，毛泽东把红旗插上了井冈山。蒋介石咽不下这口气，对共产党又连续发动五次"围剿"。

毛泽东率红军长征到达了陕北。从此，西北黄土高原上又升起了一轮红红的太阳。

历史的长河总是一波三折。蒋介石正在踌躇满志，一件意外的事情发生了。这就是闻名于世的"西安事变"。蒋介石没有抓到毛泽东，自己反倒被人捉了。蒋介石以为胜利在握了，但命运又和他开了一次玩笑，他也因此对张学良记恨终生。

那么张学良的遗恨呢？不管怎么说，为了对抗共同的敌人，国共再一次实现了合作，而张学良和他的追随者却失去了一切。

现在，毛泽东和蒋介石又坐在了一起。毛泽东是再也不可小视的，蒋介石呢？

抗战中，蒋介石把眼睛盯在盟友身上，他赢得了美国朋友。在峨眉山上他似乎看到了今天。毛泽东则把目光转向日本人的身后，他最终赢得了民众。毛泽东以他敏锐的目光不但看到了今天，还看到了未来。

蒋介石有美国人撑腰。毛泽东靠谁呢？在延安时，美军观察组组长包瑞德上校对毛泽东说："你们要听一听赫尔利的话，派几个人到国民党政府里去做官。"毛泽东回答说：

"捆住手脚的官不好做，我们不做。要做，就得放开手放开脚，自由自在地做，这就是在民主的基础上成立联合政府。"

"不做不好。"

"为什么不好？"

"美国人会骂你们，还会给蒋介石撑腰。"

毛泽东听了不以为然，他反驳说：

"你们爱撑蒋介石的腰就撑，愿撑多久就撑多久。不过要记住一条，中国是什么人的中国？中国绝不是蒋介石的，中国是中国人民的。"他最后加重语气，说：

"总有一天你们会撑不下去！"

不知道毛泽东此刻是否想起了这次谈话。不过，他没有忘记向赫尔利敬酒。如果没有赫尔利，没有美国人，他会坐在这里与蒋介石平等地对话吗？

然而，这场对话会平等吗？赫尔利好像支撑一块跳板的球，他只为两个人提供了机会，却无法保持他们的平衡。

赫尔利是美国驻中国大使。1944年底开始，充任国共谈判的调解人。他对国共合作投注了极大的热情，并充满自信。后来的事实表明，这种自信源于他的无知。他既不了解蒋介石，也不了解毛泽东，更不了解中国。现在，他又试图在国共之间搭起一座桥，这座桥使毛泽东与蒋介石走到了一起。他们的手紧紧相握，他们的心呢？

宴会后，毛泽东在蒋

重庆谈判期间，毛泽东与蒋介石合影

介石的盛邀下，下榻于林园二号楼。

第二天，国共谈判正式开始。

毛泽东与蒋介石并肩站在一起合影。

他们都身着中山装，都充满自信。

他们都有充分的理由认为自己代表中国，又都有充分的理由完全不信任对方。

中国，又一次走到历史的路口。

上部　东北战局

林彪在哈尔滨主持东北局会议，研究东北战局

第一章　挺进东北

飞机插进稻田，彭真、陈云改乘火车出关

风云变幻，时局动荡。

历史的激流穿过重重险阻，在平缓的河面打了个漩，又迅猛地奔流而下。

青山遮不住，毕竟东流去。

重庆和谈的迷雾并没有遮住共产党人的视线。

蒋介石在国共谈判中借口所谓军令政令必须统一，其目的是取消共产党领导的解放区和军队。让出地盘，交出军队，这已触及中共利益退让的底线，在这一原则问题上双方没有商量的余地。

重庆谈判陷入僵局。

日本宣布投降之后，蒋介石便急不可耐以国民政府军事委员会委员长名义，连下四道命令，限令中共部队"原地驻防待命"，指令国民党部队"积极推进，勿稍松懈"。紧接着，又请求美国出动军舰、飞机，将百万大军由边远地区抢运前线，接受日军投降，收复失地。

中共对蒋介石的命令未予理睬，延安八路军总部朱德总司令亦连

发七道命令，命令各解放区部队，向日军发出最后通牒，令其限期缴械。

国民党抓紧运兵，共产党说干就干。

至1945年9月中旬，国民党共调动36个军73个师，向各大交通线和共产党辖区推进和进攻。9月20日，蒋介石向各战区司令官发出密电，电文称：

> 目前与奸党谈判，乃系窥测其要求与目的，以拖延时间，缓和国际视线，俾国军抓紧时间，迅速收复沦陷区中心城市。待国军控制所有战略据点、交通线，将寇军完全受降后，再以有利之优越军事形势与奸党作具体谈判。如彼不能在军令政令统一原则下屈服，即以土匪清剿之。

蒋介石一纸电文，道破天机。中共对蒋介石假和平、真内战的良苦用心，更是了如指掌。

共产党人与蒋介石经过18年血雨腥风的较量，已经清醒和成熟。

1927年后国共兵戎相见，国民党哪次不是"石头过刀，茅草过火"，欲置共产党于死地。现如今，虽说共产党把陕北荒野贫瘠之地，搞得热气腾腾，日新月异，但与兵力将近4倍于己的国民党硬碰，实力还是相差悬殊。

国民党百万大军步步紧逼。面对如此严峻的形势，中共迅速调整部署，加快战略转变。中共"七大"确定的"向南发展"战略，随着蒋介石的海陆空大运兵，迅速改为"向北发展"。

历史在这一瞬间改变了朝向，决定了命运。

1945年9月19日，中共中央代主席刘少奇提出"向北推进，向南防御"战略方针在征得毛泽东复电同意后，代表中央起草了《关于向北发展向南防御的战略方针部署的指示》，并下发各中央局。电文指出：

> 一、国共谈判暂时很难有结果。……
>
> 二、目前全党全军的主要任务，是继续打击敌伪，完全

控制热、察两省，发展东北我之力量并争取控制东北，以便依靠东北和热、察两省，加强全国各解放区及国民党地区人民的斗争，争取和平民主及国共谈判的有利地位。

电文最后强调指出：

全国战略方针是向北发展，向南防御。只要我能控制东北及热、察两省，并有全国各解放区及全国人民配合斗争，即能保障中国人民的胜利。

由"向南发展"到"向北发展"，中共只改动了一个字，只用了一个月时间，就完成了抗战胜利后战略方针的转变。

中共的战略重点已全然放在东北方面。在蒋介石还在幻想通过外交途径不费一兵一卒就可以从苏联红军手中全部接收东北的时候，中共不仅在战略上而且在行动上已经开始经略东北了。

就在中共"向北发展"的指示发往各中央局的当天，中共中央东北局在沈阳张作霖"大帅府"正式成立并举行第一次扩大会议。

中共在东北发展得如此神速，关键是抓住了苏联红军出兵东北这一"千载一时之机"。

1945年8月9日，苏联遵照雅尔塔协定，调集百万红军出兵东北，向日本关东军发起猛烈攻击。

在苏军出兵东北的当天，毛泽东即发表《对日寇的最后一战》的声明，号召"中国人民的一切抗日力量应举行全国规模的反攻，密切而有效力地配合苏联及其他盟国作战"。紧接着，朱德总司令向各解放区所有武装部队发布了第一号大反攻的命令。8月11日，又发布第二号命令：

一、原东北军吕正操所部由山西、绥远现地，向察哈尔、热河进发。

二、原东北军张学思所部由河北、察哈尔现地，向热河、辽宁进发。

　　三、原东北军万毅所部由山东、河北现地，向辽宁进发。

　　四、现驻河北、热河、辽宁边境之李运昌所部，即日向辽宁、吉林进发。

　　冀热辽军区司令员兼政治委员李运昌接到延安总部的电报后，于8月13日在冀东丰润县大王庄召开紧急会议，决定成立冀热辽军区"东北前进工作委员会"和"前方指挥所"，由李运昌率领所部分三路越过长城，向热河、辽宁、吉林挺进。

　　西路由14军分区司令员舒行、政治委员李子光率部2000余人，从兴隆、围场出发，向承德方向前进；中路由15军分区司令员赵文进、政委杨文汉率部3000余人，从喜峰口出发，向赤峰方向前进；东路由16军分区司令员曾克林、副政治委员唐凯率部4000人，从抚宁县出发，向锦州、沈阳方向前进。

　　东进的序曲奏响。曾克林率领16军分区所部一路高歌，势如破竹，攻无不克，成为这场历史大进军的开路先锋。

曾克林（右二）与苏军上校研究攻打山海关计划

　　8月16日收复昌黎，20日打下海阳镇，24日攻克卢龙双旺镇和抚宁台头营日伪据点，28日占领石门寨，29日绕道九门口，越过长城出关，30日在绥中前所与苏军会师。

　　一场秋雨洒过，空气格外清新。

　　曾克林踏上黑

冀热辽部队配合苏军作战，解放山海关

土地，心中充满了喜悦和激动。更让他高兴的是，出关第一天就与苏军"老大哥"会师。出关前战前动员，他就对大家说要去东北和"老大哥"会师，没想到这一天来得如此之快。

曾克林命令部队排成4路纵队，将司号员组织一起，组成"军乐队"，迎接苏联红军。

上午9时，苏联红军60余人分乘5辆汽车，迎面开来。这边鼓足了热情，军号齐鸣，口号震天，那边却面色冰冷，手持武器，刀枪相向。显然，"老大哥"是误会了。双方派人沟通，连比带画嘀咕，费了半天劲，也没闹明白。最后苏军叫来一个蒙古人，这个人懂点中国话，总算搞清迎接他们的是八路军，是毛泽东、朱德的部队。

情况清楚了，两军会合在一起，亲切握手，互相拥抱，"军乐队"又吹起了欢迎号，"斯大林万岁！""毛泽东乌拉！"的口号声此起彼伏，响彻云霄。

为了尽快挺进东北，曾克林避开山海关，趁着夜色，踏着雨后的泥汴，率部绕道出关。前所会师，他建议苏军联手攻打山海关。

当日，八路军和苏联红军迅速西进，兵临山海关城下。通牒很快送出，限驻山海关日伪军队于本日下午2时在山海关火车站无条件向中苏军队投降。

一小时后，日军代表出城谈判，先是借口奉有蒋介石命令，只接受国民党军受降，又以山海关不归"满洲国"管辖进行搪塞。苏军代表当即发怒，大骂日军。日军代表见势不妙，带人逃回城内。

曾克林和苏军商议，决定攻城。战斗打响前，又向日军发出最后通牒，敦促日军立即投降。日军顽固不化，仍拒不投降。

下午5时，攻城开始。

苏军首先向日军开炮，八路军攻城部队集中轻重机枪、迫击炮，以密集炮火封锁"天下第一关"城墙突破口。八路军勇士们在强大火力掩护下，爬上云梯，登上垛口，迅猛投出手榴弹。日军被炸得血肉横飞，溃不成军，纷纷逃命。只一个小时，攻城部队就占领城内制高点，将红旗插上"天下第一关"城楼。后续部队突入城内，穷追猛打，不给守军喘息之机。战至晚上9时，全部肃清残敌，共歼灭日伪军3000余人，解放山海关。

延安《解放日报》9月6日报道："华北军事要冲山海关，及沦陷敌手十二年之久之榆关镇，已于八月三十日为我军光复。"

9月3日，日本在投降书上签字的第二天，曾克林率部乘一列40余节客货"混合"列车，向锦州、沈阳疾进。

9月4日，到达锦州。9月5日，进入东北最大城市沈阳。

八路军突然出现在沈阳，苏军感到十分惊讶，迅速调部队将车站包围，不准下车。

曾克林率部一路接收，一路前进，沿途与苏军合作得非常友好，到了沈阳，"老大哥"的态度突然转变，他感到十分意外。此时，他率部队已经深入东北腹地400公里，带来的15瓦电台，因功率太小，无法与总部取得联系。进退两难，他决定还是与苏军据理力争。

沈阳是8月21日被苏军解放的，驻沈阳部队是苏近卫军第6集团军。曾克林带人到苏军驻沈阳城防司令部进行交涉，接待他们的苏军司令卡夫通少将，态度傲慢又很强硬，一连两次，都没有结果。

部队在火车上停留快一天了，曾克林十分焦急，这样等下去，也不是办法。他思忖再三，决定与唐凯再去交涉。

这次，曾克林他们的态度也很强硬。见到卡夫通，唐凯撸起衣袖，指着参加革命后手臂上刺的镰刀、锤头和五角星，连声说："共产党！毛泽东！""毛泽东！共产党！"

曾克林也是据理力争："我们是共产党、毛泽东领导的队伍，是执行朱德总司令的命令到东北配合你们作战的。我们已经与你们的部队在山海关、锦州会师。"接着，他又加重语气说：

"冀热辽是我们的土地，我们长期在这里抗日，你们不让我们来，让谁来？"

卡夫通被质问得无言以对。曾克林最后脸带怒气地说：

"如果你们不信，可以去问莫斯科！"

卡夫通态度逐渐软了下来，他和身边的人商量一下，然后耸了耸

曾克林部进入沈阳，受到沈阳市民的热烈欢迎

肩，显得无奈地说：

"你们可以下车，但要驻到苏家屯去。"

黄昏降临。

曾克林率领2000人的队伍，迈着威武整齐的步伐向驻地开进。

八路军到达沈阳的消息立刻传开，沈阳市民如潮水般涌上街头，数万名群众簇拥着行进的队伍，热情地欢呼与致意。一位老大娘流着激动的泪水，拉着战士的手，高兴地说："可看到你们了，可看到你们了！"

这种激动人心的场面，让苏军非常震惊。卡夫通得知后，马上转变了态度，吩咐士兵，让八路军不必去苏家屯了，就住在沈阳故宫东面的小河沿。

9月7日，曾克林、唐凯被苏军接到驻沈阳苏近卫军第6集团军司令部，司令员克拉夫琴科上将、军事委员图马尼扬中将接见了他们。这次会见，双方都很友好。克拉夫琴科上将见了曾克林和唐凯，热情地说："斯大林、莫洛托夫来电报了，你们是毛泽东、共产党的部队。欢迎你们。"

曾克林和唐凯把他们8年来战斗在冀热辽，坚持抗战，以及执行延安总部命令，配合苏军作战，收复山海关，会师锦州，挺进沈阳的经过，详细地向苏军做了汇报。克拉夫琴科上将听后，微笑着说："我们现在不叫你们将军了，称你们为同志，我们是同志式的谈话。"接着，他又建议说：

"从现实看，由于受中苏条约的限制，国民党接管东北似乎是合法的。因此，建议你们对外最好不叫八路军，把八路军改成东北人民自治军。这样，自治军就不会受到条约的限制。"

曾克林按照苏军的建议，命令把八路军的臂章统统换下，改为东北人民自治军。之后，与苏军协商，成立了东北人民自治军沈阳卫戍区司令部。接管工作迅速展开，只一个星期，就接管了沈阳及外围主要城市辽阳、鞍山、抚顺、本溪、铁岭等，基本控制了辽宁的局势。这时，东北抗联负责人冯仲云在沈阳也与曾克林接上头。原来抗联教导旅在周保中、李兆麟、卢东生、冯仲云等领导下，协同苏军作战，已进驻东北57

个城市。

八路军进入沈阳，一些西方新闻媒体纷纷指责苏联政府，美英等国也给苏联施加压力。根据8月14日苏联政府与国民党政府签订的《中苏友好同盟条约》规定，苏军在撤离东北之后，将由国民党方面接管和行使在东北的行政全权。在这种情况下，驻长春苏军最高司令马利诺夫斯基元帅、远东前线最高司令华西列夫斯基元帅，决定派代表去延安与中共中央进行联系。

9月14日，苏军一架涂有红五星的道格拉斯式飞机从沈阳北陵机场起飞，向西北延安飞去。曾克林陪同苏军代表同机前往。

9月15日，苏军飞机在延安东关机场着陆，杨尚昆、伍修权到机场迎接。当天下午，中共中央政治局在杨家岭召开会议。会议由刘少奇主持。曾克林在会上详细汇报了挺进东北的经过。

刘少奇听了曾克林的汇报后，肯定地说："冀热辽部队执行朱总司令的命令，坚决，行动快，发展迅速。"接着，他又高兴地说：

"你来得正好，对我们了解东北情况很有帮助。为了控制东北，中央准备派大批干部和主力部队到东北去。我们对东北问题研究了好几天，不知道东北的具体情况，下不了决心。"然后，他充满自信地说：

"我们的部队先进去了，站住了脚，就可以控制东北。我们掌握了东北，就为毛主席、周副主席在重庆谈判创造有利地位。我们有了东北，就可以加速中国革命的胜利进程。"

会议期间，刘少奇将曾克林陪同苏军代表来延安的情况，向在重庆谈判的毛泽东、周恩来发了电报。朱德接见了苏军代表。苏军代表卫斯别夫上校向朱德转达了苏军统帅部的指示，他说：

"按照红军统帅部的指示，国民党军队与八路军进入满洲，应按照特别规定的时间，在红军退出满洲之前，国民党军和八路军均不得进入满洲。"他要求已进入满洲、热河的八路军"退出苏军占领地区"。

朱德与苏军代表坦诚地交换了意见，最后达成协议，苏军同意将原属冀热辽抗日根据地范围的锦州、热河两省交给八路军接管。卫斯别夫上校最后还表明态度说："红军统帅部正式转告朱总司令，红军不久即将撤退，届时中国军队如何进入满洲，应由中国自行解决，我们不干涉中国内政。"

曾克林汇报结束的当天，中共中央将《曾克林对东北情况的报告》立即通报给各中央局：

> 一、曾克林部队已发展到两万余人，全为新式武器，从山海关到沈阳各城均驻有曾部，曾率四个连到沈阳，一星期即发展成四千人，并改编保安队万余人。
>
> 二、原在东北做苦工我八路军之俘虏的一、二万人，已组织八路军游击队若干股，并进入长春。
>
> 三、国民党从监狱释放甚多，甚为活跃，到处成立国民党部。
>
> 四、在沈阳及各地，堆积之各种轻重武器及资材甚多，无人看管，随便可以拿到，曾克林已看守沈阳各重要工厂及仓库，据说有枪支十万支，大炮数千门及弹药、布匹、粮食无数，武器资材落在民间者甚多。
>
> 五、扩兵极容易，每一号召即有数千人，并有大批伪组织武装均待改编。
>
> 六、红军只驻大城市及要道，各中小城市及城乡无人管理，秩序混乱，伪组织等待交代或畏罪潜逃，土匪兴起，并占领若干小城市。

中央政治局的会议仍在进行。延安杨家岭窑洞的灯光，彻夜通明。一个决定中共未来发展战略的决策，终于在这个静静的夜晚酝酿成熟。会议决定：成立中共中央东北局，由彭真任书记，派彭真、陈云、伍修权、叶季壮、段子俊、莫春和6位同志随苏军飞机立即去东北，从各解放区抽调10万主力部队和2万干部挺进东北。

刘少奇在会议最后强调："目前我党在东北的任务，就是要迅速的、坚决的争取东北，在东北发展我党的强大力量。"指出："这是千载一时之机。"

9月16日，彭真、陈云、伍修权、叶季壮、段子俊、莫春和在曾克林陪同下，乘苏军飞机飞离延安。

临近山海关，飞机出了点故障，在山海关机场紧急降落。苏军驾驶员慌乱中操纵飞机在跑道中段着陆，结果飞机冲出跑道，插进一块稻田里。叶季壮头被撞破，受了重伤。伍修权等受了点轻伤。彭真被撞成脑震荡。陈云最幸运，舱门撞开时，把他推进了驾驶室，有惊无险。冀热辽行署副主任朱其文带人及时赶到救护。他们在山海关停留一夜，然后改乘火车出关，途经锦州，于9月18日到达沈阳。

第二天，中共中央《关于向北发展向南防御的战略方针部署的指示》下发各中央局。各解放区抽调东北的部队和干部迅速出发，昼夜兼程，向东北挺进。

十万火急，林彪濮阳转道

雨一直下个不停，行军的脚步更加急促。

没有飞机，没有汽车，甚至没有马，完全凭一副铁脚板，徒步行军。

不仅如此，而且还要与飞机、军舰、十轮卡车争速度，抢时间。

这几乎是不可能的，但他们相信能够创造这个奇迹。

国共对垒，共产党势单力薄，只能出奇制胜。与共产党交锋十几年的蒋介石，对此恐怕不会健忘。

红军长征北上，蒋介石坐镇昆明，调集十几万大军布下口袋阵，决心与红军会战大渡河。蒋介石料定，大渡河是太平天国石达开大军覆灭之地，共军入此绝地，必步石军覆辙。毛泽东将计就计，下令不惜一切代价夺取泸定桥，抢渡大渡河。

红军前卫团接受的任务是："三天夺下泸定桥！"而此时距泸定桥还有160公里。

红军战士丢下辎重和行装，带着枪弹和干粮，跑步前进。第二天早晨5时，命令又变，要务必于明天夺取泸定桥。

时间只有24小时，路程还有240里。

红军战士们沿着陡峭崎岖的小路，冒着倾盆大雨，昼夜急行，终于抢在川军之前飞夺泸定桥。

蒋介石全歼毛泽东红军的计划再次落空。他从昆明飞到成都，盛怒之下，下令枪毙了两个旅长。毛泽东则随红1军团渡过大渡河，继续北上。

那个改令红军一天飞夺泸定桥的人，是红1军团军团长林彪。

此刻，林彪正领命急奔东北。

这次较量，蒋介石动用的是美国陆海空现代化交通工具，以泰山压顶之势向解放区扑来。他不会想到，倏忽间又让他的对手钻了空子。

林彪是8月24日乘一架美国运输机离开延安的，飞机在太行山东阳关机场着陆。同行的二十几个人有去晋冀鲁豫解放区的刘伯承、邓小平、张际春、陈赓、薄一波、滕代远，有去新四军的陈毅，林彪、萧劲光、江华、邓华、李天佑、聂鹤亭等去山东根据地。这些中共的高级将领，转眼间又抢到蒋介石的前面。

林彪一行在太行根据地八路军总部休息了一下，然后启程，徒步转往山东。走到河南濮阳，林彪接到中共中央急电，要立即转道，奔赴

林彪（后排右五）乘美军运输机由延安飞往太行解放区登机前留影

东北。

林彪原定去山东，接替罗荣桓，任山东军区司令员。此时山东的主力部队也已奉命渡海北上，挺进东北。

中共的动作历来是雷厉风行。刘伯承、邓小平一到太行就出击晋南，组织上党战役，在华北解放区的南大门摆开阵势。林彪拟组织津浦路战役的任务交给陈毅，他则向北疾进，迅速发展东北。

秋雨连绵，天气阴冷潮湿。林彪等人在沿途各根据地部队护送下，艰难北上。这种天气，常使林彪患病，这是他在平型关大捷后遭阎锡山哨兵枪击误伤留下的后遗症。

全面抗战开始后，林彪由抗日军政大学校长改任八路军115师师长。重返战场，林彪求战心切，主动发起平型关战役，决心打个大胜仗，振奋士气。战前动员，他鼓舞大家，说：

"我们要在日寇进攻平型关时，利用这一带的有利地形，从侧后猛击一拳，打一个大胜仗。给敌人一个打击！给友军一个配合！给人民一个振奋！"

林彪选择在平型关口至灵丘县一条狭窄的山沟公路两侧山地设下埋伏，采取"截头断尾折腰"战术，痛击日军。

黎明升起。林彪站在指挥部山头阵地上，用望远镜再一次仔细观察阵地。就在这时，一面太阳旗进入他的视线，他看见日军20多个尖兵大摇大摆地走来，其后二十来米就是日军大队人马。

这是日军板垣征四郎的第5机械化师团第21旅团，在华北战场屡屡得手，极为骄横。此时更是气焰嚣张，有100余辆汽车、200余辆马车和大队骑兵的4000余人的辎重部队，入此险要地势，竟不加防备，贸然行进。

林彪静静地盯着日军进入伏击圈，然后果断下令："攻击开始！"

机枪、步枪一齐开火，炮弹、手榴弹倾泻而下。日军突遇猛烈打击，乱成一团，人、马、车挤在山谷，损失惨重。

林彪命令部队冲下山谷，把日军切成几段，彻底聚歼。日军拼死抵抗，两军展开惨烈的肉搏战。战至下午，林彪命令所有参战部队发起总攻击。日军完全失去有效抵抗，除一部夺路逃跑外，残余全部被歼。日军的100余辆汽车、200辆马车、大批战马，以及大量轻重机枪、步枪和布匹、服装、粮食都成了战利品。

蒋介石发来贺电，传谕嘉奖。毛泽东发来贺电，"庆祝我军的第一个胜利"。

平型关大捷后，林彪转入吕梁山区和太岳山区，开辟晋西南抗日根据地。

又是一个黎明。林彪在晨雾中散步。他穿着一件日军黄呢子大衣，骑着一匹雪白的战马，这是平型关大捷缴获的战利品。他心情很好，策马跑了起来。不觉间，接近了阎锡山部队的防区。突然，一阵枪响，林彪和他的良骏扑倒在地。

这是阎锡山警卫部队哨兵开的枪。他们误认为是日军偷袭防区，结果近前一看，大惊失色，他们射中的是林彪。

子弹从林彪前胸射入，洞穿右肺，从背部射出。毛泽东闻讯后，立即派军中名医前去抢救林彪。

林彪伤势得到控制，但晋南根据地医疗条件有限，毛泽东指示八路军总部派专人护送林彪回延安治疗。之后，又送苏联治病。

林彪在苏联医师精心治疗下，身体渐渐恢复。但是由于子弹擦伤脊椎，中枢神经受到损伤，留下了后遗症。一遇阴湿寒冷的天气，身体就会虚弱患病。

林彪于1942年1月从苏联回到延安。到达延安的当天，毛泽东亲自迎接。此时的林彪，已不是毛泽东眼中的"娃娃"，而是抗战名将。

林彪第一次见到毛泽东，是毛泽东领导的秋收起义部队和朱德领导的南昌起义部队在井冈山会师。那时，他还是一个营长，刚满20岁。听说毛泽东要视察部队，他马上集合队伍，把这个消息告诉了战士们，他高兴地说：

"毛委员马上要来看我们。"接着又即兴讲了起来，"毛委员曾经说过，我们这支队伍，虽然不是世界上最强大的队伍，但是，不管是这个军阀，还是那个土匪，只要有枪，就有地盘，就有一块天下。我们红军也有枪，也能坐天下。"

毛泽东听了这个还像娃娃的军人的讲话，转身问朱德、陈毅："他

毛泽东在延安与参加井冈山斗争的部分同志合影，林彪（前排左六）坐在毛泽东的身边

是谁？"陈毅回答说：

"是林彪营长。"

从此，林彪成为毛泽东麾下的一员爱将。

在此后的日子里，林彪由营长升为团长、师长，再升为军长、军团长，而且是中央红军主力军团——红1军团的军团长。这时，他仅仅25岁，已是红军中战功卓著、声名显赫的"常胜将军"。

埃德加·斯诺在后来的《西行漫记》中这样写道：

"林彪这个二十八岁的红军天才战术家，据说他率领的红一军团从来没有打过一次败仗。"

红一方面军第一次反"围剿"，林彪任红4军军长。龙冈战斗，林彪接到毛泽东急令，立即改变行军路线，并把"上固无敌，敌在龙冈，望全军将士奋起精神歼灭之"的命令写在门板上，让后续部队火速赶到龙冈。国民党军前线总指挥兼18师师长张辉瓒在这次战斗中被活捉，他怕林彪太年轻冲动之下毙了他，嚷着："我不见林彪，我要见毛润之。"毛泽东于得胜之时，兴之所致，写下了《渔家傲·反第一次大"围剿"》著名诗篇。

第二次反"围剿",红4军再显神威。抢占观音崖、九寸岭隘口,夺取富田大捷,然后乘势追击,与红3军团等部从江西赣江一直打到福建建宁,15天横扫700余里,五战五捷。毛泽东挥毫再作《渔家傲·反第二次大"围剿"》,留下了"飞将军自重霄入,七百里驱十五日,赣水苍茫闽山碧,横扫千军如卷席"气势磅礴的佳句。

第三次反"围剿",毛泽东指挥红军大踏步转移,巧于周旋,从福建建宁走到江西瑞金,历时月余,转战千里,使蒋介石进剿大军,连连扑空,留下"累死陈诚,拖死赵观涛"的史话。

第四次反"围剿",林彪任红1军团军团长。毛泽东在宁都会议后被迫离开红军领导岗位。黄陂之战,林彪改变红军总部命令,改遭遇战为伏击战,全歼蒋介石嫡系第52师,击毙师长李明。然后,又于草台岗伏击,使蒋介石精锐之师第11师全师覆灭。陈诚气得口吐鲜血,蒋介石哀叹不已:"此次损失凄惨异常,实有生以来唯一之隐痛。"

第五次反"围剿",由于王明"左"倾冒险主义者实行错误的军事战略,红军遭到严重失败,被迫进行长征。遵义会议后,毛泽东重新回到红军的最高领导岗位,林彪在毛泽东指挥下,率领红1军团四渡赤水、飞夺泸定桥、智取腊子口,出奇制胜,连战连捷。毛泽东欣然写下《七律·长征》这首不朽诗篇。

红军长征到达陕北,林彪指挥红1军团,与徐海东指挥的红15军团,协同作战,取得直罗镇战役的胜利,为党中央把全国革命大本营放在西北"举行了奠基礼"。

林彪深得毛泽东的器重,红军时期如此,抗战时期也是如此。

抗战一胜利,林彪奉命去山东去东北,担当的更是大任。

战争是军人的舞台。硝烟起,是生命的舞动;弹雨狂,是意志的磨炼;旌旗猎,是人生的辉煌。

从湖北黄冈林家大湾走出的林彪,此刻正走向他军旅生涯的辉煌。

林彪18岁考进黄埔军校,从那时起,他把自己林育蓉的名字改为林彪,也是从那时起,他立志做一名革命军人。

林彪的革命启蒙是受他的堂兄林育南的影响。在中学时代,林彪就加入中国社会主义青年团和中国共产党。在林育南的鼓励下,他坚定了投考黄埔的选择。林育南在给林彪的信中这样写道：

> 每个人的一生都有很关键的一两步，这个步子如果迈对了，可说受用无穷，如迈错了，就会跌入深谷。武力缺少正义是暴政，正义没有武力是无能。中国的革命，最终要靠军事斗争来解决，共产主义事业需要大批军事人才。

林彪就这样走进黄埔军校，走进"以血洒花，以校为家，卧薪尝胆，努力建设中华"的铁血军人的行列。

1926年7月，林彪与黄埔四期同学提前毕业，参加北伐。他被分配到国民革命军第4军叶挺独立团，任见习排长，参加了夺取贺胜桥、攻克武昌的战斗。二次北伐，林彪受叶挺嘉奖，升任连长。

1927年8月1日，林彪随部队参加了南昌起义。之后，在与桂军进行的耒阳战斗中，林彪率一个连打败桂军一个师，因战绩卓著，被提升为营长。再之后，林彪随朱德、陈毅参加井冈山会师。

林彪个子不高，身材瘦小，脸庞清秀，性情沉稳。他不善言谈，表情总是显得很沉静。在平静的外表下，思维却异常活跃。战争的环境似乎很适于他，硝烟对他来说就是一股清新剂，一走向战场，他那敏捷的思维立刻高速运转起来。

在走向东北的途中，林彪就已经进入角色。他致电中共中央军委：

军委并请转罗黎萧：

> 为掌握冀热辽战略枢纽，准备一切力量，争取粉碎国民党与我们争夺华北，东北的进攻，以保东北的顺利争取，因此，我们为坚决执行军委这一意图和任务，拟由此间经冀中，直到冀东，布置冀热辽一带地方工作，发动群众，组织武装，并准备和训练部队，建设炮兵，以及进行布置战场等工作。因此我及萧劲光等，为争取时间起见，拟不去山东，并建议关于山东出征部队的转移，留守部队的组织，干部的配备问

题，请罗（荣桓）黎（玉）萧（华）迅速决定办理。

关于津浦路战役的组织与指挥，应由新四军北进主力兵团负责，最好由陈（毅）军长、宋时轮等亲自指挥。

林　彪
二十二日

两天后，林彪又给中共中央军委发去电报：

军委并请转罗黎：

（一）中央皓电及贺电，望你们迅速布置与行动，我们将以最大的决心和努力，来完成中央所给之重大任务。关于山东部队与干部，可先后陆续的走，尤其是干部须迅速北去，以便展开广大的地方群众工作及进行扩军。

（二）津浦路之破坏工作，望切实加以布置，最好即执行，除破铁轨外，必须挖坏路基，铁轨易补，路基难修，为此须以此种方法，奖励群众的破路工作，展开群众的破路工作，部队尤应起领导作用。

（三）我与萧等现在濮阳军区，拟有日动身经冀南、冀中、冀东，需时月余可到。我们带有原北方局电台，请富春多带译电员去。

林　彪
二十四日

林彪边走、边思考、边部署，一路风雨，一路艰辛。到达沈阳时，已是10月29日。两天后，中共中央决定成立东北人民自治军，林彪就任总司令，彭真、罗荣桓分任第一、第二政治委员。

昼夜兼程，罗荣桓、黄克诚海陆并进

罗荣桓于10月24日从山东临沂出发经黄县（今龙口市）龙口渡海北

上。在此之前，山东部队已陆续向东北进发。

罗荣桓时任山东军区司令员兼政治委员，因患有严重的肾病，中共中央决定让他回延安治疗休养，由林彪接替他负责山东的工作。此后两个月中，林彪、罗荣桓都被派往东北，新四军代军长陈毅接替了罗荣桓。

延安总部朱德总司令七道命令发布后，罗荣桓指挥山东部队举行大反攻，收复46座县城，歼灭日伪军6万余人，控制了津浦、胶济、陇海铁路线，使山东解放区连成一片。

8月22日，罗荣桓接到中共中央指示："红军占领满洲，红军在满洲的政策尚未完全明了。我为迅速争取控制满洲起见，你们应即抽调大批干部在红军占领旅顺、大连之后，穿便衣到满洲去，进行建立地方党、地方政权、发动与组织群众、出版报纸等工作。"据此，中共胶东区党委迅速派吕其恩、邹大鹏率独立营组成"挺进东北先遣支队"，渡海挺进东北。

先遣队在大连庄河登陆，顺利收复县城，然后驻扎在一所小学校里。一天夜里，担任警戒任务的哨兵在通往旅大的公路上与苏联红军因误会发生冲突，交火中将一名红军战士打死。八路军前去负荆请罪，苏军却赶来兴师问罪，气氛骤然紧张起来。这时，突然传来悠扬的《国际歌》琴声。苏军颇为惊异，循声找到了那个弹琴的人，示意他再弹一遍。

这个人是八路军的一位文化教员，他看着苏军将信将疑的目光，又尽兴地弹了起来。随着悠扬的琴声，八路军战士们同声高唱起《国际歌》。雄浑有力的歌声，深深地感染着在场的苏军，他们也情不自禁地唱了起来。

列宁曾经说过，不论走到何处，都会凭《国际歌》熟悉的旋律找到同志和朋友。一曲歌罢，八路军与苏军立刻消除了误会，增进了友谊。先遣队因此很快与苏军建立了信任关系，在旅大站稳了脚跟。

先遣队将侦察的情况，立即通过电台向胶东区党委做了汇报并转报中共中央。9月11日，罗荣桓接到中共中央急电：

"据胶东区党委派人在大连侦察报告，我党我军目前在东北极好发展。为利用目前国民党及其军队尚未到达东北（估计短时间内不能到达）以前的时机，迅速发展我之力量，争取我在东北之巩固地位，中央决定从山东抽调四个师、十二个团，共二万五千至三万人，分散经海道进入东北活动，并派萧华前去统一指挥。"

罗荣桓立即将在济南前线指挥作战的山东军区政治部主任萧华召回。萧华见到罗荣桓，急切地问："要我赶回来，有什么紧急任务？"

罗荣桓将中央的几份电报递给萧华，说："决定派你到东北。"接着，他又分析说：

"东北地区，你是清楚的，那里物产丰富，工业发达，是钢铁、煤炭基地，加上交通便利，和苏联、朝鲜接壤，无论从经济上还是政治上着眼，都举足轻重。国民党最大的目标和最迫切的企图，是抢占东北三省，党中央从长远的全民族的利益出发，迅速作出部署，发展东北我之力量，并争取控制东北。"

萧华看完电报，又听了罗荣桓对东北战略地位和目前局势的详细分析，深感自己的责任重大，他用征询的目光问道："我什么时候出发？"

"你带一个精干的指挥机构，立即去胶东从海路去东北。调去东北的部队，由我来安排。"罗荣桓说完，又补充道，"为了便于同中央和山东联络，需要带去一部电台，王新兰去当台长。"

王新兰是萧华的妻子，他们的女儿萧雨刚满周岁。在反日伪"扫荡"的日子里，他们曾把出生8天的女儿寄养在百姓家里，无粥无水的艰难时刻，老百姓曾蘸着马蹄印里的雨水哺养过他们的女儿。罗荣桓望着萧华，深情地说：

"至于你们那个萧雨嘛，我与月琴已经谈好了，暂且留给我们，我们走到哪里，把她带到哪里，保证把她带好、带大。"

临行前，罗荣桓、林月琴夫妇特意准备了一桌饭菜，为萧华、王新兰夫妇饯行。罗荣桓风趣地说："你们下一步要过艰苦的生活了，今天特意炖了一只鸡，好好吃一顿！"

送走萧华，罗荣桓又投入部署抽调部队北上的紧张工作之中。

9月19日，罗荣桓接到中共中央调他去东北的电报，电报指示：

"罗荣桓到东北工作。将山东局改为华东局，陈毅、饶漱石到山东工作。"并指出，"由山东调三万兵力，进入东北发展，并加装备。"

罗荣桓拖着病弱的身体，为出兵东北调兵遣将，日夜操劳。北上部队已经陆续出发，这次他也将

八路军山东部队跨海东征，向东北挺进

领命出征。两年前，陈毅邀请他去新四军驻地治病，回来后他给自己订了一个"五年计划"，争取再活5年，打败日本鬼子。"五年计划"提前实现了，新的使命又摆在他的面前。

10月上旬，陈毅到达临沂。罗荣桓和陈毅早在井冈山时期就已相识，两人感情很深。战友重逢，罗荣桓十分高兴。他把山东的情况，详尽地向陈毅做了介绍。临别时，他把自己的一床虎皮褥子赠给陈毅。陈毅性情刚直豪爽，摸着光滑柔软的虎皮，打趣说："人说老虎屁股摸不得，这回我可要睡在老虎身上啦！"说完，他爽朗地大笑起来。

陈毅接手山东工作后，即奉命到前线指挥津浦路战役。罗荣桓于10月17日接到中共中央军委电报，指示："东北方面主要依靠山东出兵，罗荣桓率轻便指挥机关日内即去东北。"

10月24日，罗荣桓率军区直属机关从临沂出发，经诸城去胶东龙口。在此之前，罗荣桓已指定胶东军区司令员许世友负责部队渡海工作。许世友指挥部队动员了30多只汽船、140余只帆船，分别在滦家口、龙口运送部队渡海。

11月5日，罗荣桓到达龙口，许世友赶来送行。他看着部队出征的壮观场面，握着许世友的手说："海运工作组织得很好。中央指示山东部队除第4、第8师留下外，要抽调5万人，限月底前到达东北。你的任

务很重要，也很艰巨。还有什么困难？"

"请首长放心，坚决完成任务！"许世友坚定地回答。

"你留在山东了，这匹马就留给你吧。"罗荣桓指着身边伴他度过几个春秋的战马动情地说。

许世友深受感动，他从腰带上解下自己心爱的手枪，握着罗荣桓的手激动地说："这把手枪赠给首长吧，祝首长一路顺风，旗开得胜。"

罗荣桓一行乘坐6艘汽船离开胶东半岛，向东北驶去。

按照预定计划，罗荣桓乘坐的汽船直接驶向大连，同船有参谋处长李作鹏、情报处长苏静、供给处长何敬之、卫生部长黄农、罗生特大夫和机要人员及家属等，作战科长尹健和政治处主任谷广善率机关人员及特务团一个营乘5艘汽船驶往大连东北方向庄河，登陆后在沈阳以南辽阳会合。

海浪拍打着船舷，掀起朵朵浪花，汽船迎着风浪，在茫茫的大海中

1946年初，罗荣桓（后排中）与萧华（后排左）在安东（今丹东市）合影（前排左为林月琴、右为王新兰）

行进。很多人是第一次坐船，大家开始很兴奋，有说有笑，随着风浪的颠簸，渐渐地开始头晕、恶心、呕吐，到后来船上只有罗荣桓、罗生特和保姆3个人没有晕船。

罗荣桓坐在显得有些拥挤的小汽船上，望着无边无际的大海，回想起漫漫的戎马征程，陷入了深深的沉思。他出生于湖南衡山南湾村，早年就读于青岛大学和武昌中山大学，1927年加入中国共产党，同年7月领导鄂南农民暴动，之后参加毛泽东领导的秋收起义，再之后井冈会师，长征北上，抗击日寇，都留下他不凡的身影和战斗的足迹。他由红军连、营、纵队党代表，升任军政治委员、军团政治部主任。抗战时期，历任八路军第115师政治部主任、政治委员、代师长和山东军区司令员兼政治委员、中共中央山东分局书记。历经18载风雨历程，他付出了巨大艰辛，建立了卓著功勋。

汽船继续向北航行。罗荣桓将沉思的目光从远处收回，又开始思考东北问题。

风浪越来越大，汽船颠簸得越来越厉害，大家被晕船折腾得精疲力竭。船到砣矶岛，罗荣桓让大家上岸，在设在这个海岛渔村的兵站休息了一宿。

第二天一早，罗荣桓下令开船启程。

风浪依然很大，大家昨晚刚刚缓释的神经又紧绷起来。还算幸运，船驶出不久风浪渐渐弱了下来。汽船加速航行，临近黄昏时已驶近旅顺口海面。罗荣桓举起望远镜，向对岸望去。他不由得吃了一惊，一艘军舰正向他们迎面开来。

罗荣桓让警卫员把武器隐藏起来，告诉大家不要惊慌，按预定方案做好准备。从龙口出发时，他们一律换上便衣，罗荣桓着一件长衫，林月琴穿一件旗袍，化装成生意人模样。

军舰越来越近，罗荣桓认清这是一艘苏军巡逻艇，松了一口气。船一靠舷，他叫翻译向苏军直接报明身份，派情报处长苏静带翻译上艇交涉。

苏静很快回来，又请罗荣桓上艇会见苏军艇长。"您是八路军山东军区司令员吗？"苏军艇长有些疑惑地问道。

"正是。"罗荣桓边回答边从皮包里拿出一张在延安时期的照片，递给苏军艇长。

苏军艇长认出了毛泽东和罗荣桓，立刻站起身，行了一个军礼，说："对不起，司令员同志，打扰您了。"

罗荣桓从与苏军艇长交谈中得知，苏军对山东部队渡海挺进东北是了解的，只是不加阻止。临别时，苏军艇长对罗荣桓说："请原谅，由于外交上的原因，你们必须改变航向。你们可以在除旅顺、大连以外任何一个港口登陆。"

罗荣桓回到船上，下令向辽东半岛东部开航。当晚，在濒临黄海的貔子窝登陆。

三天后，罗荣桓一行乘火车北上，途经辽阳，然后坐汽车于11月13日到达沈阳。

与山东部队渡海北上的同时，新四军第3师从陆路昼夜兼程，开赴东北。

黄克诚是9月23日接到的命令，要他率新四军第3师主力35000人北上山东。这时，他率部刚解放淮安。他看到军民载歌载舞的喜人场面，心中充满无限的感慨。人民是多么渴望和平，多么需要休养生息啊！可是，经过8年浴血奋战建立起来的抗日根据地，又将成为国民党争夺的战场。

几天前，他率部从淮南回师苏北，途经华中局驻地时，就给中共中央发去一份电报，阐述了自己对目前局势的看法。他认为："目前我党若没有联系一片的大战略根据地，就不会有大的胜利；若没有大规模决战的胜利，就不会有联系一大片的大战略根据地。故集中兵力进行决战，当为当前之急。如依靠谈判或国际干涉，均带有极大危险性。"他认为苏联红军出兵东北，是开辟东北战略根据地的极好时机，因此他向中央建议：

"东北既能派队伍进去，应尽量多派，至少应有五万人，能去十万人为最好。并派有威望的军队领导人去主持工作，迅速创造根据地，支援关内斗争。"

中共中央在9月19日发给各中央局的指示中，决定新四军抽调8万人到山东和冀东，发展山东根据地和冀热辽地区。第二天，中共中央军委电示饶漱石、张云逸："着新四军立即抽调35000基本兵团，限电到后20天内到达鲁南之蒙阴地区待命，统率机关由你们配备电台。时机紧迫，均不得延误。"

黄克诚接到命令后，立即部署部队北进。9月25日，组织先遣队先行出发。28日，他和副师长刘震及副师长兼参谋长洪学智率主力从淮安启程。

10月的苏北，到处是丰收的喜人景象。抗战胜利了，人们在充满希望的田野上收获自己的劳动果实，脸上浮现出幸福的笑容。出征的战士们眺望着家乡的山山水水，内心充满无比的喜悦和激动。他们走着，唱着，一路征尘，一路欢歌。

> 谁种的庄稼谁收割，
> 谁栽的果木谁得果。
> 我们流血抗战八年多，
> 胜利果实谁也不能夺！

新四军第 3 师经冀东冷口出关，向东北开进

这次出征，黄克诚考虑得很周全，他坚持自己的意见，要部队一带武器，二带棉衣。当时曾提出让他们把武器和装备留下来交给地方，黄克诚多年的军旅生涯使他对此非常警醒，在目前瞬息万变的情况下，部队千里行军，不带武器是何等的危险。

黄克诚，湖南永兴人。1925年加入中国共产党。1926年起在国民革命军唐生智部任营政治指导员、团政治教官。1928年参与领导永兴起义，后随朱德、陈毅上井冈山。曾任第4军12师35团团长，第5军团师政治委员、军政治部主任，第3军团代理政治部主任，红一方面军政治部和红军总政治部组织部部长。抗战时期，任八路军第115师344旅政治委员，八路军第2、第4纵队政治委员，第5纵队司令员兼政治委员，新四军第3师师长兼政治委员和苏北军区司令员兼政治委员。

北上部队急速行进。临近山东，黄克诚向中共中央军委发去电报，建议部队到山东后不宜久留，应立即北进。10月6日，中共中央军委电示黄克诚："为迅速达成战略任务，3师部队在到达山东后，应兼程北进，不能在山东担负战斗任务。"

10月12日，黄克诚率部到达山东临沂地区。在临沂，他见到新四军代军长陈毅。陈毅向黄克诚介绍了延安的情况和中共"七大"会议情况，还接见了3师部分连以上干部，向大家作了动员报告。他侃侃而谈，纵论国内国际形势，整整讲了一个上午。最后，他鼓舞大家说：

"抗战是胜利了，但是天下并没有太平。蒋介石表面上在和谈，骨子里是要打内战的。我们一定要丢掉和平幻想，要立足于打。蒋介石调兵遣将，夺占东北。我们3师肩负党中央的使命，任重道远。希望你们不辱使命，立马关外，再展新四军的军威！"

部队稍事休整，于10月14日继续北进。31日，越过津浦线，进入河北。11月10日，抵达冀东三河、玉田一线。

这时，国民党军第13、第52军已相继在秦皇岛登陆，沿北宁路向山海关进攻。东北大战一触即发。

局势陡变，东北顿成热点。

国共的目光一下子聚焦在连接关内外咽喉要道的军事重镇——山海关。

11月10日，中共中央电示东北局："目前只争半个月，半个月内黄永胜、文年生两部五千，梁兴初、黄克诚两部四万多必能到沈阳、锦州线，望令山海关我军坚持半个月，即有办法。"14日，中共中央军委电示山海关前线指挥部司令员李运昌等："山海关、绥中、兴城之线必须坚守，掩护我主力黄（克诚）梁（兴初）集中锦州，时间至少三星期，多则两个月，望动员民众构筑多道防御工事。"15日，毛泽东又电示林彪、彭真：

"目前山海关作战并非真面目战斗。我黄梁两部四万二千远道新到，官兵疲劳，地形不熟，目前开至义院口、驻操营，必无好仗可打，即使歼敌一部，不过战术胜利而兵力暴露，不得休整，将处于被动。为避免此种缺陷，谨慎使用主力，求于将来决战时一战解决问题，应令李运昌杨国夫两部坚守山海关、绥中之线，节节抗击，消耗疲惫敌人，而令黄梁两部从冷口、界岭口分路荫蔽开至锦州、锦西、兴城三角地区，处于内线，休整部队，消除疲劳，补充枪弹，熟悉地理民情，创造战场，演习夜战，俟敌进至绥中地区或兴城地区业已疲劳消耗至相当程度，我则可集中最大兵力，……于最有利之时机地点，由林彪或荣桓亲去指挥，举行反攻，分作几个战斗，每次歼灭其二三个师，最后全部歼灭三个军，即能从战略上解决问题。"

黄克诚遵照中共中央军委的命令，率部从玉田急速出发，经冷口出关，于11月25日到达锦州附近的江家屯。

中共出关部队还未站稳脚跟，国民党军随即凶猛扑来。

东北战火，迅速蔓延。

第二章 边谈边打

蒋介石向杜聿明面授机宜：以武力打出关外去

重庆谈判于9月27日打破僵局，国共代表重新回到谈判桌前。

国民党迫于压力，表示同意中共提出的和平建国的基本方针，承认各党派的平等地位和人民的某些权利，谈判取得重要进展。

10月10日，国共双方代表签署了《会谈纪要》，即《双十协定》。第二天，毛泽东在张治中陪同下，由重庆乘飞机回到延安。周恩来、王若飞留在重庆，就尚未取得一致的问题继续商谈。

国共《会谈纪要》的签署，举国上下一片庆贺之声。然而，墨迹未干，蒋介石便于10月13日向国民党各战区发出密令："贵长官所部自抗战以还，迭著勋功，党国依为长城，中正尤寄厚望。此次剿共为人民幸福之所系，望本以往抗战之精神，遵照中正所订剿共手本，督励所部，努力进剿，迅速完成任务，其功于国家者必得膺赐，其迟滞贻误者必执法以罪，希转饬所属剿共部队官兵一体悉遵为要。"第二天，国民党军即向华北解放区推进。

毛泽东回到延安后，一直关注国民党军进逼解放区的现实。他于10

月17日在延安干部会上所作的《关于重庆谈判》的报告中，指出："中国的问题是复杂的，我们的脑子也要复杂一点。人家打来了，我们就打，打是为了争取和平。不给敢于进攻解放区的反动派很大的打击，和平是不会来的。"针对国民党军的动向和部署，毛泽东定下决心，确定发起平绥、平汉和津浦路战役，坚决打击进犯之国民党军。

国民党军进攻华北解放区遭到坚决阻滞，接收东北更是屡屡受挫。11月5日，杜聿明返回重庆，向蒋介石面陈接收东北非用武力不能解决。蒋介石和平接收东北的计划，终成泡影。他大失所望，对杜聿明说："一定要打出关外去！"11月8日，蒋介石将各战区司令官召回重庆，亲自主持秘密军事会议，提出"六个月之内击溃共军主力"的军事计划。

11月8日，杜聿明领命急匆匆返回秦皇岛，亲率第13、第52军杀向山海关，点燃东北战火。

杜聿明，字光亭，陕西米脂县人。黄埔军校第一期毕业。曾任国民

蒋介石（右三）携夫人宋美龄在北平检阅登陆中国的美国海军陆战队

美军军用飞机空运国民党军到东北

党军陆军装甲兵团团长，第200师师长，第5军军长，中国远征军第1路副司令长官，第5集团军总司令兼昆明防守总司令。

抗战胜利后，杜聿明发动云南兵变，逼走"云南王"龙云。蒋介石表面上责令"杜聿明在云南处理失当，着即撤职查办"，实际上恩爱有加，于10月18日任命他为东北保安司令长官。

杜聿明欣然从命。蒋介石当面对他说："你到长春去与苏军接洽，要他们根据中苏条约，掩护我军在东北各港口登陆，接收领土主权。"

杜聿明在重庆对东北情况已有所耳闻，他有些忧虑地说："假如共军确已先入东北，苏军又不承担掩护我军接收的任务，怎么办？"

"你先到长春去会见马林诺夫斯基元帅再说。"蒋介石一时也拿不出什么良策，又说，"你先到南京问问何总司令的意见，再去上海会见美军第七舰队司令金开德，看他一次能运输多少军队，能否掩护我军登陆。然后到长春找熊式辉，同苏军交涉掩护我军登陆之事。"

杜聿明离开重庆，马上去南京晋见陆军总司令何应钦。何应钦见了杜聿明，对眼下的局势也是非常忧虑，他抱怨地说："共产党现在到处捣乱，破坏我们的受降计划。平汉、津浦两路进军受阻，行动迟缓。"谈到东北问题，他沉吟了一下，说，"据报共军已从山东及山海关水陆两路进入东北，接收东北也将极其复杂。你照蒋委员长的指示先去接头，以后的事可直接向委员长请示。"

杜聿明接着又去上海会见了美军第七舰队司令金开德，请求美军支援。然后经北平飞赴长春。

杜聿明一到长春，立即携参谋长赵家骧赴苏军总司令部拜见马林诺夫斯基元帅。马林诺夫斯基极为友好，双方的会谈进行得非常愉快。马林诺夫斯基以欢迎的口吻对杜聿明说："杜将军带领中国军队接收东北，苏军很欢迎，你们从海路、陆路来，我们都欢迎。"他还告诉杜聿明，"苏军解除日军武装后，即准备撤退。现在山海关、葫芦岛已没有苏军，营口还剩少数部队。"

苏军的态度出乎杜聿明意料之外，他颇为惊喜，当即提出请苏军掩护国民党军在营口登陆。马林诺夫斯基表示同意，并画了一份苏军位置图交给杜聿明。

杜聿明带着满意的笑容走出苏军总司令部，他深深地吸了一口北方凉爽的空气，精神为之一振。他感到格外轻松，深为自己东北之行如此一帆风顺而暗自庆幸。"重庆传言，东北外交复杂棘手，纯属扯淡！"他得意地说，似乎是自言自语。

杜聿明把与苏军会谈的情况回报熊式辉，喜悦之情溢于言表，这让熊式辉多少有些尴尬和嫉妒。

熊式辉于10月20日以国民政府军事委员会委员长兼东北行营主任的身份携40余名官员乘飞机到达长春，准备接收东北。他踌躇满志，一到长春就宣称："我们的困难起于东北，我们的胜利也必须止于东北，贯彻于东北。"

他幻想运用政治手腕接收整个东北，指望苏军协助东北行营对东北地区进行全面行政接收。然而几经周旋，得到的答复却是：凡属于苏联军队占领区内日军所使用的一切物件，均为苏军合法的战利品；东北各地抗日武装和民主政权，均系东北人民所建立的，与苏军无关；行政接收是中国的内政，苏军不便参与。他深感失望，又无计可施。分赴各地的接收大员也到处碰壁，束手无策，不得不返回长春。

他无奈地飞回重庆，向蒋介石报告。蒋介石立即召集幕僚商讨对策，最后定下三项指令：“（一）通过外交途径，派蒋经国前往莫斯科，要求苏联政府尊重中国在东北的主权和行政完整。（二）东北行营工作继续开展，目前尚在重庆接收人员全部去东北。（三）作好军事接收东北的部署。”

10月26日，熊式辉率领400余人，陆续飞往长春。但是接收东北工作仍是步履维艰。正在一筹莫展之际，杜聿明兴冲冲赶到，他一则以喜，一则以忧。

“光亭兄（即杜聿明），苏联人靠不住。他们表面上应承，实际上根本不配合，狡猾得很哪。”熊式辉忧心忡忡地说，“东北问题要复杂得多，你要小心谨慎才是。共产党已进入东北，我们要乘他们羽翼未丰之时，想尽一切办法进行接收。”

杜聿明对熊式辉的提醒似乎并未在意，他充满自信地说：“熊主任不必多虑，蒋委员长已作了安排，我与美军第七舰队司令金开德已经会面，美军答应协助我们接收东北。”

10月30日，杜聿明返回重庆，向蒋介石禀报东北之行的情况，并把苏军标绘的地图呈请委员长过目。蒋介石十分高兴，对杜聿明说：“政府已经同美顾问团交涉好，由美舰运输第13军和第52军到营口登陆接收东北。现第13军已运至秦皇岛，第52军亦将从越南起运。你迅速到秦皇岛乘美舰赴营口与苏军接洽登陆办法。”

第二天，杜聿明飞离重庆。然后经北平、天津，于11月3日抵达秦皇岛，随即与美军第七舰队代理司令巴贝中将乘美舰“脱罗尔号”到营口。

美舰驶抵营口港，杜聿明不由得吃了一惊，他发现岸上站的警卫都是八路军。他和巴贝将军商量一下，派人乘小汽艇登陆联络。不大工夫，联络员回来报告，苏军已撤离营口。

杜聿明到这时才幡然醒悟，苏联人把他泡了。巴贝将军看着杜聿明有些沮丧的神情，讨好地说：“杜将军，美国才是中国真正的朋友，你相信吧？”

杜聿明只是点了点头，没再做声。

"杜将军，如果您愿意，第七舰队可以全力协助您完成收复东北的任务。"巴贝将军又进一步说，"如果中国政府能够取得美国政府的同意，美军海军陆战队登陆舰艇及登陆战车均可以协助中国军队在东北登陆。"

杜聿明心烦意乱，无心再听巴贝将军唠叨下去，他示意返航。

东北问题变得扑朔迷离。杜聿明盘算着下一步计划，心中暗想，不诉诸武力恐怕难于解决东北问题。

杜聿明回到秦皇岛即召集第13军将领，部署攻击山海关的计划。他拟定一份以武力接收东北的意见书，回重庆向蒋介石汇报。

蒋介石见到杜聿明失意而返，仍故作镇静，宽慰地说："既然不能和平接收，那就不惜使用武力。"他看完杜聿明呈请的意见书，接着说，"可以照你的计划执行。只不过你要10个军，眼下还调不出，可以两个军先打下山海关再说。"

杜聿明衔蒋介石之命返回秦皇岛，加紧策划进攻山海关部署。

11月11日，杜聿明命令第13军、第52军分路向山海关展开攻击。至13日，正面攻击部队进至山海关以西沙河，第89师进至九门口一线，第25师进至驻操营、义院口、城子峪等地。

经过连日来的攻击搜索，杜聿明摸清了当面的情况。14日晚，他下达了攻击山海关的作战命令：

令第13军主力第4师、第54师于15日黄昏前进至沙河西岸，准备于16日拂晓向山海关进攻。以第89师于15日先攻占九门口策应第25师迂回，于16日拂晓协同主力向山海关城东攻击。

令第52军第25师为迂回部队，于15日联系第89师先攻占义院口，尔后向山海关以东攻击前进。

令第52军第2师为总预备队，集结于海阳镇以东地区，随战况向山海关推进。

15日拂晓，按预定计划，第89师开始向九门口攻击前进，第25师亦向义院口动作。杜聿明亲临九门口督战。当日下午1时，第89师占领九门口。杜聿明对前线将士予以嘉奖鼓励，然后返回设在秦皇岛火车上的司令部。当晚接到第25师占领义院口的报告，同时接到第13军军长石觉电话报告说，山海关正面共军正在加紧构筑工事，无动摇迹象。

战事进展顺利，杜聿明信心大增。他反复察看地图，仔细研究兵力部署和推进情况，判断打出山海关已稳操胜算。

16日拂晓，杜聿明下令向山海关实施围攻。他亲随第13军军部指挥前进。

第13军全部是美械装备，火力强大。总攻开始，即展开猛烈炮火轰击。

打到7时，杜聿明发现担任主攻的第4师仍在原地未动。他让石觉查明原因，石觉报告说："共军顽强异常，打到现在，阵地屹然未动。"

杜聿明和石觉亲临炮兵阵地观察，发现对方阵地仅有少数机枪掩体，并无火力射出。于是他命令第4师立即抢渡沙河，发起冲锋。战斗中除遇到零星反击外，并未见共军主力。他料定共军主力已经撤退，遂下令攻击部队迅速追击，与迂回部队会师。

上午10时，第4师突入山海关。但是，杜聿明走进的只是一座空城。迂回部队第25师报告："山海关共军主力已于本日经北宁路两侧向绥中方面撤退。"

占领就是胜利。杜聿明立即电告蒋介石：山海关大捷。

杜聿明以一个胜利者踏上长城，登上"天下第一关"。极目北望，辽阔而富饶的黑土地强烈地激荡着他那求取功名的胸怀。

初战告捷，杜聿明求胜的心理开始急速地膨胀。他似乎看到了胜利的希望，收复东北将指日可待。

但是他不知道，林彪正向他走来。

毛泽东电示林彪：一战解决问题

11月19日，林彪率轻便的指挥机关乘两辆日本老式汽车从沈阳出发，沿沈山公路向辽西驶去。

警卫人员乘坐一辆敞篷汽车在前面开道，林彪和苏静、李作鹏等人员坐在后面一辆带篷的汽车里。

林彪依旧头戴灰色的八路军军帽，身披一件日本黄呢子军大衣，神情肃然地倚在驾驶室的靠背上，任凭汽车在坑坑洼洼的公路上颠簸着。

车速并不太快，沿途的景致也没有引起他任何的兴趣。他微闭着双眼，思索着毛泽东的作战意图和部署，一封封电报在他脑海中反复迭现："竭尽全力，霸占全东北""布置内线作战""一战解决问题"。他掂量着手中的兵力，反复计数着可用于辽西作战的部队：黄克诚部3.5万人，梁兴初部7000人，杨国夫部7000人，李运昌、沙克部2万人，约计7万人。他思考着、计算着、比较着，一个新的作战计划渐渐形成，他决心在绥中地区组织一次防御作战：以山东第7师在正面抗击钳制国民党军先头部队，以新四军第3师、山东第1师进至绥中西北，待机侧击国民党军后续部队。

林彪刚琢磨出点眉目，睁眼一看，心中泛起的一点快意顿时消失了。他接到两个令人扫兴的报告：一个是汽车全部抛锚不能动弹了，一个是国民党军已经占领绥中。

汽车坐不成了，作战计划也被打乱了。林彪率前指人员只好骑马、步行。21日，林彪接到中共中央军委电报："黄师、梁师，应在林彪命令下，坚决打击由山海关向锦州前进之顽军，力求消灭其一二个师，控制铁路一段，截断顽军后路，以煞顽军威势，阻止其前进，以掩护我从沈阳、长春等大城市有秩序的撤退。"就在同一天，林彪给中共中央军委和东北局彭真、罗荣桓发去一封长电：

军委、彭、罗：

连日我在兴城、锦州一带所见所闻，我部队已参加作战者皆极疲惫涣散，战斗力甚弱，新兵甚多，缺乏训练。梁师刚到，黄师尚未到，远落敌后，各部皆疲劳，武器弹药不足而未得补充，衣鞋缺乏，不惯吃高粱，缺少用费。此外，自总部起各级缺乏地图，对地理形势常不了解，通讯联络至今混乱，未能畅通，地方群众则尚未发动，土匪甚多，故迂回包围时，无从知道。敌人利用我们以上弱点，向我急进，并采取包围迂回。

依据以上情况，我有一个根本意见，即目前我军应避免被敌各个击破，应避免仓皇应战，应准备放弃锦州以及以北二三百里，让敌拉长分散后，再选弱点突击。因此在沈阳、营口各地之我军不必赶来增援，应就地进行装备与充分训练，养精蓄神，特别加强炮兵的建设，以待以后之作战。目前黄、梁两师皆我亲自指挥，如能求得有利作战时，即进行极力寻求战机，侧面的歼灭战，此可能性仍很大，但亦不拟轻易投入战斗。并拟以义县为后方，对敌正面与后面，仍以现有部队与敌纠缠扭打。部队急需补充棉衣、棉鞋及大衣，望大量筹划，并望迅速大量翻印地图。

以上意见望军委考虑决定，指示给我们与各兵团。我与各部不能畅通电报，于锦西坎圭附近已开始与敌接触，我即向江家屯转移，以利与黄梁会合。

林　彪

马八时

林彪在这封长电中诉说了自己的苦处与难处，"根本意见"是不想打大仗。他不是不敢与杜聿明硬碰，而是琢磨着那个"最有利之时机"，他似乎意识到了这场较量将是异常艰苦而持久的。

两天后，中共中央军委复电林彪："同意林彪二十一日八时电基本意见，但黄、梁两部应力求在敌侧后消灭敌之一二个师，迟滞敌之前进，以便争取时间进行各种准备，寻找机会消灭敌人。"当日，林彪即决定在锦西、高桥以西山地打一次歼灭战。他令新四军第3师、山东第1师迅速到达江家屯地区集结；令沙克部在高桥、锦西附近正面抗击国民党军，钳制其先头部队；令杨国夫部以一个团接近铁路逼迫与吸引国民党军，其主力进至杨仗子、毛家屯一带待机。

国民党军继占领绥中之后，于22日又相继攻占兴城、锦西、葫芦岛，24日进至高桥、塔山，26日占领锦州。

林彪以陆续集结于锦州西北虹螺岘山地的山东第1师和新四军第3师一部，于27日突然向高桥附近国民党军出击，但是国民党军主力此时已进至锦州，出击部队未能实现原定计划。

国民党军占领锦州，杜聿明察觉中共部队主力仍集结于附近地区，乃命令以第13军主力分途向锦州以北及西北地区搜索前进，以第52军巩固大凌河、沟帮子一线。

林彪率前指与黄、梁两部会合后，见战机已失，遂指挥部队向义县、阜新一带运动转移。12月2日，林彪致电中共中央军委和东北局："目前我如继续集中大而疲且行动迟笨的兵力作战，则仍易打成击溃战，尤易成为对峙战，而甚难取得各个击破敌人之包围歼灭战。此种作战，既无把握达到保守城市之目的，而反使部队力量遭受挫折。故目前我拟将部队暂避免与敌之大部队作战，首先求得补充休整和进行群众工作，以旅为单位分散行动，各旅则以营为单位，分散打匪、做群众工作及扩军，只拟控制两三个旅的兵力作为机动作战的部队，较快灵活的打击敌一师以下的放肆行动。"12月7日，中共中央电示东北局、林彪、程子华："我们目前不应以争夺沈阳、长春为目标来布置一切工作，而应以控制长春路两侧地区，建立根据地，利用冬季整训十五万野战军，建立二十万地方武装，以准备明年春天的大决战为目标来布置一切工作。"林彪于是决定从9日起，暂定以半个月时间进行整训，以准备打大仗。

杜聿明见中共部队一退再退，不堪一击，欲扩大战果，继续北进。这时蒋介石电示杜聿明：没有他的手令不准继续前进。杜聿明得闲放松一下紧绷的神经，将美国盟友巴贝将军从葫芦岛接到锦州，与他共同分享胜利的美酒。

原来蒋介石在以武力进攻东北的同时，对苏联也展开了外交攻势。几经交涉，苏联允许国民党军在苏军撤退前5天空运部队接收东北各大城市，并要求中共力量退出铁路线若干里以外，以便国民党军队能顺利接收，苏军亦能回国，且有苏军驻处不准共军与国军作战。

东北局势越来越引起国际的关注，苏联在外交上也出现反复。东北局向中共中央报告了苏方的决定。11月20日，中共中央复电东北局："彼方既如此决定，我们只有服从"，"大城市退出后，我们在东北与国民党的斗争，除开竭力巩固一切可能的战略要点外，主要当决定于东北人民的动向及我党我军与东北人民的密切联系"。28日，又电示东北局："近两个月来我在东北虽有极大发展，但我主力初到，且甚疲劳，不能进行决战，而国民党已乘虚突入，占领锦州，且将进占沈阳等地。又东北问题已引起中、美、苏严重的外交纠纷，苏联由于条约限制，长春铁路沿线各大城市将交蒋介石接收，我企图独占东北，无此可能，但应力争我在东北之一定地位，长春路沿线及东北各大城市我应力求插足之外，东满、南满、北满、西满之广大乡村及中小城市与次要铁路，我应力求控制。目前你们应以控制长春路以外之中小城市、次要铁路及广大乡村为工作重心。"29日、30日，在北满的陈云、高岗、张闻天给东北局并转中共中央发出的《对满洲工作的几点意见》的电报中，提出了同样的看法，认为："我们必须承认，首先独占三大城市及长春铁路干线以独占满洲，这种可能性现在是没有的。因此当前在满洲工作的基本方针，应该不是把我们的全部注意力集中于这三大城市，而是集中必要的武装力量，在锦州、沈阳前线给国民党部队以可能的打击，争取时间。"

东北局遵照中共中央的指示于11月25日开始撤出沈阳，转向本溪。29日，作出关于今后方针任务的指示和部署，提出"必须继续放手发动群众"；"放手地继续壮大部队"；"继续坚决消灭散在东北各地的国民党武装"。至11月底，中共中央调进东北的部队计11万人，调赴东北的党政军干部2万人。先后陆续到达东北的中央委员和中央候补委员有：彭真、陈云、高岗、张闻天、林彪、李富春、李立三、罗荣桓、林枫、蔡畅、王稼祥、黄克诚、王首道、谭政、程子华、万毅、古大存、陈郁、吕正操、萧劲光。

蒋介石对中共在东北的力量深表忧虑，他担心如果苏军按中苏条约规定的日期撤走，东北的局势将被中共控制。对斯大林他是既气恼又无奈。他思来想去，还是派蒋经国再去莫斯科交涉。

12月1日，国民党中央社发布消息："关于苏军自东北撤退一事，中苏两国政府经磋商后，业经同意改订以明年一月三日为完成撤退之期。"苏联塔斯社消息称："中国政府考虑到满洲的局势，特对苏联政府申明：倘若苏军依照规定的时间从满洲撤退，中国政府就要面向极端困难的局势。因为那个时候，中国政府既不能把自己的军队运到满洲，也不能在满洲组织民政机关。鉴于这一点，苏联政府已对中国政府表示许可，将暂缓从满洲撤退。这事已由中国政府异常满意地接受了。"

熊式辉三个月来为接收东北忙碌奔波，像球一样在长春与重庆间推来踢去，着实受了不少委屈。这下他心神落定，信心十足地坐镇长春，重新布置接收东北工作。委派东北九省二市的接收大员又陆续粉墨登场。

蒋介石接着又将杜聿明召回重庆，部署东北的军事行动。他当面指示杜聿明："对新民以东、以北苏军占领区，用外交方式接收；对新民以西地区，应逐渐向共军占领区扫荡，并打通承锦铁路，巩固北宁路之安全。"

12月23日，杜聿明令第52军（欠第195师）由沟帮子向北镇、黑山攻击前进，得手后派彭璧生为沈阳前进指挥所主任，联系苏军准备接收沈阳。然后令第25师向盘山、营口前进，他则亲自指挥第13军及第195师向义县、北票、阜新出击，循林彪的撤退路线追赶而来。

此时林彪正在阜新煤矿局主持召开军事会议。杜聿明追击的脚步声越来越近，一向不善言谈的林彪讲起话来，一反常态，滔滔不绝，这多少有些让人出乎意料。他对大家说："在敌强我弱的形势下，我们要做到三个字：忍、等、狠。"接着又一个字一个字地解释说，"忍，就是对敌暂时猖狂进攻坚持忍耐，避免过早地使用主力与敌决战；等，就是诱敌深入，等其分散，再寻找战机；狠，就是集中优势兵力，狠狠打击，各个彻底歼灭。"

林彪讲完战略，又讲战术。在辽西组织的几次战斗中，他发现部队作战时，进攻队形太密，伤亡过大，提出"三三制"战术。他解释说："'三三制'，就是在一个班内，将全班战士编成3个小组，每组3至4人，组长由正副班长或战斗骨干担任，平时加强管理训练，战时采用三角队形，机动灵活，既发挥战斗效能，又可以减少伤亡。"针对各级指挥员存在的不善于在主要突击地段集中兵力和不善于包围迂回的缺点，林彪还提出"一点两面"战术。他耐心地讲道："'一点'，是指集中优势兵力和火力于主要攻击点，即敌人的弱点和要害，采取纵深梯次配置，增强突击队的突破能力和后劲，反对在各点上平分兵力。'两面'，是指必须以一部兵力勇敢地采取至少两面，兵力多时也可三面、四面地包围迂回敌人，防止敌突围逃跑，打成击溃仗。"

这次阜新军事会议开得很长，原定12月20日开始，因西满分局负责人李富春、吕正操未到，林彪和黄克诚、李运昌边开会边等人。25日，林彪在营以上干部会上总结了前一段作战的经验教训，提出了今后的作战方针和战术原则。27日，会议结束，李富春、吕正操仍未到，林彪将会议决策情况电告东北局：分兵建设根据地，不打沿北宁路攻沈之敌；驻辽西的冀热辽部队，编为热辽纵队，划归冀热辽军区指挥；李运昌回热河工作，沙克到东北工作；林彪率新四军第3师、山东第1、第2、第7师主力部队开赴西满法库、彰武一带。

军调部"三人小组"成员周恩来（右）、马歇尔（中）、张治中（左）合影

林彪刚撤出阜新，杜聿明即尾随而至。12月28日，国民党军攻占义县，30日攻占阜新，尔后相继占领北票、朝阳、叶柏寿，于1946年1月10日进占凌源。当晚蒋介石电令杜聿明："着令各将领督率所部，星夜攻击前进，务于1月13日停战令下达生效前占领平泉。"杜聿明随即令第13军主力附第195师迅速西进，于13日占领平泉。

蒋介石像魔术师一样，不断变换手法，一会儿使用武力，一会儿大谈和平，试图按照他的愿望控制中国的局势。他的两面手法，让美国盟友也看得有些眼花缭乱。美国看到中国战事频起，苏联人在东北迟迟不走，担心蒋介石一旦全面开战，"可能会导致共产党控制全中国"。美国政府不得不调整对华政策，将前一时期对华政策失败的责任归咎于驻华大使赫尔利，派前陆军参谋长马歇尔将军作为总统特使，来中国"调处"国共军事冲突，并发表对华政策声明，称中国应"召开全国主要政党代表的国民会议，以谋早日解决目前的内争"。

蒋介石迫于国际国内形势的压力，不得不表示同意召开《双十协定》规定的政治协商会议，并与中共进行停战谈判。中共中央对马歇尔来华"调处"表示欢迎，并派周恩来为首的中共代表团飞赴重庆，参加政治协商会议，继续进行国共谈判。

1946年1月10日，政治协商会议如期在重庆召开。当天，以国民党政府代表张群、共产党代表周恩来、美国总统特使马歇尔组成的军事三人小组就协商解决军事冲突问题取得初步成果，国共代表正式签订了《关于停止国内军事冲突的协定》。同日，蒋介石和毛泽东各自下达了从13日午夜起停止一切战斗行动的命令。

但是在东北问题上，蒋介石又玩了一个擦边球，他抓住停战令中附加的"对国民政府军队，为恢复中国主权而开入东北九省或东北九省境内调动并不影响"这一条款，提出"东北九省在主权的接收没有完成以前，没有什么内政问题可言"。因此，在美国支持下将国民党军"五大主力"中的新1军、新6军和第71军、第94军第5师、第60军又调入东北。国民党军在东北的总兵力增至28.5万人。

1946年1月14日，东北人民自治军改称东北民主联军，林彪任总司令，彭真、罗荣桓分任第一、第二政治委员。各部队及各军区组织机构进行了调整，新老部队实行合编，成立了北满（吉黑）、西满（辽热）、南满（辽东）、东满（吉辽）四大军区。东北民主联军总兵力已达34万人。林彪将山东第1师、新四军第3师第7旅划归总部直属，由他直接指挥，其他主力部队分别置于各军区领导之下。

1月15日，中共中央电示东北局："国民党现仍拒绝与我谈判东北问题，不承认我在东北之任何地位，他对东北我军仍未放弃武力解决方针，因此国民党军进入东北后，要向我们进攻是不可避免的。"并强调指出，"必须我在东北能击败顽军之进攻，使其武力解决东北问题之计划失败，他们才会承认我在东北之地位并和我们谈判问题。"之后一系列电报又反复提醒："经常注意掌握住有理有利这两个原则"，"争取东北和平的实现与我在东北的地位"。

林彪在且战且退中十分清醒，他对和平不仅深表怀疑，而且清楚地认为这只不过是蒋介石的阴谋，"我们对现在所谓和平的实际收获，须清醒的考虑之"。他深切地感到东北问题"只有战争才能争取和平"，"只应鼓励为和平而战，为停止敌之进攻而战"。

中共为和平解决东北问题作出极大努力，但国民党仍不放弃武力解决东北。2月5日，中共中央致电彭真、林彪等，指出："你们如不能在东北打一个好胜仗，以后你们在东北的政治地位就要低得多，因此你们必须立即准备好一切，集中尽可能多的兵力，不怕以最大牺牲求得这一作战的胜利。"

林彪开始寻找战机，准备与杜聿明交手。

杜聿明上次追至阜新，只看个林彪的背影，因肾病发作，疼痛难忍，返回锦州。经医生检查确诊是肾结核，需做切除左肾手术，准备去北平医治。躺在病床上的杜聿明此时心力交瘁，无力再返前线督战，便于2月9日下达了沿北宁路向沈阳方向进攻的命令：

着新6军新22师为南路扫荡队，向盘山、台安、辽中攻击前进；

着第52军第2师为中路扫荡队，向新民、皇姑屯攻击前进；

着第13军第89师为北路扫荡队，分向公主屯、秀水河子、务欢池攻击前进。

在杜聿明下达攻击命令的当天，林彪正在彰武与法库之间的秀水河子召集第1师和第7旅营以上干部开会，进行战前动员。第1师师长梁兴初和第7旅旅长彭明治都是林彪的老部下，林彪点名要1师和7旅归他直接指挥，就因为看重老部队勇猛顽强的战斗作风。林彪决心打一仗，显示一下老部队的威风，增强新老部队的信心。他语速平缓而又充满自信地讲着打好这一仗的意义，讲形势，讲战术，鼓舞士气。

2月10日，国民党军第89师一部攻占务欢池，一部向秀水河子深入。林彪侦察到"进攻务欢池之敌为两个营，进攻秀水河子之敌为四个营，阜新、彰武、新立屯各尚有一个营"，当即部署新四军第3师第10旅和独立旅担任消灭务欢池之敌，彭旅梁师担任消灭秀水河子之敌。当日下午3时30分，林彪又在法库"前指"电示梁兴初和彭明治："这一仗关系重大，必须打得很艺术，很坚决，切不可鲁莽、草率，务须严密弄清敌情，干部须亲自侦察地形，选择攻击点与布置火力，当面详细交代任务，切实取好联络，规定统一动作时间，一切布置好后，即行猛打。"

11日，进占秀水河子国民党军以一个营继续东进，在团山子被第7旅第20团伏击，又缩回秀水河子。第二天上午，彭明治指挥第7旅3个团占领东南有利地形。梁兴初率领第1师到达西北，对秀水河子形成包围。同日，林彪电令第10旅和独立旅向务欢池发起攻击，将国民党军歼灭。秀水河子守军亦试探突围，遭围攻部队猛烈打击，只好固守待援。

国民党军孑然冒进，远离主力，被林彪逮个正着。林彪判断国民党军增援部队没有一天的时间无法到达，他抓住战机，当即决定以第7旅第19团由西南主攻，第21团由东南助攻；第1师第2团自北向南主攻，第1团从西北助攻；第1师第3团为预备队，第7旅第20团和一个保安团负责打援。确定13日晚10时发起总攻。

黄昏降临，各部队以凌厉的攻势展开外围战斗，缩小包围圈，进入预定攻击地点。林彪还是有些不放心，从法库又赶到秀水河子附近，召集彭旅梁师当面又布置一番。

黑夜笼罩着这个只有几百户人家的小村庄，凛冽的寒风裹挟着积雪扑打着阵地，战士们卧在厚厚的积雪上面，静静地等待着发起冲锋的时刻。

东北民主联军在秀水河子战役中缴获的战利品

10时，总攻开始。

密集的炮火划破夜空，倾泻在国民党军的阵地上。第1师攻击部队，立即发起冲锋。国民党军凭借美式装备，以猛烈炮火还击。梁兴初命令部队大胆突击，靠拢敌阵。20分钟过去，梁兴初发觉7旅方面仍没有动静，心里着急。这时，7旅方面的山炮突然打响。国民党军措手不及，炮火被压制下去。原来，林彪向统一指挥这次作战的第7旅旅长彭明治有意作了这种战术安排。

各路攻击部队打开突破口，突入村内，展开争夺战。天将破晓，林彪见打援部队与国民党军增援部队已经交火，告诉7旅作战科长通知前线总指挥彭明治，天亮前不能结束战斗就撤下来。

彭明治让作战科长转告林彪，拂晓前一定结束战斗。天亮了，可枪还一直在响，那是战士们拿着缴获的美国枪鸣放着胜利的枪声。

秀水河子之战，是林彪打的一场漂亮的歼灭战。此战共歼灭国民党军1500余人，缴获各种火炮38门，汽车32辆，各种枪弹等战利品不计其数。

杜聿明得知这一消息，心情更加沉重，他连夜致电蒋介石请求增兵。他则于2月18日黯然神伤地离开锦州，飞赴北平治病。

四平，国共喋血交锋

杜聿明住进北平中和医院，东北国民党军的军事进攻也暂时停了下来。

一直在前线指挥作战的林彪，返回已经撤至抚顺的东北局和东北民主联军总部。

3月5日，中共中央电示东北局："蒋与我方在东北的军事对抗和冲突将继续一个时期，蒋军可能在最近进攻西满通辽及南满辽阳、鞍山、营口、海城、本溪、抚顺等地"，"你们必须迅速准备严重的粉碎蒋军进攻的战斗，并须准备在上述地区被蒋军占领后，你们仍能继续斗争"。

3月6日至8日，东北局在抚顺召开会议，彭真、林彪、罗荣桓、林枫、吕正操、萧劲光等参加了会议。林彪在会上作了报告。会议着重讨论了东北和战问题、作战方针问题和城乡问题等，确定工作中心是"动员群众，前方创造战场，后方建立根据地"，以军事斗争争取东北停战的实现。

1946年3月初，苏军开始自东北各地撤离回国，国民党军又开始策划新的攻势。

躺在病床上的杜聿明此时心焦如焚，一则因病情一时不能痊愈，担心前功尽弃，二则生怕别人乘机夺了位子，抢了功名。他辗转反侧，还是向蒋介石举荐自己的心腹郑洞国为东北保安司令长官部副司令长官，代行他的司令长官职务。

郑洞国与杜聿明是黄埔一期同学，曾做过杜聿明的副手，在昆仑关大战中共过患难。抗战胜利后，任第三方面军汤恩伯部副司令官。杜聿明的举荐得到蒋介石的恩准后，郑洞国于3月初到锦州。这时东北行营主任熊式辉因在长春接收屡屡碰壁，也返至锦州。熊式辉召集东北行营及东北保安司令长官部等幕僚商定，趁苏军撤退之际立即抢占沈阳，控

国民党军占领沈阳

制铁路沿线重要城市。12日，苏军从沈阳全部撤走。13日，国民党军进占沈阳。然后集结主力部队于18日起兵分三路，向南、向东、向北展开扇形攻势，东北战事再度升级。

在东北国民党军大举攻势之下，东北局及东北民主联军总部于3月17日由抚顺向海龙方向转移。同一天，西满军区黄克诚抓住苏军撤离四平的有利时机，率部收复四平。

林彪率"前总"一面部署南满方向和辽北方向作战，迟滞国民党军进攻，一面指挥部队阻击国民党军进犯抚顺，掩护东北局及东总机关安全转移。

21日，新6军占领辽阳。22日，第52军占领抚顺。24日，新1军占领铁岭。

国民党军占领抚顺后，中共在东北的控制区域渐渐形成南北两大战场。东总为坚持南满，决定将第3、第4纵队和保3旅留在南满作战，命令所有在西满的主力及抚顺地区的第1师、第7纵队全部北上，准备阻止国民党军北进四平、长春。林彪率"前总"转移至抚顺以北武象沟，准备北上四平。

3月24日，中共中央致电东北局并告林彪、黄克诚、李富春："我党方针是用全力控制长哈两市及中东全线，不惜任何牺牲反对蒋军进占长、哈及中东路，而以南满西满为辅助方向。"指示东总"坚决控制四平街地区，如顽军北进时彻底歼灭之，决不让其向长春前进"。

3月26日，东北局作出部署，向各军区下达作战命令：

西满军区抽调3至4个旅，兼程集中于四平附近地区，归林彪指挥，另以一部协同王明贵部占领齐齐哈尔；

吉辽军区抽调罗华生旅、贺庆积旅、邓克明旅、曹里怀旅，兼程向长春附近及以南地区集中，除罗旅归林彪指挥外，其余3个旅由周保中指挥准备夺取长春；

北满军区杨国夫师兼程向长春附近地区集中，第359旅协同松江军区部队准备进占哈尔滨；

南满部队配合沈阳以北作战。

军调部东北执行小组李立三（左五）、伍修权（左三）在长春与国民党、美国代表合影

东北局最后号召："此次作战为决定我党在东北地位之最后一战，望空前动员全党全军以最大决心，不惜任何牺牲，争取这次作战的决定胜利。"

林彪率"前总"轻便机关，赶往四平。

东北大战一触即发之际，蒋介石故技重演，又施放和平的烟雾。3月27日，军事三人小组会议达成《关于调处东北停战协议》，在沈阳成立军调部东北执行小组。但是蒋介石于3月底又派范汉杰前往东北，限令熊式辉于4月2日占领四平，接着又把第93军调入东北。国民党方面还是老调重弹，宣称东北"只有接收，并无调处"。熊式辉手握30余万重兵，自然不把东北中共军队放在眼里，他狂言："有什么可以调处的呢？全靠双方军事在战场上解决问题。"于是，他以沈阳为中心，调集5个师北攻四平，以6个师南取鞍山、本溪。

4月2日，国民党军新6军主力占领鞍山，第71军主力占领海城、营口。第52军第25师、新6军第14师分由抚顺、辽阳向本溪进攻，遭南满

林彪（左四）与马仁兴（左一）在四平前线

第3纵队顽强阻击，第一次进攻本溪受挫。

与此同时，新1军、第71军（欠第88师）北攻四平，因连遇大雨，冻土开化，道路翻浆，其机械化部队行进艰难，加之第10旅、第7旅在铁岭至四平间主动出击，消耗迟滞，直至4月4日进占昌图、法库，未能实现预定计划。

就在这一天，林彪在春寒料峭的风雨中赶至四平。当晚8时，林彪致电李富春、黄克诚："我此刻已到四平，对情况尚不了解，明天南去侦察地形。此次集中近六个旅的兵力，拟坚决与敌决一死战。望以种种方法振奋军心，一定要争取胜利，以奠定东北局面。请将此报即转东北局与中央。"

第二天，林彪带几个人在四平及附近地带转悠一天，边看地形边作部署。临近傍晚，林彪电告东北局和中共中央："原预定于情况许可下，则利用双庙子以南山地歼敌。如果兵力来不及反击时，则决心死守四平，主力突击侧后。此间已在进行守城布置。"

毛泽东看完电报，立即复电林彪并告彭真："集中六个旅在四平地区歼灭敌人，非常正确。党内如有动摇情绪，哪怕是微小的，均须坚决克服。希望你们在四平方面，能以多日反复肉搏战斗，歼敌北进部队的全部或大部，我军即有数千伤亡，亦所不惜。"

4月7日，四平外围战斗打响。

东北保安司令长官部副司令长官梁华盛指挥新1军沿中长路向四平攻击前进。林彪在兴隆泉、柳条沟、兴隆岭一线部署12个团猛烈反击，痛歼新38师4个整连，使有"天下第一军"之称的新1军首次受创。

梁华盛急电熊式辉请求增援。熊式辉见梁华盛有些沉不住气，眼看4月8日占领四平的限期又至，加上军调部执行小组已到沈阳，他也是一筹莫展。情急之下，他将梁华盛调回沈阳，派郑洞国到前方指挥。

郑洞国到达开原前方指挥所，遂令新1军第50师在炮火掩护下猛攻四平以南泉头车站，令第71军北进八面城迂回四平。

林彪深入八面城前沿阵地指挥作战，部署第7旅在泉头阵地迟滞国民党军，调集第1师、新四军第3师第10、第8旅主力、第7纵队等部向西转移，在大洼、金山堡一带伏击国民党军。

4月15日中午，第71军第87师进至大洼以南一带，其先头团闯入一个集市，听当地百姓说共军早已离去，便解散休息。就在这时，枪声四起，伏击部队迅速展开火力，将其歼灭。接着将

杜聿明与夫人到沈阳机场时的场面

后续部队分割在几个村落里，经一夜激战，将第87师大部歼灭，师长黄炎落荒南逃。第91师前来增援，也被击溃。

与此同时，国民党军第二次进攻本溪遭到惨败。第52军第25师一个团被歼，师长刘世懋被击伤后逃脱，新6军第14师副师长以下1000余人被歼。

国民党军在四平、本溪连连受挫，一些将领纷纷致电杜聿明诉苦，希望他早日返部主持东北大计。

杜聿明在北平做完左肾割除手术，静养也有些时日。一个月来，东北的攻势虽有些进展，但还不能差强人意。更让他心神不安的是，蒋介石以范汉杰取而代之的风言，日甚一日。因此蒋介石召见他的电报一到，他顿生疑窦，立即复电说："大病初愈，不适于长途飞行，拟即日返部报命。"蒋介石自然理会，复电安抚说："吾弟既能返部，即毋庸来见。望速指挥部队收复东北领土主权，有厚望焉。"

4月16日，大病初愈的杜聿明返回沈阳。两天后，林彪拿下长春，算是给杜聿明一个见面礼。杜聿明得知，心里猛地一沉，比割肾还不是滋味。他心里清楚，自东北开战以来，一直没有抓着林彪的主力。林彪像变戏法似的，老是在他眼前晃悠，让他寝食难安。

杜聿明决心与林彪决战。

眼下他的部队摆在本溪、四平两大战场，南北开战，兵力捉襟见肘，实属兵家大忌。于是，他与熊式辉、赵公武（第52军军长）、廖耀湘（新6军军长）等商议，决定先打本溪，再图四平。

杜聿明深知林彪精于谋略，怕林彪的主力再次逃脱，乃命令郑洞国向四平发起新的攻势，以收声东击西之效。

林彪在四平城区部署两个团担任防御，以一部兵力坚守四平正面，将大部主力集中于四平侧背的八面城、梨树等地，作为机动突击力量，支持守城部队。林彪"前总"设在离四平很近的梨树县，直接指挥四平作战。

4月18日，郑洞国指挥新1军全部兵力在飞机、坦克支援下，对四平正面进行轮番攻击，推进至四平南郊海丰屯、玻林子和鸭湖泡等地，并迂回至四平西北三道林子。接连几天，双方反复争夺，战斗异常惨烈，战局打成胶着状态。

毛泽东在延安一直关注四平战局。4月22日，毛泽东电告林彪："望死守四平，挫敌锐气，争取战局好转。"27日，又致电林彪："一、四平守军甚为英勇，望传令奖励；二、请考虑增加一部分守军（例如一至二个团），化四平街为马德里。"林彪料定四平将是一场恶战，他立即调整部署，急令解放长春的杨国夫第7师南下投入四平战斗，调南满第3纵队迅速北上开辟第二战场，确保四平安全。

此时杜聿明也亲临四平前线，当面了解情况后，令郑洞国暂时停止攻击。其实杜聿明去四平前线只不过是一种佯攻四平的假象，北上四平之前，他已命令新6军、第52军向本溪进攻。

4月28日拂晓，国民党军向本溪发动第三次攻势。第52军第2、第25师在空军掩护下，很快突破阻击阵地，占领奉集堡、英守屯、姚千户屯，逼近本溪；新6军新22师突破松树岭防线，进至三家子附近地域，第71军第88师进至望宝寨附近。在本溪前线指挥作战的辽东军区政治委员萧华根据当时情况电请"东总"放弃本溪。5月3日，国民党军占领本溪城。

杜聿明攻下本溪，解除了沈阳的隐患，腾出手来准备在四平大打。林彪则乘苏军最后撤离东北之际，于4月25日、28日解放齐齐哈尔、哈

东北民主联军坚守四平，英勇反击国民党军

尔滨，稳固北满后方。东北局、东总机关于此前的4月24日由梅河口迁至长春。

蒋介石原计划于4月2日占领四平，4月5日进占长春，可是一个月过去，国民党军还在四平外围徘徊不前。蒋介石十分焦虑，他已拒绝由美国、中国民主同盟和中共三方提出的停战方案，坚持要取得长春。他急令杜聿明调新6军北上增援，一举夺占四平。

5月1日，毛泽东致电林彪："东北战争中外瞩目。蒋介石已拒绝马歇尔、民盟和我党三方同意之停战方案，坚持要打到长春。"并告之"前线一切军事政治指挥，统属于你，不应分散"。3日，又电示林彪："除必须数量之守城部队外，应控制强大机动部队，以为有利时机在运动中打击敌人之用；除坚持四平阵地外，速准备公主岭及他处之第二线阵地。"

四平遂成为东北战局的焦点。

5月5日，南满第3纵队北上增援部队进至四平以南、双庙子以东大台子山地区，与国民党军第195师遭遇，当即交火。第195师主力退守泉头车站待援，第3纵队主力即转向昌图、开原地区。

　　杜聿明急调新6军及第88师迅速北上，向开原附近集结。5月12日，新6军向第3纵队发起攻击，林彪一面令第3纵队打援，迟滞国民党军，一面令在公主岭附近的第359旅南下增援四平东线，北满炮兵部队开至四平前线参战。

　　5月14日，杜聿明组织集结在四平前线的精锐主力，采取两翼迂回战术，分三个兵团向四平发动全面进攻。

　　林彪指挥部队，在东起火石岭子，西至八面城50公里战线，与国民党军展开激烈交锋。

　　四平之战进入决战时刻。

　　国民党军在飞机、炮火协同下，展开猛烈冲击。左翼兵团第71军第87、第91师由八面城、老四平向四平西部迂回攻击，遇顽强阻击，进展缓慢；中路兵团新1军3个师从正面进攻，双方展开激烈争夺，毫无进展；右翼兵团新6军及第88师由开原向四平东面迂回攻击，因其在本溪新胜，士气旺盛，在重炮轰击和集团冲锋下，突破威远堡门阵地。

　　四平防线在东线开始倾斜。

　　新6军军长廖耀湘亲临威远堡门督战，他发现共军主力且战且退，下令新6军全力推进。新6军是全部美械装备，廖耀湘以小部兵力在正面胶着应战，大部队则搭载600辆汽车强行向西丰、平岗、哈福车站以东迂回，途中遇道路翻浆，铺上钢板，迅速行进。于17日相继攻占叶赫、火石岭子、平岗，并直扑四平东北赫尔苏。

　　林彪的目光一直盯在东线，他电令塔子山守卫部队："塔子山尽可能再支持一天。"林彪已经预感到四平的危险性，电报发出后，又连发一电："再命塔子山守军，最少明天要顶半天，不惜一切牺牲。"然后他口述了准备撤退的电报："估计敌人明天就可占领塔子山，廖耀湘必定要以全力攻塔子山。塔子山如果失守，敌人就可以从我侧后迂回，封闭四平守城我军的退路，那时我们就完全处于被动，而且有被歼之危险。我们已经大量消耗了敌人，并赢得了时间。我们的保卫战是胜利的，特别是我们每一个部队，都在一定程度上得到了锻炼。"述毕，林彪语出感慨："和平空气，在我们今天的东北是最害人的。"

　　18日，战斗进入白热化状态。

杜聿明令担任预备队的第195师也投入战斗，迅速攻占哈福车站，对塔子山形成三面包围。新6军、新1军以猛烈炮火轰击塔子山，然后在飞机和坦克配合下，发起猛攻，突破塔子山阵地。

林彪向毛泽东发出急电："四平以东阵地失守数处，此刻敌正猛攻，情况危急。"不待回电，林彪果断命令："7师于三道林子北山，7旅于四平东南高地掩护全线撤退。"当晚9时，四平市区守备部队开始撤退。林彪将情况报告中共中央和东北局：

中央、东北局：

敌本日以飞机大炮坦克车掩护步兵猛攻，城东北主要阵地失守，无法挽回，守城部队处于被敌切断的威胁下，现正进行退出战斗。

林
巧亥

林彪最终没有能够抵挡住杜聿明的攻势，再次撤退。

枪炮声停息，硝烟渐渐散去。

历时一个月的四平大战结束了。

第三章　扭转危局

杜聿明夸下海口：绝对有把握收复长春

四平鏖战正酣，蒋介石派副参谋总长白崇禧飞赴沈阳。

杜聿明清楚白崇禧的来意，知道蒋委员长对夺取四平有些等不及了。在白崇禧到达沈阳的当晚，他详细汇报了四平的战况，并带着几分得意的神情，肯定地说："拿下四平绝无问题。现在是讨论收复长春、永吉（吉林）计划的时候了。"

"只要将四平街打下，与中共的谈判也就有了面子。"白崇禧传达蒋介石的意见说，"蒋委员长的意思，拟不再向长春北进，一则缓和舆论非难，再则可以整训部队。如与中共谈判不成，再大举进攻不迟。"

"攻击四平街的目的，就是为了击败共军的主力，一举收复长春、永吉。"杜聿明坚持说，"如果不乘胜追击，必将前功尽弃。"

杜聿明又进一步解释说："长春是满洲首府，永吉小丰满水电站为东北重要的电力资源。收复长春、永吉，在政治上影响很大。在军事上，可与共军隔松花江对峙，宜攻易守。在经济上，可依靠小丰满电力，供给长春、沈阳、鞍山等处用电，发展工业。如果小丰满电站被共

73

军控制，东北用电都成问题。"

白崇禧虽然赞同杜聿明的看法，但对收复长春还是信心不足，他劝阻说："政府与中共的协议，是不进长春。如果无十分把握的话，即到公主岭为止。"

杜聿明信誓旦旦地说："不到长春，决不停止。"

白崇禧见杜聿明仍坚持己见，只好应承说："我看要是能拿下长春，蒋委员长也不会不高兴吧！咱们明天到前方看看再决定。"

第二天，杜聿明陪同白崇禧乘火车到四平前线，在开原指挥所郑洞国汇报了战斗进展情况。白崇禧得知攻占四平已不成问题，迂回部队已向公主岭攻击前进，十分高兴，便与杜聿明、郑洞国等到双庙子前线视察。回到火车上，白崇禧再次问杜聿明："攻下长春、永吉有无把握？"杜聿明回答说："绝对有把握。"

白崇禧听了也不再迟疑，对杜聿明说："如果确有把握，我同意一举收复长春、永吉。你照原计划执行，我回去说服蒋委员长，待打下长春、永吉后再与中共谈判下停战令。"

5月19日，白崇禧飞离沈阳。临行前，他已得到国民党军占领四平的消息。这时，蒋介石电报又至，要杜聿明暂不进长春。杜聿明看了一下来电日期，是白崇禧离开沈阳之前发来的，当即下达作战命令，决心乘胜追击，迅速向长春、永吉攻击前进。

林彪的"前总"从梨树撤退后，转移到公主岭的范家屯。5月19日上午，毛泽东复电林彪："（一）四平我军坚守一个月，抗击敌军十个师，表现了人民军队高度顽强英勇精神，这一斗争是有历史意义的。（二）如果你觉得继续死守四平已不可能时，便应主动地放弃四平，以一部在正面迟滞敌人，主力撤至两翼休整，准备由阵地战转变为运动战。"同日，毛泽东又致电东北局、林彪："长春卫戍部队应立即开始布置守城作战，准备独立坚守一个月，不靠主力援助，而我主力则将在敌人两侧及远后方行动。"

林彪与杜聿明在四平一场血搏，多少还是伤了些元气。8000人的伤亡代价，让他痛心不已，因为这些人大多是从抗战过来的骨干，有些还是红军的老底子。以主力之师尚不能守四平，长春如何守之？林彪开始犹豫。

罗荣桓由大连到达长春的当天，看到毛泽东刚发来的电报，心里更是着急，他不顾旅途的劳累，便与彭真一起去范家屯找林彪商议。罗荣桓是3月初抚顺会议后去大连治病的，四平战事最紧张的时候，他请苏军援助了8列火车的武器弹药和医药，海运到朝鲜，然后由铁路运到梅河口。当时东北局正向长春迁移，国民党军飞机轰炸梅河口车站，弹药未来得及运出，被炸毁260车厢。他得知四平战事吃紧的消息，又马上赶往长春。

罗荣桓主张撤出长春，一直退到松花江以北。彭真、林彪也同意放弃长春。这样，东北局决定让出长春，大踏步向松花江北岸撤退。

5月23日，毛泽东电令彭真、林彪："（一）望坚守公主岭。（二）如公主岭不能守，应坚守长春，以待谈判。（三）立即部署公主岭及长春的守备。（四）我们正在南京谈判让出长春，交换别的有利条件，但必须守住长春，方利谈判，否则不利。"

此时，林彪正在"前总"指挥部队后撤，彭真率东北局机关已撤至

国民党军进占长春

哈尔滨。毛泽东提出的以战促谈的计划已经无法实施。林彪和彭真当日都回了电报。

林彪的电报："我军自四平防线撤出后，连日一面抗击敌人，一面进行转移。白天受敌机轰击，行军多在夜间，部队甚疲惫，被敌人切断掉队的甚多，目前无法组织兵力进行战斗。已令各部如遇敌时，则向敌进路的侧面转移，避免单独决战。现具体敌情及各部具体情况，均无法得知，我电台正在转移中。"

彭真的电报："长春方面幅员广大，周围地势平坦，我兵力不足，不可能固守。为避免被迫作战，我们（林罗等）决定撤出长春。我们昨夜退出，现已抵哈尔滨，林仍率主力在前线指挥。"

杜聿明下达追击命令后，由沈阳连夜赶往泉头前线指挥部督战。第二天清晨，郑洞国向杜聿明报告说："新6军、第71军均照令前进，新1军只令第50师向公主岭、长春追击前进。"杜聿明见两翼突出，中路进展迟缓，担心如被共军捉住一头，定会吃亏，便与郑洞国一同前往四平。

在离四平不远的双庙子车站，新1军军长孙立人来见，杜聿明责问说："为何不以主力向长春追击前进？"

孙立人搪塞说："梨树附近尚有大批敌人，扫荡也要三五天时间，如大军北进，被共军截断后路，危险极大。"其实，孙立人是有意拖延磨蹭，他抱怨杜聿明指挥不公，让新1军在正面打硬仗，新6军则从右翼突破抢先进了四平。眼下新6军又先他北进，进入长春的头功，恐怕又没有

郑洞国在长春向国民党军官兵训话。左一为新6军军长廖耀湘，右一为长春市市长尚传道

他的份了，所以只以一个师追击，摆摆样子而已。

杜聿明忍着火气，向孙立人讲述了当面的情况判断及决心处置，希望他遵令向长春追击前进。直至中午，孙立人仍不理会。杜聿明只好以强迫的口吻，生气地说："现在已到中午，各路进展顺利，并未遇到共军抵抗。新1军应迅速照令前进，否则长春攻不下，出了问题要你负责。梨树方面你派一个团，出了问题我负责。"孙立人见势成僵局，快快返回本部。

杜聿明正为孙立人不服从命令而恼火之际，突然接到报告：林彪"前总"作战科副科长王继芳来降。杜聿明顿时转怒为喜，他从王继芳叛变的供述中了解到林彪各部队的实际情况，得知林彪的部队正向松花江以北撤退。5月21日，廖耀湘报告说，新6军已顺利占领公主岭，并未发现共军主力。杜聿明判断林彪在长春不会有决战性的防御，当即令廖耀湘指挥新6军及新1军第50师继续向长春、永吉追击前进。

廖耀湘指挥机械化部队大胆推进。空中，飞机轰炸扫射；地面，汽车、坦克紧追不舍。国民党军一反常态，多路冒进，孤军深入，将林彪的部队冲垮、割断、打散。

5月22日，国民党军占领范家屯。23日，占领长春。

在国民党军占领长春的当天，蒋介石携夫人宋美龄在白崇禧等陪同下飞往沈阳，熊式辉、杜聿明前往机场迎接。

杜聿明借此机会，当面向蒋介石表功，他十分得意地说："国军打下四平，收复长春，其势锐不可当。目前共军主力已被击溃，正向松

蒋介石（中坐者）飞抵长春，在机场召集各界人士座谈

花江以北退守。"蒋介石听了杜聿明的汇报，对东北的战事也十分满意。他情绪极佳，接连几日，频频在公众场合露面。他接见了东北国民党军部分营以上军官，看望了国民党军伤兵，出席了沈阳市民的欢迎大会，还兴致勃勃地参观了沈阳故宫和北陵。

在蒋介石到达沈阳的第二天，南满军区按中共中央军委和"东总"指示，由第4纵队副司令员韩先楚指挥第4纵队和辽南分区部队打响了进攻鞍山、营口的战斗。国民党军第60军第184师师长潘朔端连电告急，杜聿明急调新1军乘火车南下，解鞍山、海城之围。并对蒋介石面陈："如孙立人来见，一定要新1军赶快去解第184师之围。"

蒋介石当时满口答应，可是第二天将杜聿明召去却说："我已允许孙立人休息三天，应令第184师死守待援。"

杜聿明听了，差点儿没背过气去。他十分惊异地说："这样，鞍山、海城会出乱子。沈阳亦将危急！"

"不要紧，我看第184师守得住。"蒋介石仍不以为然地说。

新1军先头部队于28日到达辽阳，及至29日主力集中后向鞍山进击时，第184师师长潘朔端已率师部及一个团计2712人于海城起义。

杜聿明非常震惊。他本欲借此机会请求严惩孙立人，但蒋介石对此未置一词，他也只好作罢。好在北线战事进展顺利，他又转换了一个话题，说："廖耀湘已经占领永吉，接收小丰满水电站。松花江南岸已为我全部控制。"

蒋介石走近地图，环视了一下，然后指着永吉以东铁路与公路的一个交叉点，对杜聿明说："拉法非常重要，必须派一个团固守。"杜聿明对此也未多加考虑，立即遵命照办。

6月3日，蒋介石亲赴长春，在机场大厅接见了长春大小官员及豪绅巨富，又召集廖耀湘等面授机宜，然后飞回南京。

蒋介石驾临东北，使杜聿明很是风光得意了一番。相形之下，林彪是苦不堪言。王继芳的叛变，更让林彪雪上加霜。林彪的军事秘密全部暴露在杜聿明的眼皮底下，林彪在前面撤，杜聿明在后面追。林彪一下子跌入了他军事生涯的最低谷，即使再有浑身的解数，他也是孤掌难鸣。

5月24日，黄克诚向中共中央报告了东北的情况：

从我所了解的东北部队部分情况及地方情况和我对今后作战意见，略报如下：

（一）从3月下旬国民党军进攻起，到长春撤退，我军除南满外，总伤亡一万五千人，仅西满四个旅及一部地方部队，伤亡达七千左右，七、十旅连排干部大部换了三次，部分营级亦换三次，团级干部伤亡尚小，有些部队元气受到损伤，不经整训已难作战。

（二）部队从四平撤退尚有计划，长春撤退则已有些混乱。西满四个旅，一个旅到北满，一个旅到东满，两个旅到西满，其他各部情况不明。部队非常疲劳，有些战士撤退时走不动，不愿跟走；干部因长期支持作战，亦极倦怠。

（三）干部中一般情绪不高，特别是营以下干部一般有很大厌战情绪，伤愈后不愿归队。比较好的则要求到地方工作，坏的很多逃跑、作生意、作手工，有些干部则装病到后方。这些现象是抗战八年所未有，主要是由于后方工作太差。但干部在长春撤退前逃跑的尚少，在战场上一般均积极勇敢。

（四）地方工作在西满只有法库、康平、昌图、通辽几县比较普遍的有初步基础，其他各县除县城外，乡村中有些则有了点工作，有些则完全没有工作。土匪问题尚未解决，长、哈、齐占领后，西满散匪达一万以上，进剿很难消灭，不剿则散了。因为集中兵力于四平，亦无较多部队进剿，地方武装有部分尚不巩固。地方工作进展迟缓，是由于时间短、干部少、土匪多及干部恋着城市不肯下乡。工作作风亦有毛病等。分配土地农民情绪很高，但提得较迟，一时难以普遍开展。故从西满说，我们尚无广泛的、有组织的群众基础。

（五）整个军队与地方干部，除一部先进者外，一般渴望和平而厌战。从承德来之干部，几无愿在乡村工作者，都要求到长春、哈尔滨去。军队干部则很多要求休养，做后方工作，做地方工作。一般的战士艰苦精神比之内战与抗战时代都差了很多。

（六）上面是我对东北部队及地方情况的部分了解。我是一个从坏处设想的人，所看到的现象亦是坏的方面较多，故或许有片面之处，但都是事实。顽军占领长春之后，东北停战的可能性更少了。估计敌人要利用我主力一时不集中及疲劳之机会，将继续向我进攻，向哈尔滨及吉林进攻，甚至分一支部队向白城子进攻。在目前情况下，我们作战方针不能死守城市，……应避免被动的守城战，争取主动的歼敌。而目前争取一个时间来整理部队，恢复疲劳，提高士气，肃清土匪，发动乡村群众，为最有利。待敌分散后作战，即失掉一些城市，这样做亦较稳妥。

上述情况与意见供中央参考。

彭真、罗荣桓对东北战局也甚为担忧，他们一面致电林彪询问对整个战局的意见，一面致电中共中央请示今后作战方针。5月26日，林彪电告彭真、罗荣桓等："目前我作战方针将利用松花江，以保卫北满为主，在松花江以南组织庞大游击队辅之。因此，我主力部队将继续北移。"27日，毛泽东复电东北局和林彪："目前军事方针，除以一部与敌保持接触，给以扰乱及破路外，主力应不怕丧失地方，脱离并远离敌人，争取时间休整补充，恢复元气再行作战。外交方针已告恩来，我方让步至长春双方不驻兵为止，此外一概不能再让，美蒋要打由他们打去，要占地由他们占去，我方绝不承认他们的打与占为合法。总之东北是未了之局，我党须准备长期斗争，最后总是要胜利的。"

林彪率"前总"一边撤退，一边了解各部所处位置，一边调整部署。在北撤途中，他决定第1、第2师和第7纵队、第359旅向吉林以北舒兰、五常撤退；第3师（欠第7旅）及辽西军区部队向白城子撤退；第7师、第7旅沿中长路向松花江以北撤退。他率"前总"机关撤至吉林北部的乌拉街。

5月29日，林彪电告吉林军区："你们炮兵团的直属队，及一门榴弹炮，共五百多人，其中大部分为革命的韩国人，另有十余日本人，因未接到你们撤退命令，在吉林附近被敌机械化步兵追上，全部被俘。此为我军进入东北，唯一被歼的事实。"

5月30日，林彪电告东北局："我在吉林附近渡江部队被敌机械化部队切断，有四个团未渡江来。该四部无电台、无地图、无群众之引路报信，并在土匪的扰乱下将遇到很多困难。而且渡江之诸部队建制皆不完全，逃亡与疲惫现象极严重。"

6月2日，林彪再电告东北局："被敌隔断尚未找得之部队，梁兴初缺一个团，罗华生部缺一个营，万毅部缺四个营。万部减员最大，有的团只剩得半数。"

林彪连失地再丢兵，情绪降到了最低点。6月3日，林彪"前总"转至舒兰。一到驻地，他照例先去联系、了解各部队所处位置及情况，可是电台这时还没有运到。他气冲冲找到参谋处长李作鹏，瞅见李作鹏与何敬之正在那里盘腿大坐喝酒，顿时火了，他走向前去，一把掀翻了桌子，然后拂袖而去。

仗打到这个份上，林彪的脾气再好，也不能不发火了。

林彪紧绷的神经将要到了极限。这时候，倒是蒋介石又帮他缓释放松下来。

蒋介石巡幸东北回到南京，在中共和谈代表团极力坚持以及马歇尔的积极调停之下，于6月5日发表了东北暂时停战的声明："余刻已对我在东北各军下令，自六月七日正午起，停止追击、前进及攻击，其期限为十五日。"6月6日，毛泽东致电东北局、林彪等："在此十五天内，我党代表团在宁与国民党进行谈判。我东北民主联军各部应利用此十五天时间，休息补充，提高士气，准备再战。"

同一天，国民党军第71军第88师一个加强团进占新站、拉法。林彪得到报告，当即命令在蛟河地区集结的第1、第2师："坚决消灭拉法、新站之敌。"梁兴初、梁必业接到电令，迅速作出部署，先打掉进占拉法国民党军一个营大部，占领拉法。尔后乘胜进击新站，歼国民党军一个团，俘获团长韦耀东。

至此，东北国民党军与东北民主联军开始隔江对峙。

东北出现了暂时的休战局面。

林彪痛定思痛：我们在东北还没有根据地，还没有家

林彪到舒兰以后就病倒了。

倒不是什么大毛病，只是发烧、厌食、失眠，整天晕晕乎乎，提不起精神。这支"红军中年轻的鹰"，蛰伏于东北平原，无力再去搏击猛烈的暴风骤雨。

如果杜聿明再发动一次攻势，林彪真不知该退向何处。

一种悲观失望的情绪蔓延开来，如同乌云般压在每个人的心头。病中的林彪在苦苦寻找重新点燃希望的亮光。

他振作精神，开始大讲莫斯科撤退。

他在会上讲，在报上说，还觉得不够，又从苏联人那里弄到一部《库图佐夫》纪录片，反复放映。

擅长领兵打仗的林彪，做起思想政治工作来，还真有一套办法。

很少讲话的林彪，这时倒显得有些婆婆妈妈起来，他不断地讲：

"大家一定以为我跑得太快了，丢的地方太多了。我说我跑得还慢了，丢得还少了。"

"拿破仑的军队开进莫斯科时，也是很猖狂的，可他们的失败在那时候就已经决定了。今天也是一样，我们通过大规模撤退，来换取消灭敌人的有利条件。"

"东北现在的情况是敌强我弱。我们只有一个拳头，敌人有好几个拳头，一个拳头是打不过好几个拳头的。我们要把敌人的拳头变成手掌，等敌人的拳头伸开了，我们就可以一个指头一个指头地吃掉他们。"

"城市只是旅馆，暂住一时。把城市丢给敌人，我们的包袱就没了。把敌人拉散了，再一股股吃掉，城市自然就是我们的了。"

"我们要把眼光从大城市转到中小城市和广大农村去，把大气力用到建设根据地去。有了根据地，我们就有了家。有了家，我们就会有全东北。"

林彪以朴实无华的大白话，讲述着他的真知灼见。

此时此刻，林彪以及东北局的领导人都把目光聚焦在建立东北根据地上来。此前一系列建立根据地的意见，逐渐形成共识。

黄克诚一进东北，就向中共中央报告了东北的情况："现在处于无党、无群众、无政权、无粮、无经费、无医药、无衣服鞋袜之困难情况，部队士气受极大影响。"

刘少奇致电在重庆谈判的周恩来阐述东北战略方针转变时，提出："让开大路，占领两厢。"

陈云、高岗、张闻天在《对满洲工作的几点意见》中提出："我们必须经过战争及根据地之建立，以达到包围歼灭大城市之敌及钳击长春铁路干线，使我们能够在同国民党的长期斗争中，取得全局的优势。"

罗荣桓在给林彪的电报中，提出："如果我们没有掌握中小城市和次要交通线，将会发生困难。因为它关系到我们今后能否在东北坚持以及我们能否在同国民党或战或和的斗争中处于有利地位。"

林彪致东北局和中共中央的电报："凡愈靠近城市与铁路的地方，人心愈浮动，群众愈难争取；而这一带亦往往首先失掉，使群众工作的建设白费力气。距城市与铁路线（北宁、长春两路）愈远的地方，人心愈巩固，群众工作愈易发动，且敌来的可能少，故愈易成为巩固的后方。"

彭真在主持起草的东北局指示中，指出："为了在东北建立我党巩固的根据地，确立我对国民党之优势，以便与国民党进行持久的斗争，各级党与军队必须不失时机、雷厉风行地进行发动群众、肃清土匪、整训部队、改造政权、组织生产、建设后方等六项工作。"

刘少奇致电东北局，指出："我提议你们把屁股坐在东满、北满、西满等可靠地区，去建立根据地，而不使全局陷入被动。"

毛泽东在《建立巩固的东北根据地》的指示中，指出："我党现时在东北的任务，是建立根据地，是在东满、北满、西满建立巩固的军事政治的根据地。建立这种根据地，不是轻而易举的事，必须经过艰苦奋斗。建立这种根据地的时间，需要三四年。但是在一九四六年一年内，必须完成初步的可靠的创建工作。否则，我们就有可能站不住脚。"

四平之战后，中共中央于6月3日重新提出："实行中央去年十二月对东北工作指示，作长期打算，为在中小城市及广大乡村建立根据地而斗争。"

林彪在且战且退甚至几乎无处可退的时候，历史再一次垂青于他。危难之际，毛泽东又委其大任。

6月16日，中共中央向东北局下达指示：

东北局：

　　目前东北形势严重，为了统一领导，决定以林彪为东北局书记、东北民主联军总司令兼政治委员；以彭真、罗荣桓、高岗、陈云四同志为东北局副书记兼副政委。并以林、彭、罗、高、陈五人组织东北局常委。中央认为这种分工在目前情况下，不但有必要而且有可能，中央相信诸同志必能和衷共济，在重新分工下团结一致，为克服困难争取胜利而奋斗。

中　央

林彪接到中共中央的指示时，率"前总"在舒兰。东北局派高岗和谭政将林彪接到哈尔滨。东北局立即落实中共中央的指示，部署了各军区建立根据地的区域。

6月21日，蒋介石宣布东北停战延期8天。此后由于蒋介石发动全面内战，于关内大打，东北休战长达4个月之久。

林彪抓住这一有利时机，迅速壮大自己。

7月3日，东北局在哈尔滨举行扩大会议，在东北的中共中央政治局委员、中央委员和候补中央委员参加了这次盛会。会议于7月7日通过了由陈云起草的《东北的形势和任务》的决议（史称《七七决议》），并报中共中央，经毛泽东修改后于7月11日批准执行。

《七七决议》回顾了"东北民主联军与东北人民，从去年十一月山海关战役起，至今年六月七日两军停战这一时期内，举行了英勇坚决的自卫战争"的历史。强调要"克服和战问题上的混乱思想，准备以长

期艰苦斗争取得和
平"。指出"无论
目前或今后一个时
期内，创造根据地
是我们工作的第一
位"。"我军的作战
原则，不在于城市和
要点一时的得失，而
是力求消灭敌人。为
此，应采取诱敌深
入，待敌分散，以优
势兵力各个消灭敌人
的方针"。号召广大

东北局部分领导成员在哈尔滨开会

干部"走出城市，丢掉汽车，脱下皮鞋，换上农民衣服，不分文武，不
分男女，不分资格，一切可能下乡的干部要统统到农村中去，造成共产
党员面向农村，深入农民的热潮"。

　　《七七决议》可称得上黑土地共产党人的纲领性文件。此决议一
出，黑土地迅速为之一变。

　　7月11日，《东北日报》发表社论：《到农村去，到群众中去》。

　　林彪也在为此热情地疾呼。他在东北局创办的第一个党内刊物《群
众》第一期发刊词上，这样写道：

　　"放在我们东北全党全军面前的任务就是建立根据地，建立根据
地的中心工作就是发动群众。我们能否解决这个问题，就是我们党在东
北成功与失败的问题。今天我们在东北还没有根据地，还没有家。如果
我们不赶快建立自己的根据地，建立自己的家，我们就会站不住脚，就
会有失败的危险。建立根据地就好比是为自己造房子，如果我们没有
家，没有房子，就好比是流浪者，飘来飘去的二流子，遇到狂风暴雨，
就会无家可归，无房子可住，就要被狂风吹掉，被暴雨淋死，遇到严寒
冬天，就会冻死饿死。如果我们不赶快建立自己的根据地，建立自己的
家，那么不仅我们会无处可走，死无葬身之地，而且东北人民也就不能

东北局派干部下乡，深入农村，发动群众

翻身，不能有他的地位。"

林彪以建家的心情，来建立根据地，其言之真，其情之切，感人肺腑。

东北局领导人正是带着这种急切的心情，分赴各地，传达《七七决议》精神。林彪到松江、高岗到合江、陈云到西满。东北局还先后派出12000名干部，深入农村，发动群众，迅速掀起干部下乡的热潮。

发动群众的中心环节，是解决群众迫切要求的土地问题。给一块土地，再发一条枪，这就是农民对革命的朴素的认识。

中共合江省委书记张闻天在省委干部动员会上说："什么叫政治家？给人民解决了土地、房子、牛羊问题，他就是人民承认的政治家。"他要求广大干部"大官做小事"，坚决下到农村去。西满分局李富春、黄克诚在《关于农民土地斗争的指示》中指出，"使农民翻身的土地斗争，成为广泛的轰轰烈烈的大运动"。

东北土地改革运动迅猛开展起来，黑土地开始经受着前所未有的暴风骤雨的震荡。

翻身的农民开始觉醒，他们以保卫自己土地保卫家的高涨的革命热情，投入到解放战争的洪流。一首《从这疙瘩到那疙瘩》，唱出了黑土地老百姓的心声。

　　　　从这疙瘩到那疙瘩舌头紧靠着牙，
　　　　民主联军和老百姓守住东北守住家，
　　　　东北是我们家乡拼命保住它！
　　　　眼泪里长着苗鲜血中开着花，
　　　　打败那敌人保住我们的家！

　　8月6日—15日，东北各省代表联席会议在哈尔滨召开。会议通过了《东北各省市（特别市）行政联合办事处组织大纲》，选举产生了东北解放区最高行政领导机构——东北各省市（特别市）行政联合办事处（后于10月16日改称东北行政委员会）。选举林枫为主席，张学思、高崇民为副主席。东北局、东总对各省党政军机构进行了调整。

　　东北民主联军于7月开始，先后组建了新的野战兵团，加强了以炮兵为主的特种兵建设。东总机关及野战军第1、第2、第3、第4、第6纵队计5个纵队、1个旅、3个独立师，连同4个炮团及坦克、高射炮、迫击炮3个大队，共计14.5万余人，加上地方武装，东北民主联军总兵力约为36万人。

　　东北国民党军因战线拉长，兵力分散，只好固守已占点、线。杜聿明一面采取对边沿区蚕食、扩面策略，一面加紧收编土匪，扩充军队。杜聿明于8月将郑洞国由长春调往锦州，指挥国民党军出击热河，并占领承德，切断华北解放区与东北解放区的联系。同时颁布了对土匪"建军"规定："各省划区宣抚，化装潜入，秘密工作"，"设立前进指挥所，统一收编各地地下军"，骚扰中共后方。

　　林彪则部署部队一面开展边沿区反蚕食斗争和坚持国民党军占领区游击战争，一面抽调主力部队剿匪。

　　林彪清楚要在黑土地安家，不仅要有稳定的心情，还要有稳定的后方。他下定决心，扫除匪患。

　　东北土匪，又称"胡子"，由地痞流氓等惯匪、地主恶霸、日伪残余势力和投机分子等构成，成分复杂，活动猖獗，在国民党军收编

东北民主联军抽调主力部队进行剿匪

加委之下，演变为"政治土匪"。在东北民主联军进剿之下，到1946年6月尚有3万人。6月12日，东北局、东总发出《关于剿匪工作的决定》，抽调主力部队参加剿匪，决定牡丹江、合江、东安及松江地区的剿匪工作，归东总统一指挥。

剿匪部队从6月下旬开始，对大股土匪展开大规模围剿。至8月底，共歼灭土匪近万人。号称"四大旗杆"的匪首谢文东、孙荣久、张雨新、李华堂率残部逃往深山密林。

东总于8月任命贺晋年为合江军区司令员，以第359旅主力配合，加强剿匪工作。北满合江地区土匪数量最多，破坏活动十分猖獗。贺晋年到任不久，盘踞在凤翔地区的匪首刘山东纠集匪徒攻击凤翔县城，县长邵万财在战斗中牺牲。合江军区第5支队副司令杨清海叛变，勾结匪首李华堂在依兰发动叛乱。一时间，局势非常紧张。

贺晋年带领骑兵大队迅速赶到依兰，第359旅副旅长谭友林率骑兵团也前来支援。李华堂、杨清海见势不妙，逃到达连河一带。贺晋年连夜追击，于第二天拂晓赶到达连河，但扑了空。李华堂已钻进黑瞎子窖沟，向西南窜去。

贺晋年拿出地图仔细分析，黑瞎子沟向西是牡丹江西部山地，那里是原始森林，钻进去是死路一条。他判断李华堂很可能是将部队引进深山老林，然后金蝉脱壳，窜回老巢。于是，他将计就计，派一部进入黑瞎子沟，堵住匪徒回窜之路，自己带骑兵大队沿牡丹江西岸溯江南进。

追至四道河子，与小股土匪相遇，将其歼灭，尔后继续追击。到达三道通，匪部与牡丹江军区剿匪部队激烈交火，贺晋年带部队迅速赶过去增援。尖兵排遇匪徒伏击，贺晋年要过一挺机枪，与顽匪展开对射。匪部遇两面夹击，点起"狼烟"，发出信号，向莲花泡方向逃窜。这时，谭友林带骑兵团赶到，三处兵马汇合一处。

贺晋年、谭友林率部搜寻匪踪，紧追不舍。土匪钻进原始森林，部队大胆跟进，土匪连夜逃窜，战士们啃几口玉米饼子，彻夜追击。天刚放亮，贺晋年站在高处望去，只见半人高的草甸子，有一溜被踩得平平的，这是土匪留下的踪迹。他走过去，看到地上有一堆结了冰的马粪，拾起来用手一捏，里面还是湿的，说明土匪还没有走远。他高兴地说："这一夜的罪没白受，追上了。"

穿过草甸子，贺晋年、谭友林发现不远处的山坳里有几间农舍，几个遛马的匪兵在外面放哨，他们断定李华堂、杨清海一定在这里宿营，于是吩咐部队："立即包围这个村子！"战士们迅速围了过去，也是一时兴奋，未等形成包围，就向几个遛马的土匪开了枪。枪声一响，早已成惊弓之鸟的土匪，顿时四散奔命。这一仗，只消灭了20多个土匪，大部逃脱，杨清海的姨太太受伤被捉。

土匪在莲花泡子抢了些衣物、干粮，匆匆过了江，然后破坏了所有船只。追剿部队紧跟着也徒涉过江。侦察员发现西山有土匪的窝棚，贺晋年命令："追上去，消灭他！"不大工夫，出击的战士们把俘虏押回来。据俘虏供称，李华堂带100多人逃往刁翎，谢文东在牡丹江被追剿带几百人转到这边来。

打的是李华堂、杨清海，又冒出来个谢文东。贺晋年与谭友林商量一下，决定在南起夹皮沟、北至黑瞎子窖沟、东起牡丹江、西至老爷岭的山林地带，实施多路搜剿，活捉谢文东。

群山叠岭，茫茫林海。在深山密林中搜剿顽匪，如同大海捞针。搜剿部队在明处，土匪在暗处。谢文东拄着拐棍，越山沟，钻密林，巧于周旋，对部队围剿根本不在乎。战士们在搜剿中也积累了经验，想出很多办法。白天，爬上山头、树干，看到哪里有乌鸦盘旋，就可以断定哪里有土匪活动；晚上则看见哪里有火光，就向哪里奔袭。这样一来，土匪暴露在明处，部队隐蔽在暗处。战士们搜寻匪踪，炸毁密营，断其粮源。渐渐地，有些匪徒熬不下去了，陆续投降。

搜剿部队抓住时机，展开政治攻势，在土匪可能经过的地方，插上"缴枪不杀""投降留命"等标语。一天，谢文东一伙在山里碰上两个猎户，土匪上前要吃的，并打听山外的情况。猎户对他们说："外面部队多着呢，牡丹江两边都驻满了，你们跑不了了。"当即有两个匪营长站起来说："不干了，投降去，留条活命。"谢文东气急败坏地说："这是共军的宣传，别上当！"说着，叫匪徒把两个猎户捆起来，绑在树上要枪毙。这时搜剿部队赶到，一颗手榴弹扔过去，掉在火堆里爆炸。谢文东莫名其妙地指责说："谁把子弹掉在火堆里了？"紧接着枪声大作，谢文东这才恍然大悟，顾不得收拢队伍，夺路逃命。

谢文东带几个人逃到一处山庙隐匿下来。贺晋年、谭友林命5连副连长李玉清带人搜索，告诉他说："谢文东是个秃头，个儿不高，胖胖的，你们见到胖子就先捉起来。"李玉清领命而去，一连搜了几个山头，仍不见人影。他们继续搜索，在一个山坳里，发现一座小庙，立即赶过去。近前一看，见一个胖子正跪在地上祷告。李玉清冲过去，端起枪大喝一声："谢文东！"谢文东此时已无路可逃，只好承认说："我是中央胡子谢文东。"

贺晋年立即向合江省委和东总报告了这一胜利的消息。林彪致电给予嘉奖。

搜剿部队紧接着转兵刁翎。在抓到谢文东不久，又抓到了匪首张雨新（张黑子）的副官，他供称张雨新就在三道通西的深山里。这又是一个惊人的好消息。贺晋年、谭友林马上派5连2排长刘淑颜带30多人前去追剿。他们带着张雨新的副官，一口气追了一百多里，赶到张雨新住的窝棚，发现人已经跑了。刘排长摸摸地上的炭灰还有余热，带上队伍继续追赶。又走了五六十里路，发现了第二个窝棚。他让小分队包围窝棚，自己冲门里喊道："张黑子出来！"张雨新走出窝棚，束手就擒。

谭友林带领主力继续追剿李华堂及其残部。土匪遭到连续打击，疲于奔命，更加胆战心惊。李华堂为缩小目标，行动方便，将匪徒分成小股，身边只留下几十人骑兵队。他们有时窜出山林抢粮，骑兵团得到消息，立刻跟踪追击。土匪被追得既无立足之地，又无喘息之机，完全丧失信心。李华堂开始遣散匪徒，身边只留下十几个人。在逃窜中，又与追剿部队通信连相遇，十几个匪徒全部被俘。当天下午，一个老乡报告，说李华堂一个人正向刁翎逃跑。战士们紧随其后追赶，李华堂在山路上既不回头也不开枪，只顾夺路而逃。这时，两个骑兵动作迅速，一下子跃到李华堂前面，大喝一声："站住！"李华堂两手持枪，惊慌中将迎面的两个战士打伤，后面的战士紧追过去，立即开枪，负伤的战士扔出一颗手榴弹，炸伤了李华堂的双臂。战士们一拥而上，将李华堂捆住。在返回驻地的途中，马毛了，车翻到山沟里，车把式和看押的战士跳下了车，被捆在马车上的李华堂扣在车底下，丧了性命。

"四大旗杆"倒了三个，林彪再次致电嘉奖剿匪部队。

剿匪部队连战连捷，士气高涨，决心乘胜追击，彻底剿灭孙荣久匪部。土匪们慑于剿匪部队的声威，散的散，降的降。孙荣久已无法控制自己的人马，他亲手打死了两个匪徒，仍不能稳住动摇情绪，他只好带贴身副官窜入桦南县深山密林中隐藏起来。两个月过去，吃的也没有了，他们又窜往别处。在一个村头，被几个妇女发现，又吓得折回山林。桦南县大队得到妇女们的报告，沿路搜索，发现一处依山为壁的木房，迅速围了过去。孙荣久察觉有人靠近，胡乱地打了一阵枪，战士们立刻投过去一排手榴弹，炸塌了一面墙。孙荣久自知在劫难逃，便和副官走出木屋，缴枪投降。

在林海雪原剿匪的战斗中，还涌现出许多传奇故事。牡丹江军区2团3营侦察排长杨子荣在海林剿匪时，只身闯入匪穴，劝降400多土匪，被誉为侦察英雄。一次，他又接受追剿海林一带惯匪"座山雕"张乐山的任务。他带5名战士，化装成土匪，深入夹皮沟。他用土匪黑话骗取了"座山雕"手下的信任，找到"座山雕"匪帮的巢穴，杨子荣闯进去，用枪逼住"座山雕"投降，土匪们以为是黑吃黑，没反抗

侦察英雄杨子荣

就缴了枪。"座山雕"等人被押到海林镇，才知上了当。杨子荣智取"座山雕"的故事，后来被写进小说《林海雪原》，广为流传。

东北民主联军经过大规模剿匪行动，基本肃清东北匪患，东北根据地日益巩固。

林彪终于在黑土地安下了家。他开始积蓄力量，准备迎接更加猛烈的风暴。

杜聿明南攻北守，林彪南打北拉

蒋介石向解放区发动全面进攻，计划在3个月到6个月内消灭关内中共军队，然后再解决东北问题。

蒋介石于关内放手大打，使一直热衷于国共调处的马歇尔陷入困境。马歇尔向杜鲁门总统的报告中不得不承认："我的调处努力将越来越困难。"美国于7月中旬任命司徒雷登为新任驻华大使。马歇尔本欲与司徒大使共同完成总统赋予的使命，孰料和平之旅日见维艰。蒋介石交给司徒大使的和谈条件是中共军队必须从苏北、山东、山西、热河、东北5个地区按指定要求撤出，显然这五项无理条件被中共断然拒绝了。马歇尔、司徒雷登只好向报界发表声明："由于两党宿怨太深，在一些重要问题上无法达成具体协议，乃至停战协定失效，战火重燃。"

毛泽东十分清楚与蒋介石的谈判行将走到尽头，和谈的大门之所以没有最后关闭，只不过是进一步戳穿蒋介石发动内战的图谋。毛泽东在战略上显示出异乎寻常的气度，他起草了《以自卫战争粉碎蒋介石的进攻》的党内指示，接着在回答美国记者安娜·路易斯·斯特朗的谈话中指出："一切反动派都是纸老虎"，"我们所依靠的不过是小米加步枪，但是历史最后将证明，这小米加步枪比蒋介石的飞机加坦克还要强些"。毛泽东根据全面内战爆发两个多月的经验，提出了《集中优势兵力，各个歼灭敌人》的指示。

3个月过去，国民党军虽然占领解放区100余座城市，却损失正规军25个旅。蒋介石于9月间在庐山召开军事会议，进一步谋划对各解放区的进攻策略。庐山军事会议之后，参谋总长陈诚直飞沈阳，与杜聿明制

林彪（正座者）等在研究迎击国民党军进攻的部署

定了"南攻北守，先南后北"的方针与计划，即在南满采取攻势，在北满暂取守势，首先消灭南满共军主力，待关内增兵东北，再全力夺取北满，占领全东北。

杜聿明利用休战期间对东北国民党军进行整补，至9月计有正规军8个军25万人，连同地方团队，共约40万人，将已占领地区划分5个绥靖区域，在锦州、承德、本溪、长春、四平分设指挥机关。10月初，杜聿明调集国民党军开始向南满大举进攻，再度点燃东北战火。

林彪根据中共中央"你们须积极准备作战，务于八九两月准备完毕，待命行动"的指示，做好了迎击东北国民党军进攻的部署。9月19日，东北局发出《关于准备粉碎敌人进攻的指示》，继之提出了坚持南满，巩固北满，南、北满紧密配合，集中兵力放手打击国民党军的作战指导方针。

杜聿明先以3个师的兵力打通沈吉路，然后集中8个师，兵分3路向安东（今丹东）、通化地区实施进攻，重点指向辽东军区所在地安东。其部署是：右路由海城、大石桥出击庄河、大孤山，迂回安东，切断安东与大连的联系；左路由柳河、兴京（今新宾）出击辑安（今集安）、临江，切断南、北满的联系；中路由本溪向安东正面攻击前进。

10月19日，林彪致电辽东军区萧华、程世才、罗舜初："如敌集中较大兵力向安东进攻，则我军应主动地作放弃安东的准备，不可打被动挨打的仗，而仍应集中兵力找分散的小股敌人一个一个地歼灭。今后东北的胜利主要就靠这种作战的方式和彻底地坚持农村游击战与群众工作。"翌日，又电示："此次你们应一心一意集中兵力打运动战，每次用八、九个团打敌一个团。"辽东军区决定主动放弃安东，以第3、第4纵队主力隐蔽集结于通化以西待机，求得于运动中歼灭进犯通化之国民党军。

左路国民党军进至兴京、金川一线即徘徊不前，中路国民党军大胆推进，向安东深入。辽东军区迅速改变部署，以第4纵队第11师、第12师南下，向赛马集地区集结，侧击中路国民党军。

10月23日，国民党军第52军第2师进占草河口、通远堡，第25师占据赛马集。第2师于24日进占凤城，25日占领安东。第25师留一个团（欠1个营）防守赛马集，师主力向凤城急进。第4纵队司令员胡奇才抓住战机，迅速出击，将赛马集守军击溃。第25师师长李正谊闻讯，调兵回援。胡奇才集中5个团于双岭子展开阻击，经一夜激战，因第25师3个团兵力会合，遂撤出战斗。

第25师重占赛马集，师长李正谊致电军长赵公武，请求休整。这时杜聿明电示赵公武："据本日午后空军侦察，赛马集共军已击溃，我军正在追击中，仰饬25师即向该敌跟踪追击，向东压迫尔后进出宽甸，以收歼灭之效。"李正谊接到电令，复电军长赵公武："30日晨5时，决对奈马岭、新开岭共军主力攻击，恳派空军主力协助。"

第4纵队与第25师两次交手，打成了击溃战，未达全歼目的。胡奇才又将韩先楚副司令员率领的第10师从兴京南调，决心集中8个团的兵力将第25师围歼于新开岭以东地区。10月30日，第25师继续向宽甸方向东进，第4纵队第11师节节抗击，于当晚将其诱至新开岭以东、叆阳边

在新开岭战役中，东北民主联军痛击国民党军

门以西袋形谷地。翌日上午10时，第4纵队各部向第25师发起进攻。第11师将当面国民党军压缩于叆河北岸，第12师切断国民党军退路，第10师控制叆阳边门东山，主力向老爷山连续发起9次攻击均未奏效。

李正谊发觉已陷入共军包围圈，急电求援："战况紧急，我已伤亡900余人，弹药行将告罄，祈于一日内派队增援，以免演成惨况。"杜聿明急调援军，向新开岭逼近。赵公武电令李正谊："乘胜追击，期于宽甸会师。"

胡奇才判断国民党军援兵到达新开岭尚需十多个小时，决心拿下老爷山，迅速解决战斗。他当即命令预备队投入战斗，他和政治委员彭嘉庆连夜赶到第10师亲临前线指挥，副司令员韩先楚到炮团组织炮火支援。11月2日拂晓，第4纵队展开总攻。第10师从正面猛攻老爷山，各级指挥员皆深入前沿阵地，担任主攻的第28团团长和政治委员亲自率领连队冲锋，团参谋长则下到尖兵排指挥突击。激战至8时30分，攻克老爷山，使国民党军全线崩溃。各参战部队不顾国民党军飞机轰炸扫射，乘胜追击，展开围歼，于中午将第25师压缩于黄家堡子以西河套内全歼。

是役共歼国民党军精锐之师、有"千里驹"之称的第25师8000余人，俘第25师师长李正谊、副师长段培德等以下官兵5000余人，开创东北民主联军在一次作战中歼灭国民党军1个整师的先例。

11月3日，毛泽东致电辽东军区司令员兼政治委员萧华："（一）庆祝你们歼灭敌人一个师的大胜利，望对有功将士，传令嘉奖；（二）这一胜仗后南满局势开始好转，望集结主力，争取新的歼灭胜利。"

新开岭战役展开之时，东北局于10月31日决定派陈云、萧劲光到南满工作，并于11月1日发出《对南满战略任务的指示》。11月4日，中共中央决定陈云任南满分局（亦称辽东分局）书记兼南满军区（亦称辽东军区）政治委员。12日又决定，萧劲光任南满军区司令员，萧华任南满分局副书记兼南满军区副司令员、副政治委员。

为策应南满作战，东北民主联军北满主力向西满和长春以北地区挺进。11月3日，林彪令第1纵队司令员万毅、第6纵队司令员陈光率部乘火车绕道齐齐哈尔南下，向大赉、扶余、农安方向进发。林彪、刘亚楼、谭政等组成精干的指挥班子（罗荣桓于1946年7月赴莫斯科治疗，1947年5月回国）率前指自哈尔滨南下直接指挥作战。9日，第1、第6纵队进至大赉、扶余一线，会同刘震司令员率领的第2纵队向中长路和吉长路分散守备的国民党军进击。国民党军迅速收缩至农安、德惠、靠山屯。林彪抓住靠山屯守军薄弱之机，展开围攻，将其全歼。杜聿明遂暂时停止对南满的攻势，急调两个师从南满北上，增援北满。12月6日，林彪决定主力北返，撤至松花江以北待机。林彪率前指于10日返回哈尔滨以南双城。

12月11日，萧劲光在通化七道江辽东军区前线指挥所主持召开师以上干部会议。萧劲光和陈云于11月3日从哈尔滨启程，经牡丹江、图们，取道朝鲜，至27日抵达辽东军区所在地临江。12月4日，陈云主持召开会议，传达了中共中央和东北局对南满工作的指示。会后萧劲光即到前方指挥所七道江主持军事会议。萧劲光在会上分析了东北的形势和南满的实际情况后，指出："从目前来看，南满的严重情况已经到来，而且可能发展。但这决不能改变我们坚持南满的决心。我们要有克服困难长期打算的思想，在任何情况下，应坚持南满。"

出乎意料，萧劲光的意见引起了多数与会者的反对。多数人认为南满只剩下临江、长白、抚松、濛江（今靖宇县）4个县，地区狭窄，山高林密，交通不便，物资匮乏，不利大兵团作战，主张撤出南满。只有少数人同意坚持南满。会议开了两天没有统一意见。这时侦察情报获悉国民党军正集结兵力，准备向临江发动大规模攻势。萧劲光当即决定参加会议的第4纵队副司令员韩先楚和各师师长返回部队，准备防御作战。第二天，会议继续进行，虽然有的人开始改变意见，赞同坚持南满，但仍无法统一意见。萧劲光打电话向在临江的陈云汇报了会议情况，并请陈云参加会议做最后决定。当晚10时，陈云乘火车赶到七道江。

陈云与参加会议的同志连夜长谈，了解情况。14日，会议改由陈云主持。陈云把南满比喻成"风雨飘摇下的豆油灯"，并用朱毛井冈山会师的故事，鼓励大家要坚持"爬过山顶"。对于坚持南满，他形象地说："东北的敌人好比一头牛，牛头牛身子是向北满去的，在南满留了一条尾巴。如果我们松开这条尾巴，那就不得了，这头牛就要横冲直

陈云（右）和萧劲光在临江

撞，南满保不住，北满也就危险了；如果我们抓住了牛尾巴，那就了不得，敌人就进退两难。因此，抓住牛尾巴是个关键。"他指出："南满战略地位相当重要，坚决不能丢。要是我们五个师北上，敌在南满则无后顾之忧，就会有十个师跟着进北满。就算我们两个纵队都到北满，顶多能对付敌一个军，如果能在南满即可牵制敌四个军，权衡利弊，还是在南满大有作为。"陈云最后说："我是来拍板的，拍板坚持南满。三、四纵队全都留下，一个人都不走。我们在背靠沙发（指苏联、朝鲜的支援）的形势下前进，虽然是艰苦奋斗的前进，还是比退到北满后被敌人打出国境线再打回来要合算。"

会议一直开到深夜才结束。会议最后统一了认识，决定坚持南满，巩固保卫长白山，坚持敌后三大块（即盖平、庄河、凤城之间地区，宽甸、桓仁、本溪、抚顺之间地区，抚顺、铁岭、西丰、清原之间地区）。会后，陈云起草报告将临江会议和七道江会议决策电告林彪、东北局和中共中央。

12月17日，林彪、彭真、高岗复电辽东分局，指出："南满的斗争必须准备如同热河或冀东及华北抗战困难时期的那种局面下奋斗，主要是巩固内部，结合群众，依托广大的山区，加强下层领导，采取大胆

东北民主联军在临江战役中攻占龙头村

而精细的处置，各个歼灭分散的敌人。只有在这种斗争中采取局部的坚持，以待东北与全国形势之逐渐好转。"

在林彪致电辽东分局的当日，杜聿明调集6个师并派郑洞国到前线指挥所坐镇指挥，分由辉南、柳河、桓仁、宽甸一线，向临江发动进攻。其部署是首先打通通辑线（通化—辑安），尔后将南满主力消灭或困绝于长白山中。

按照七道江军事会议确定的作战方案，南满第4纵队在政治委员彭嘉庆、副司令员韩先楚指挥下，跳出包围圈，深入敌后，"大闹天宫"，转战于本溪、抚顺、桓仁地区，十余日歼国民党军3000余人，成功调动国民党军进攻临江部队抽调两个师回援本溪、桓仁。第3纵队在司令员曾克林、副政治委员刘西元指挥下，在内线作战，以运动防御抗击国民党军进攻，并乘国民党军回援，向通辑线实施反击，迫使国民党军占领辑安后转入守势，与第3纵队形成对峙。

林彪在双城一直关注南满战事。他每天在地图前长时间来回踱步，反复思索寻找扭转东北战局的关键。他不光看地图研究敌情，此时还多

东北民主联军冒着严寒向松花江以南挺进

了一件差使——观测天气。他让人特制了一支两尺多长的寒暑表挂在院子里，每天都要看看天气的变化，有时还要在院子里站一会儿，亲身感受一下。他在等待时机，一旦气温骤降，松花江封冻，他将调动北满主力过江直下，形成南打北拉、北打南拉的有利态势。

12月24日，林彪电示萧劲光、陈云、萧华等，告知北满主力部队准备南下作战，配合南满，要求南满部队"用死打硬拼的精神，拼掉敌人一部"。林彪随电还提出了打"硬拼战"的新战术："东北我军，由于群众条件的不成熟，我甚难秘密接近敌人，所遇敌又较强，非一打即垮。又由于敌铁道公路太繁，增援甚快，故甚难求得通常优越条件各个击破的歼灭战。但为了打掉蒋军的王牌，为了降低敌人的猖狂，为了使我半生不熟的根据地成为完全成熟的根据地，在一定时期内（根据地在半生不熟的状态中），在一定限制内（以数个师的兵力，不以全军），有时即遇条件不充分，亦需断然猛打，争取成为歼灭战。如不能歼灭，只要惨重地打击了敌人，虽无多的缴获，亦算胜仗，因它的间接胜利甚大。故最近我们除过去所谓歼灭战、游击战之外，现在提出一种新型的作战，即名硬拼战。其打法（严格侦察地形，实行一点两面战术）与打歼灭战一样，并争取成为歼灭战。这种作战与过去的不同点，则为不是有十足把握才打，而是只有七八成胜利把握即决心打，打时打得极顽强，打的结果可能成为歼灭战，亦可能双方都伤亡惨重，但我方却并不将全部主力统一投入硬拼。此间我们拟如此办，盼你们亦注意运用，并且事先告诉各级干部，以免在战斗后撤下时精神上的损失。"

萧劲光、陈云、萧华等于12月28日复电林彪："我们对硬拼战的方法很同意。在南满以及东北作战，根据地不成熟，机动地区受限制，敌强我弱，紧迫压缩，以及我主力存在的条件下，事实上不得不拼掉几个棋子，以改变力量。"

1947年1月4日，辽东军区集中第3纵队主力和第4纵队一部，向通辑线展开反击。占据热水河子、六道沟门等地。国民党军退至通化，辑安守军北进增援，遭第3纵队夹击。国民党军遂被迫停止打通通辑线的计划，第3纵队和第4纵队乘势收复与巩固了通化以南地区，完成一保临江的作战任务。

　　1月是东北天气最为寒冷的时期，此时东北的气温已降至零下三四十度。松花江一封冻，林彪即令北满主力开始一下江南作战。1月5日，第1纵队越过冰封的松花江，向其塔木进击。其塔木是国民党军防守吉林、长春的重要外围据点，新1军第38师的一个营于此凭坚据守。第1纵队第3师以一个团的兵力激战一天，攻进村落。第二天，国民党军以猛烈炮火反击，夺回阵地。第3师立刻集中3个团的兵力反攻，激战一夜，将国民党军压缩几个院落内，形成僵持状态。林彪认为拿下其塔木不成问题，他连夜电告第1纵队司令员万毅："为了调动敌人来增援，故在这几天内不需打下其塔木，留着他调动敌人。"

　　这一着果然见效。国民党军新38师第113团（欠一个营）附山炮、装甲车各1个排及两个保安中队自九台驰援其塔木，其联络通话被负责打援的第1纵队第1师侦察小队窃听，第1师掌握了援军的出发时间和行军路线，在张麻子沟设下埋伏，一举将其全歼，并击毙第113团团长王东篱。此时，由德惠出援的第50师第150团（欠一个营）附炮兵及两个保安中队进至焦家岭，被第6纵队包围。

　　1月8日，其塔木守军见援军被围，于黄昏时分散突围，第3师经一夜追击，于9日晨将其大部歼灭。第6纵队经两昼夜激战，于9日晚8时，在独立第2师配合下，将围困在焦家岭的国民党军全歼，俘第150团团长谭荣生。由吉林经乌拉街北援的国民党军被独立第3师击溃，退回吉林。1月11日，毛泽东致电林彪、高岗、彭真："最近北满东满开始打胜仗甚慰。包围其塔木一点引起九台吉林德惠三处之敌无计划的增援，均被我歼灭或击溃。这一经验指出，围城打援是歼灭敌人重要方法之一。利用结冰时期有计划地发动进攻，普遍寻找敌之薄弱据点，采用围城打援方法，大量歼敌，转变敌我形势，甚为必要。"

　　林彪决心乘势扩大战果。12日，第6、第1纵队出击九台以北城子街，歼国民党军一个保安团。13日，攻克九台东北沐石河，又歼一个保安团。14日，第2纵队奔袭保康，攻克伏龙泉等地。

　　林彪在北满冰天雪地里展开的大规模攻势，迫使杜聿明放弃对南满的进攻，并从南满抽调3个师北援。16日，国民党军在得到南满兵力增援后，展开报复行动，寻求主力决战。这时北满气温骤降至-40℃，出现多年不遇的寒潮，部队行军和隐蔽时，冻伤冻坏甚多，参战部队两昼夜内即冻伤8000余人。林彪遂下令北满主力于1月19日撤回松花江以北驻地休整。

1月28日，陈云在临江主持召开辽东分局扩大会议。陈云在讲到坚持长白山根据地的意义时说："假如我们这个山头不存在，则敌后的坚持就陷于愈益困难；我们能保住这个山头，则我们在南满的文章就会做的大。"会议还研究部署了保卫扩大长白山、坚持敌后三大块等项任务。

1月30日，国民党军又集中4个师的兵力，在第52军军长赵公武统一指挥下，以第195师为主攻，在其他各部策应下，由通化西北高丽城子迂回，二犯临江。辽东军区决定以第4纵队第11师再次插入敌后，牵制国民党军，以第3纵队和第4纵队第10师围歼国民党军第195师。

2月3日，国民党军第195师进至高丽城子。第3纵队乘其尚未完全展开之际，即发起攻击，将其三面包围。国民党军见势不妙，即向西南突围。第3纵队各部立即展开猛追堵截，歼灭其5个营，击毙第195师代师长何士雄。这时国民党军第207师一个团孤军深入三源浦，前来救援。第3纵队主力迅速回师，于2月8日将三源浦援军全歼，俘团长张建勋。与此同时，第4纵队也出色地完成了打援和出击敌后的任务。国民党军进攻临江的计划，再次被挫败。

毛泽东一直在冷静地观察蒋介石发动的全面内战，他根据7个月来的发展态势，为中共中央起草了《迎接中国革命的新高潮》的党内指示。2月1日，中共中央政治局开会讨论和通过了毛泽东起草的这个指示，并迅速在党内传达。毛泽东在会议上指出："总的形势是，革命高潮快要到来。"他还分析说："这个文件去年还不能发，现在可以发了，现在给全党以总的形势方面的结论，是有益处的。"之所以这样说，是因为国民党单独召开的"国大"彻底暴露了蒋介石内战的图谋，周恩来于去年11月19日率中共代表团由南京返回延安，结束了一年多艰苦曲折的和平谈判，和谈的大门最后关闭。马歇尔也无可奈何地结束了调处的使命，于1月7日返回美国。毛泽东认为与蒋介石彻底摊牌的时机已经成熟，因此他提请全党要适应形势发展，将目前进行的自卫战争转变为全国规模的人民解放战争。

2月10日—12日，林彪在双城召开北满部队师以上干部会议，传达学习中共中央发出的《迎接中国革命的新高潮》的指示，并总结了一下江南作战的经验。林彪在总结讲话中说："总的在战术上说，注意攻击准备，不要进行没有准备的进攻。而攻击准备中最重要的是了解情况，即是了解敌情与地形。军事上最重要的是主动被动问题，而决定这点的除力量外是知己知彼。指挥员必须养成看地形的作风，否则一切都是空的。不管怎样，必须弄清情况再打。这是铁则，这是胜利的秘诀。战术条文很多，但在今天的现实生活中，必须强调弄清情况这一条。我为它起了个名：叫作不打莽撞仗。"

林彪再次强调打硬拼仗。他说："当我们布置好了，准备好了，火力配备好了，包抄到了，攻击开始了，这时就照原计划硬干下去。一切战术中最重要的战术是死打！坚决的牺牲才能换得更少的牺牲。"

林彪最后总结说："总的作战方针就是：不打莽撞仗，要打硬拼仗。第一阶段上不要莽撞，第二阶段上就要硬拼。这是这次开会总的精神。"

林彪在研究战术，杜聿明研究战略。

杜聿明为尽快摆脱两面作战的不利局面，挽回败局，又调整军事部署，于2月13日集中5个师的兵力，并亲临通化前方指挥所坐镇指挥，向临江发动第三次进攻。

由于国民党军多路进击，来势凶猛，萧劲光决定避开正面强敌，首先攻击侧面的第60军暂21师。16日，国民党军暂21师一个团由金川南进，第3纵队第7、第9师迅速将其包围。18日，经6小时激战，将该团全歼，俘团长王子宏。

2月19日，林彪、刘亚楼致电萧劲光、陈云："望你们利用敌人攻击精神不旺的缺点，灵活运用择险顽抗与机动进攻的两种方法，以使敌对临江的第三次进攻归于失败。"为扩大战果，第3纵队集中3个师向进占高丽城子一线的国民党军第91师进击。21日，第3纵队将进至柳河大北岔、德兴屯地区国民党军一部兵力全部歼灭，尔后对占据高丽城子的第91师主力和第2师第4团展开攻击，国民党军立即向通化回窜。担任阻击的第4纵队直属队和第10师主力在师长杜光华率领下奋力阻击，师长杜光华在指挥战斗中不幸中弹牺牲。国民党军第91师和第2师在南逃中一部被歼，余部在援军策应下逃回通化。24日，杜聿明令向临江进攻的国民党军全部退守通化。南满部队乘胜收复金川、辉南、柳河、桓仁、辑安等县城。

在南满三保临江战役展开之际，林彪集中北满部队12个师，二下江南，以远距离奔袭和围城打援战法，向吉林、长春地区前进。2月21日，第6纵队司令员洪学智率部轻装急进，一夜奔袭60公里，包围城子街。城子街守军新30师第89团慌忙撤退，被截击后又缩回城子街固守待援。林彪电令洪学智即速猛攻城子街，23日10时，炮兵进入城子街外围阵地即开始进行破坏性射击，第6纵队第17、第18师在炮火掩护下，发起猛烈攻击，经过连续爆破，迅速打入纵深，激战至晚7时，全歼第89团等部守军。

九台、农安国民党军闻讯城子街守军被歼，于2月25日分别弃城逃回长春。林彪遂令洪学智指挥第6纵队及两个炮兵团和独立第2师攻打德惠，令第1、第2纵队等部准备打援战场。德惠是长春北面的屏障，由新1军第50师及保安团防守。洪学智指挥部队分别进至德惠，并扫清外围据点。

杜聿明见德惠被围，急调第71军、新1军4个师由长春铁路沿线齐头并进，向德惠驰援。28日9时，林彪电示第6纵队和炮司："已令德惠以南之8个师顽强抗击敌人，争取10天时间，掩护你们攻下德惠和准备会合你们与独2师，歼灭北上之敌。总攻时间由你们自定。"当日下午4时，第6纵队并指挥独立第2师从四面发起攻击，由于采取分散突击，守军兵力又超出预先估计（当时侦知仅有两个营），虽突入城内，但进展迟缓。激战至翌日下午2时，因攻城部队伤亡较大，退出城外。第1、第2纵队顽强抗击，歼援军一部。林彪汇集各方面情况，为争取主动，决定："各部即摆脱敌人，向松花江北岸转移。"3月2日，各纵队及炮兵等部回师江北，结束二下江南作战。

德惠之战失利，林彪非常痛心。战后第6纵队首长深刻检讨了经验教训，林彪在给第6纵队首长的电报中也指出："德惠战斗表现你们没有在攻击重点上集中绝对优势的火力、兵力，对一点两面战术强调集中主力攻敌一弱点了解不够。平分兵力分路突击的打法，对于打弱敌、要逃之敌、败敌还可使用，而对于决心守而有阵地之敌，则一定自己吃亏。"

杜聿明被林彪南打北拉拖得精疲力竭，苦不堪言。这次他抓住林彪被迫撤退的机会，大肆吹嘘"德惠大捷，歼灭共军十万"。蒋介石误以为林彪不堪一击，竟直接命令正在追击中的新1军军长孙立人和第71军军长陈明仁渡过松花江追击。杜聿明心中有数，赶紧打电话给孙立人和陈明仁，要他们撤回原防。孙、陈二人却坚持执行蒋介石的命令。杜聿明慌忙于3月3日由长春飞赴德惠，对他们当面说明："共军在德惠并未受到多大损失，这次撤退是受我军虚张声势所迷惑。现据情报，共军从我们被俘的人员中已知我们力量不大，有卷土重来之势，必须迅速回防，准备对付共军下一步的攻势。"杜聿明总算说服了孙、陈二人。就在组织撤退的当天晚上，发现民主联军已渡过松花江向德惠以南迂回。杜聿明连夜赶回长春，途中遇民主联军截击，自己乘小汽车冒险冲出，

东北民主联军三下江南作战，开往靠山屯前线

随行卡车大部被民主联军俘去。

正如杜聿明所料，林彪抓住国民党军分散冒进之机，即于3月7日命令北满部队，再次过江，开始三下江南作战。此时国民党军全线收缩，新1军向长春回撤，第71军第87、第88师分别向农安、德惠撤退。第2纵队第5师首先出击，抓住国民党军第88师后尾部队一个营，将其歼灭，并将该师5个连包围于靠山屯。第88师、第87师分别由德惠、农安回援，以解靠山屯之围。第5师师长钟伟不待上级命令，抓住时机，果断出击，以两面夹击战法，全歼靠山屯守军。

第1纵队向岔路口、大房身追击。新1军溜得太快，撤回长春。第1纵队一连几天，三次扑空，之后奉命在德惠以西堵截国民党军第88师。3月11日，第2师于原地威胁德惠，第1、第3师越过中长路，抓住第71军特务团、工兵营、运输营及第88师直属队，迅即将其歼灭。接着将第88师包围压缩在郭家屯、姜家店等地，经1天激战，歼第88师大部。第2、第6纵队追击第87师，歼其一部，并包围农安。

杜聿明回到长春，自知长春守备薄弱，急令新6军及第13军主力开赴长春，以解危局。他见林彪仍采用"以大吃小"战术，并没有进攻长春的迹象，遂令第54师和新22师协同新1军主力于3月15日进至农安、德惠地区，并令驻吉林的国民党军打开小丰满水库闸门，用大水封堵共军退路，于松花江南岸与林彪主力决战。3月16日，林彪决定："（一）决另寻作战机会，目前向江北转移，各师接电后立即出发。（二）须力求开江前诱敌北进，造成有利时机再歼敌一部，各部应恢复体力，酝酿士气与研究战术。"部队于当夜北返松花江，结束三下江南作战。

为配合北满部队作战，南满部队向通化、新宾、桓仁线发起攻势。3月16日，第4纵队第11师攻占桓仁。20日，第4纵队第10师和第3纵队第8师附炮兵团进攻通化，肃清外围据点后，向市区攻击，激战一天，未能攻克。此时国民党军迅速调集兵力，赶来增援。第3、第4纵队因伤亡较大，撤围通化。

3月27日，国民党军集结11个师的番号、约7个师的兵力，以新宾、通化线为枢纽，分3路向临江地区发动第四次进攻。郑洞国亲赴新宾一带指挥作战，在全线250公里宽大正面展开攻击。

3月28日，林彪电示陈云等："目前及今后你们的作战应以运动战为主，消灭在进攻中间的敌人，或以围城方法（不必攻守兵多的城，但应拔小据点），求得打运动战。"陈云在临江主持召开会议，研究作战部署，决定集中主力打薄弱之敌，以一部兵力继续深入敌后。陈云将会议决定电告林彪、彭真、高岗："我们已集中两纵队五个主力师打运动战。我们下定决心，不惜将三纵、四纵打掉三分之二或四分之三，以争取较完整的长白山。"

4月1日，中路国民党军第13军第89师及第54师一个团进至三源浦西南，第3、第4纵队以一小部兵力，边打边退，将其引诱至红石镇预设战场。3日晨6时，第3、第4纵队突然发起攻击，多路由两翼向纵深渗透穿插，分割包围，并展开政治攻势，战至下午4时，全歼国民党军1个加强师，俘第89师代理师长张孝堂。郑洞国见势不妙，令其他各路国民党军撤回清原、新宾等地。至此，国民党军第四次进攻临江再告失败。

从1946年12月17日至1947年4月3日，东北民主联军历时3个半月，歼灭国民党军5万余人，收复县城11座，迫使东北国民党军由攻势转为守势，从而扭转了东北战局。

第四章 三大攻势

林彪发动夏季攻势，杜聿明败走东北

杜聿明欲攻不能，欲守不得，被林彪南北满连打带拉，拖得精疲力竭。不论是信心，还是体力，他都有一种难以名状的痛楚。一直拖累他的肾病此时再次发作，他无力支撑下去，终于病倒了。

杜聿明将郑洞国从前线召回沈阳，于病榻之上嘱托他去南京向蒋介石请求增兵东北。

蒋介石发动全面内战以来已经被歼91万余人，他自己也不得不承认"占地愈多，则兵力愈分，反而处处被匪军牵制，成为被动"。因此，他放弃全面进攻的计划，改为实行重点进攻。

郑洞国尽管将东北的严重情形如实报告给蒋介石，但是他得到的答复依然是："东北固然重要，南京更为重要。"此时蒋介石也是万般无奈，他对郑洞国说："各个战场的兵力都不够用。不但不能增加两个军，就是第53军目前也不能调回东北。"

郑洞国转而求见国防部长白崇禧，白崇禧的答复更是同出一辙："华北比东北更重要。"郑洞国无力再争，只好丢下一句气话："东北

东北民主联军南渡松花江发起夏季攻势

守不住，华北更守不住。"

　　杜聿明见郑洞国无功而返，显得更加无奈，他料定林彪肯定会南下发动新的攻势，只好对郑洞国长叹一声说："我们在一起苦撑吧！"

　　林彪度过那个寒冷而又危难的冬天，迎来了阳光明媚的春天。此时东北解放区的土地改革已近完成，工农业生产有所发展，军工生产初步建立，战争的物资供应有了可靠的保证。东北根据地已经建立起来。中共中央于3月30日批准了林彪、高岗的建议，决定将冀察热辽解放区转归东北局领导。林彪手中的兵力已发展到46万余人，其中野战部队有25万人。不论是信心，还是实力，林彪都显得异乎寻常。

　　初步掌握主动权的林彪决心向杜聿明发起夏季攻势。

　　4月8日，林彪致电萧劲光、陈云并报中共中央军委："东北局对行动问题曾详细考虑，决将我军战略主攻方向与主要力量使用于南满，北满拟以八个师及两个炮兵团于开江后大举南下，到达南满，利用南满根据地收容伤兵，利用广大峰山依托、无河阻隔，又有许多攻击目标可选择的条件以进行大规模作战，使东北战局发生根本变化，把过去由客观条件所形成的两个拳头打人的南北分兵状况，改为形成一个大拳头为主的集中作战。"

在战役准备上，林彪又颇下了一番功夫。4月8日，东总在双城召开师以上干部会议。这次会议主要是总结三下江南战斗经验教训，围绕城子街、德惠战斗进行认真检讨和讲评，各纵首长和师长在会上相继发言，剖析问题，查找不足。会议期间，高岗做了关于东北目前形势的报告，林彪在总结讲评的基础上，重点强调战术思想的应用问题，即攻坚战要使用"一点两面"战术，遇敌退却或与敌遭遇要果断采用"三猛"（猛打、猛冲、猛追）战术，同时还提出了"三种情况三种打法"战术原则，即：对预有防御的敌人不能打莽撞仗，必须经过必要的准备后才可攻击；对退却的敌人则要打莽撞仗，要猛打猛冲；对欲退未退的敌人，既要打莽撞仗，又不要打莽撞仗，应先以小部队将敌人粘住，待主力到齐经过必要准备之后再歼灭敌人。会议最后，林彪还着重阐述了战术思想、参谋工作、后勤工作、作战指挥等一系列问题。至22日晚，会议结束。

东北民主联军向怀德发起冲锋

4月23日，东总下达《关于新的战役行动的指示》，指出："我军的战略方针与战略任务，是高度集中兵力，坚决放手的打击敌人，是连续遂行攻势作战，是规模日益广大的歼灭战。"5月5日，东北局发布《关于东北目前形势与任务的决议》，指出："目前东北党正处在一个新形势的前面，即是在军事上敌人不得不从进攻转入防御，而我军则从防御逐渐转入反攻，这就在东北全党面前提出了新的任务，即是积极组织力量，全力准备大反攻，大量歼灭敌人，大量收复失地，巩固和扩大解放区。"

在战役部署上，林彪确定先以北满主力和东、西、南满部队同时出击，歼灭薄弱分散孤立的国民党守军，收复中小城市和广大乡村，尔后集中兵力机动作战，相机夺取中等城市，求歼国民党军部分主力。中共中央军委批准了林彪的作战计划，并于5月8日电示晋察冀军区钳制关内国民党军，策应东北作战。

5月8日，第1、第2纵队及独立第1、第2师由扶余相继渡过松花江，向长春与四平之间国民党军防守的接合部进击。第2纵队以远距离奔袭，打击分散守备的国民党军，但是连续几天碰到的都是国民党军地方武装，大多不战即溃，没捞着什么像样的仗可打。侦察报告说，怀德有新1军部队防守，刘震当即电告林彪，准备奔袭怀德。刘震决心抓住怀德守军，因此未等林彪回电，即令第4、第6师和纵直向60公里之外的怀德急进。经一夜急行军，于14日拂晓包围怀德。

刘震亲临前沿阵地察看地形，摸清怀德守军为新1军第30师一个加强团和一个保安团5000余人。刘震一面部署攻城，一面将当面情况电告林彪。林彪很高兴，立即电示刘震：抓到新1军很好，可以放手大打。同时电令第1纵队和独立第1师在怀德以东准备打击长春援兵，令第2纵队第5师在怀德西南阻击四平援军。

刘震为打好夏季攻势第一仗，决定以5个团的兵力集中主要攻击方向，以2个团突破，2个团打纵深，1个团为预备队，突破点选在城西南角，并将纵队所有炮兵投入到突破点上，于16日黄昏发起总攻。

各攻城部队进行了充分的战前准备和动员，各级指挥员亲自观察地形，研究战斗计划，战士们听说要打新1军情绪也十分高涨。总攻发起前，长春、四平国民党军已经出动，其先头部队与打援部队激烈交火。刘震在前线指挥所对作战部署又进行了认真的分析研究，认为当晚拿下怀德把握较大，因此果断下令：准时发起总攻。

太阳落下地平线，黄昏降临。总攻的信号划过天空，强大的炮火一齐射向突破口。先前打新1军的一个营都颇费力气，现在要吃它一个团也显得相当的自信。冲锋部队在猛烈炮火的掩护下，仅几分钟就突破成功，第二梯队紧接着迅猛压进，转入纵深。烟火吞没了全城，国民党军的防御体系被分割打乱，无力组织有效的反击。战至拂晓，攻击部队将国民党军残余兵力400余人压缩在城内东北角。

怀德之战进展顺利，国民党军增援部队受阻，林彪决心在怀德地区展开大战。他电令第1纵队南下，会同第2纵队主力围歼进至大黑林地区第71军的两个师，留独立第1师单独抗击长春援军，同时令邓华率辽吉纵队东进，参加围歼作战。

刘震迅速调整部署，留一个团的兵力歼灭怀德残余守军，以纵队主力向西南迂回，切断第71军援军退路。17日10时，怀德战斗结束，国民党守军全部被歼。刘震接到第5师报告：第71军第88师停止攻击，有撤退迹象。刘震令第5师立即出击，缠住当面之敌，并率纵队主力随后跟进。第1纵队从东北面直插大黑林子，与第2纵队会合，对国民党军形成包围之势。18日6时，攻击部队乘势发起攻击，各部猛烈突击，穿插分割，国民党军的战斗部署和指挥系统迅速被打乱。整个战场硝烟弥漫，双方交战一起，形成打乱仗的局面。国民党军飞机在空中飞来飞去，无法分清目标，不敢投弹扫射，空中优势失去作用。国民党军溃乱一团，攻击各部以乱对乱，猛打、猛冲、猛追。经一天激战，第88、第91师除少数人员乘车逃脱外，主力1.2万人被歼，第71军参谋长冯宗毅、第88师师长韩增栋被击毙。

陈明仁亲率第87师前去救援，刚到公主岭，接杜聿明紧急电话，方知第88师已溃败，陈明仁慌忙撤到辽河以南布防。第1纵队追击部队紧跟着进占公主岭。杜聿明急出一身冷汗，并庆幸地说："陈明仁之免于被围，真是间不容发。"

5月18日，林彪致电毛泽东，报告怀德战况并告之："约需十天左右即可到达南满，依托南满根据地与山地作战。今后南北满主力能更密切配合与会合作战，同时南满广大地区大部都被敌占领，我可寻求攻击之目标甚多，故今后东北战争局势可望有较大开展。"

5月20日，毛泽东复电林彪、高岗："出师顺利，甚慰。东北在你们领导之下，改革了土地，发动了群众，建设了一支强有力军队。在全国各区中，就经济论你们占第一位；就军力论你们已占第二位（山东为第一位）。目前你们以八个师南进，希望能于夏秋两季解决南满问题，争取于冬春两季向热河、冀东行动一时期，歼灭十三军、九十二军等部，发动群众，扩大军队。该两区共有人口一千五百万，为将来夺取长春北宁两路、长、沈、平、津四城必不可少之条件。"随电还指出："总观全局，目前大部分地区已转入反攻作战。只待山东再打一二个胜仗，即可转入全面反攻。"

林彪刚刚有点起色，毛泽东即提出夺取"两路四城"的战略构想，把东北和华北国民党军连在一起解决。毛泽东雄才大略的胸怀，不断地点拨着林彪急速的思维和灵敏的神经。

林彪开始加快脚步。这时罗荣桓从苏联治病回来，一到双城，林彪就要他留在前总。5月23日，林彪致电毛泽东："昨日已见到罗荣桓同志，我主张他在前方同我一起工作，他也同意。后方仍由高岗同志主持，特告。"当时彭真调回中央，陈云去了南满，高岗在后方。林彪急需要从繁杂的事务中解脱出来，罗荣桓回来正好减轻了他的压力。这样，部队的政治工作、训练、装备、后勤、军工等项工作就由罗荣桓承担起来，林彪以全部精力专注于前方战事。

林彪情绪颇佳，精神十足。正在展开的夏季攻势更是好消息接连不断。5月28日，南满部队攻克梅河口，再歼第60军第184师，俘师长陈开文。尔后又攻克西安（今辽源），收复清原、西丰。北满部队于6月2日占领昌图、开原。6月3日，洪学智指挥第6纵队全歼从海龙逃向长春的第60军暂21师于烟筒山西南地区，并乘胜收复双阳、伊通、桦甸、辉南等城。程子华指挥冀察热辽军区部队出击锦承路，促使驻守凌源的东北保安第3支队司令韩梅村率部1000余人起义。尔后攻克围场，歼第13军第4师1个营1000余人，6月8日在叶柏寿歼第93军暂22师一部，收复赤峰。

历经一个月的作战，东北民主联军共歼灭国民党军5.17万人，使南、北满部队胜利会师于四平以南，东、西、南、北满解放区连成一片。林彪决心不给杜聿明任何喘息的机会，把下一个作战的目标又紧锁在一年前曾经血战的四平。他收起拳头，向四平重重地砸去。

此时此刻的杜聿明从体力到心力都已大不如前。一年前，他是大病初愈，精神正旺，拿下四平，又夺长春，如果不是蒋介石视察长春时加以阻止，他就会以主力追过松花江去，陷林彪于绝境。现在，林彪卷土重来，杜聿明深有风雨飘摇之感。他星夜从锦州抽调第93军两个师到沈阳，又急电蒋介石请求调第53军回援东北。5月30日，蒋介石飞到沈阳视察，仍不同意调第53军到东北，而决定采取"重点防御，收缩兵力，维持现状"的方针。杜聿明不得不放弃一些中小城市，把兵力收缩在长春、吉林、四平、沈阳及北宁路沿线之锦州等战略要点。

6月9日，由第1纵队司令员李天佑、政治委员万毅统一指挥的攻城集团第1纵队、辽吉纵队和第6纵队第17师，附东总直属炮兵5个营，向四平地区集结。

大军已经行动，林彪还在思索。对于这次大规模攻坚作战，林彪可谓慎之又慎。10日午夜，林彪电示第1纵队和邓华纵队："一、须充分准备，务期必胜。二、主攻方向须能发挥黄色炸药作用。三、接受德惠之经验教训。四、须防敌集中向我反击，须巩固立脚点。五、须发扬高度攻坚精神、小部队硬打死打精神。六、力求乘胜猛烈扩张战果，须准备数天解决战斗之精神。望开小型会议讨论之。"

林彪连叮咛带嘱咐，意思是让前线指挥员吃透他的精神。李天佑和攻城部队首长一起研究了作战计划，决定首先歼灭四平西区守军。具体部署是：以第1纵队第1、第2师并配置88门炮，由四平西南实施主要突击；以邓华辽吉纵队主力从西北角突击；以第1纵队第3师从四平东南角实施辅助突击，相机突入四平东区；以第6纵队第17师为总预备队。11日，四平外围战斗开始，当晚辽吉纵队一部占领四平机场。13日晚，第1纵队第2师攻占新立屯。四平外围据点全部扫清。

国民党军对攻城似乎有所察觉，于14日下午4时出动近20架飞机，实施轮番轰炸。进入黄昏，国民党军飞机轰炸停止，攻城各部立即进入阵地。晚8时，总攻开始。攻城部队集中山炮、野炮、榴炮等近百门炮一齐开火。20分钟炮火急袭，主要突破防线的工事和通信线路几乎全部被摧毁和炸断，四平城内多处燃起大火。第1纵队第2师不到20分钟即突破阵地，第1师于翌日晨2时突破成功，另外两个方向因准备不足，一夜突击未能奏效。天明后，陈明仁令第88师猛烈反击突破口。攻城后续部队迅猛突入，双方展开激烈巷战。战斗异常激烈和残酷，第1纵队伤亡很大。林彪令总预备队第17师和邓华纵队抽1个师投入纵深战斗。

17日，攻城部队向国民党军核心工事进攻。陈明仁决心死守四平，他宣布："生死关头，欲走无路；唯有合力奋战，以战图存。"他还立下遗嘱，抬棺示众，表明誓与四平共存亡的决心。四平守军在严令督战之下，凭借坚固的楼房工事和严密的立体火网，并采用火攻战术，实行焦土作战，迫使攻击部队每前进一步都要付出巨大伤亡。

19日，战斗进入白热化状态。攻击部队实施近迫作业，连续爆破，步步紧逼，已占领中央银行、电信局和市府大楼。陈明仁急电杜聿明请求速援，并将防守任务交给特务团团长陈明信，自己带主力转移到四平东区。战至20日晚8时，突破四平守军的核心守备区，占领省政府和第71军军部，俘特务团团长陈明信。

蒋介石见四平被围，不得不调周福成第53军到东北增援，并命令杜聿明于6月30日前必须解四平之围。杜聿明重演一年前故技，派郑洞国指挥第53军于6月20日先攻下本溪，然后集中10个师齐头并进，由沈阳和长春两路对进，与林彪主力于四平决战。

6月21日，林彪、罗荣桓电示攻击四平及打援各部："四平战斗已八昼夜，敌顽强抗击，逐屋争夺，目前我已占领半个城市，我伤亡已逾八千，决以共计付出一万五千之伤亡，再以一星期的时间将此仗打到底，以达到完全消灭敌人和打垮敌守城信心。目前敌南北增援已出动，决待敌进至昌图、郭家店后开始大反击，各部应奋起精神，准备出战，以不惜付出一万五千之伤亡，血战数昼

东北民主联军向四平发起攻击

夜，采取各个击破方法，求得大量歼敌。"当晚，攻城部队向四平东区发起进攻，陈明仁在唯一通往东区的天桥上撒满一层黄豆，以密集火力进行封锁。攻城部队虽一度突过东区，但伤亡很大。辽吉纵队独立第1师师长马仁兴在战斗中不幸中弹牺牲。四平守军顽强抵抗与反击，攻城部队激战两天，进展甚微。23日李天佑电告林彪："昨日战斗甚慢，估计尚需三四天才能解决战斗。邓纵伤亡过大，目前依靠六纵。"这时，攻击部队逐渐摸清四平守军有3.5万人，比战前判断的1.8万人要多出一倍，并有空军投掷充足的弹药和粮食。林彪遂调整部署，令伤亡较大的第1纵队两个师和辽吉纵队两个师撤出战斗，将打援的第6纵队两个师投入攻坚作战，并由洪学智担任攻城部队的统一指挥。

6月24日，国民党军北路援军进至陶家屯地域，南路援军进至昌图附近。林彪于26日电令洪学智：对四平采取佯攻，吸打增援。同时抽调3个师南下，加强打援力量。国民党军在飞机、坦克支援下，稳扎稳打，致使打援部队无隙可乘。27日，国民党军北路援军推进至公主岭，29日，南路援军到达四平以南10公里处的牤牛哨。第1、第6纵队和辽吉纵队等打援部队在莲花街歼新6军第14师1个团，第3、第4纵队在貂皮屯、威远堡地区击溃新22师和第169师。林彪见已失去全歼四平守军的机会，遂决定攻城和打援各部于30日晨全部撤出战斗，历时半个月的四平攻坚战即告结束。

7月2日，林彪、罗荣桓、刘亚楼电示各部："我军决后移休整，整顿组织，另寻战机。"并要求各部于休整期间总结四平作战经验。

夏季攻势，历时50天，歼灭国民党军8.2万余人，收复城镇42座，彻底改变了东北民主联军被分割的不利局面。虽然夏季攻势取得了辉煌的战果，但四平之战还是给林彪留下了挥之不去的阴影。十余天后，林彪给李天佑写了一封信，倾吐积郁心中的块垒。

天佑同志：

总部二日关于夏季攻势经验教训总结电，盼切勿草率看过，而应深切具体地研究，使今后思想有个标准：要把实事求是的原则，一切决定于条件的原则（这个原则我同你谈过），革命的效果主义的原则，实践是正确与否的标准的原则，加以很好的认识。你是有长处的，有前途的，但思想不够实际。夏季攻势中，特别是四平战斗直至现在，从你们的电报和你们的实际行动的结果上看，表现缺乏思想，缺乏见识。为了今后战胜敌人，盼多研究经验和学习毛主席的军事思想。凡一切主观主义的东西，无论他是美名勇敢或是美名慎重，其结果都要造成损失，而得不到胜利的。正确的思想的标准，是包括实践在内的唯物主义，反对唯心主义，在军事上要发挥战斗的积极性，而同时必须从能否胜利的条件出发。凡能胜利的仗，则须很艺术地组织，坚决地打；凡不能胜的仗，则断然不打，不装好汉。如不能胜的仗也打，或能胜的仗如不很好讲究战术，则必然把部队越搞越垮，对革命是损失。以上原则，有益于进步，望深刻体会之。这些原则，同时也是我在努力加深认识的东西。

林　彪

七月十三日

林彪正是带着这种未了的思绪，于四平之战后提出了"四快一慢"的战术原则。7月27日，在哈尔滨召开的师以上高级干部会议上，林彪阐述了他的新战术：第一，向敌前进要快。第二，抓住敌人后进行准备工作要快。第三，突破后扩张战果要快。第四，敌人整个溃退了，离开了阵地，我们追击时要快。一慢，是指总攻发动时机要慢（但总攻开始以后就要快）。

林彪开始大踏步前进。黑土地上漫卷的雄风，猛烈地扑打着杜聿明孱弱的身躯。

杜聿明无力再支撑下去。四平之战后，他便于7月8日悄然离开东北，赴上海治病。

二易主帅陈诚主掌东北，林彪发动秋季攻势

杜聿明离开东北三天后，蒋介石派参谋总长陈诚飞抵沈阳视察东北战事。

陈诚一到沈阳即召集军事会议，为东北高级将领打气鼓劲，还到铁岭为新6军高级将领授勋，并会见了苏炳文等东北知名人士。

陈诚的一系列举动让熊式辉心生不安。四平之战因陈明仁坚守有功，周福成解围得力，已请蒋介石给他们分别颁发了青天白日勋章和云麾勋章，而新6军因达成任务不利未予颁发。陈诚亲来为新6军补授勋章，分明有抚慰拉拢之意。此前，熊式辉就曾向杜聿明透露说："陈诚在关内指挥作战都失败了，想来东北出出风头，挽回他的面子，现在正想打我的主意。我走了你也难顶他，我们两人要想法子对付这个小鬼。"现在杜聿明已先走了，陈诚来势又是咄咄逼人。熊式辉深感在东北来日无多，于是，他向蒋介石连上七道辞呈。

蒋介石任命陈诚接替杜聿明。图为陈诚（前排居中深色衣服）到长春视察

蒋介石亲笔复信，对熊式辉大加抚慰，嘱其以国事为重，整军经武，继续主持东北。孰料不到一个月，蒋介石派陈诚接替熊式辉兼任东北行辕主任，熊式辉回南京只挂个"战略委员会主任"的闲职，从此失宠于蒋。

陈诚，字辞修，浙江青田县人。保定军官学校毕业。曾任黄埔军校特别官佐、炮兵营长。国民党军第11师师长、第18军军长。抗战时期任国民党军第三战区前敌总指挥，武汉卫戍总司令，第九、第六战区司令官和军政部长。1946年5月任国民党军参谋总长。

9月1日，陈诚飞抵沈阳述职，以"整饬内部，安裕民生，培养战力"为方针，决心刷新政治，整编部队。陈诚雄心勃勃，上任伊始就宣称："六个月恢复东北优势，收复东北一切失地"，"要消灭共军，建设三民主义的新东北"。

紧接着陈诚开始大肆整军，扩充部队。首先撤销东北保安司令长官部和5个绥靖区，作战指挥由东北行辕直接掌握。将东北国民党军编组成4个兵团，将13个保安区部队改编为11个暂编师，又增加炮兵、装甲兵、辎重兵等特种兵部队，包括8月由关内调来的第49军在内，东北国民党军总兵力已增至10个军共50万人，比杜聿明在东北时最多兵力48万人还要强大些。陈诚改变杜聿明分散守备的战略，采取"依托重点，向外扩张"的机动防御方针，"确保北宁，打通锦承，维护中长，保护海口"，相机转入攻势。

然而这只能是陈诚的一厢情愿，林彪似乎没有也不再可能给陈诚留下转守为攻的机会。

林彪不过是黄埔四期生，不到两年就把黄埔一期的老大哥杜聿明打得抱病离去。这次蒋介石二易主帅，以陈诚与林彪对阵，又上演一场老师与学生的对话。东北战场上的这出戏，将更加耐人寻味。

陈诚抓紧扩军，林彪急速整编。

夏季攻势结束后，东北民主联军于7月间重新划分军区，整编地方武装。东总直辖辽东、吉林、冀察热辽3个二级军区和12个三级军区，地方武装达22.7万人。东北局还决定由罗荣桓负责，组建二线兵团，解决补充主力部队的兵源问题。8、9月间对野战部队进行整编，组成新的纵队。将辽吉纵队改编为第7纵队（司令员邓华、政治委员陶铸），新组建第8纵队（司令员黄永胜、政治委员刘道生）、第9纵队（司令员詹才芳、政治委员兼政治部主任李中权）、第10纵队（司令员梁兴初、政治委员周赤萍），野战部队增至9个纵队，另有10个独立师、2个骑兵师、4个炮兵团，共29万人。加上地方部队，东北民主联军总兵力达51.8万人，数量上与东北国民党军大体相等。为加强作战指挥，东总决定成立辽东军区前方指挥所（司令员萧劲光、政治委员萧华）和冀察热辽军区前方指挥所（司令员程子华、政治委员黄克诚）。为适应新的大规模作战需要，东总决定将总后勤部扩编为后勤司令部（司令员兼政治委员黄克诚），并分别在朝阳镇和郑家屯组成东线和西线后勤司令部，加强后勤工作的机动性和主动性。

8月下旬，林彪、罗荣桓将下一步作战计划报告中共中央军委，提出秋季攻势作战方针是"先在南线开始攻击，以达歼灭兵力薄弱地区之敌，并迫使北线敌主力向南分散，以达成我北线部队进击敌人有利机会"。8月29日，毛泽东复电林、罗："（一）计划甚好，甚慰。（二）新的作战，似宜以有力兵团进攻山海关、沈阳线上之敌，以另一有力兵团进攻中长线上之敌，以求分散敌人，各个击破，重点放在中长路或山沈路，由你们酌定。"9月1日，毛泽东在《解放战争第二年的战略方针》的党内指示中指出："我军第二年作战的基本任务是：举行全国性的反攻，即以主力打到外线去，将战争引向国民党区域，在外线大量歼敌，彻底破坏国民党将战争继续引向解放区、进一步破坏和消耗解放区的人力物力、使我不能持久的反革命战略方针。"毛泽东于10月10日还签署发布了由他起草的《中国人民解放军宣言》，提出了"打倒蒋介石，解放全中国"的政治口号。

9月6日，陈诚"为确保辽西走廊之安全，彻底解除北宁路之威胁"，以暂50师和第93军暂22师等部，分由绥中、锦西两路向建昌出击。陈诚的行动和林彪秋季攻势的部署正好是刀锋相向。黑土地上的秋风，将刮得更加劲猛。

冀察热辽军区前指司令员程子华将国民党军的动向电告林彪，紧接着调整部署，改变破袭北宁路的计划，令第8、第9纵队兼程向建昌以东地区急进。9月14日，第8纵队第24师在梨树沟门与暂50师遭遇，遂打响秋季攻势战斗。第24师迅速将暂50师割裂合围，然后集中3个团兵力首先全歼暂50师第2团，尔后攻击第1团，歼其大部，其残部逃回绥中。

第8纵队结束梨树沟门战斗，即转兵攻打暂22师。暂22师进至新台边门见势不妙，退缩到杨杖子。黄永胜令第23师迅速追击，于15日午夜赶到杨杖子以南，切断国民党军退路。黄永胜得到报告，亲临前线察看地形，指挥第8纵队2个师和独立第1师1个团展开围歼战斗。暂22师组织反击，很快被击退。经2小时激战，围攻部队将暂22师大部歼灭。余部突围进至旧门，又遇从梨树沟门赶来的第24师堵截，大部被歼。第8纵队又打了一个胜仗。

陈诚在暂22师行将被歼之际，令驻锦州的第49军出援，向杨杖子进攻。不料第8纵队迅速解决战斗，待王铁汉率第49军军部及第105、第79师共1万余人于19日进至杨杖子和毛祁屯地区集结时，反被第8纵队突然包围。程子华令黄永胜、刘道生统一指挥杨杖子战斗，并调第9纵队担任打援和截击任务。21日下午1时，第8纵队展开全线攻击，遇第49军强

东北民主联军向辽西杨杖子进军

大火力封锁，进展缓慢。夜晚下起大雨，黄永胜命令各师冒雨发起第二次攻击。当晚即突破外围高地，国民党军组织多次反扑，均被打退。王铁汉紧急求援，陈诚又调集6个团由锦州、锦西两个方向增援。

22日晨，国民党军援兵迅速出动，进至虹螺蚬和连山一线，遇打援部队顽强阻击。第8纵队经一夜苦战，占领外围高地，将第49军压缩在杨杖子和毛祁屯两个村落内。攻击部队随身带的粮食已经吃尽，战士们只好以生红薯和玉米充饥。战斗进入关键时刻，黄永胜决心打到底。上午10时，黄永胜下令发起第三次攻击。战至中午，国民党军开始动摇，黄永胜遂令预备队全部投入战斗。王铁汉见大势已去，下令向兴城方向突围，结果钻进第9纵队布下的口袋阵。第8纵队在后面展开多路追击，第9纵队在前面堵截，第49军逃至旧门附近陷入混乱，失去抵抗能力。战至23日中午，王铁汉带200余人逃脱，其军部和两个师1.17万人全部被歼，第105师师长于泽林被俘。国民党军增援部队，见救援无望，撤回锦州、锦西。

东北民主联军辽西三战三捷，陈诚算是领教了林彪的厉害。他不敢麻痹大意，将新6军两个师从铁岭开赴锦州，巩固北宁路。陈诚的兵力显得有些捉襟见肘，顾了南线，北线又见空虚。林彪抓住机会，顺势全面展开攻势。9月26日，林彪、刘亚楼电示东北各纵队、师："以轻装奔袭手段，分兵同时包围各处分散之敌，使敌不能集中；我军则一面准备攻城，一面准备打援。如敌增援，则先歼灭敌增援部队；如不增援，则各部以各个击破手段，逐一歼灭各个被包围之敌。"

林彪在电令中还规定了各部的行动时间和方向，目标重点放在位于四平与铁岭间的第53军。此时的国民党军已大不如前，过去一个营即敢大胆深入，现在一个团也不敢凭坚据守，一有风吹草动，就逃之夭夭。刚由第4纵队副司令员调任第3纵队司令员不久的韩先楚把目光越过西丰一个团，盯住了威远堡第53军第116师。作战方案两种意见都报告给东总，林彪复电与韩先楚不谋而合：先攻威远堡，再打西丰。9月29日，第3纵队第8师夜间进至西丰以南钓鱼台集结，即引起国民党军察觉，西丰、莲花街及叶赫站等地守军相继撤退。林彪遂令各纵提前一天展开奔袭和追击。韩先楚令第8师奔袭郜家店，切断西丰守军退路，以第7、第

9师采取"掏心"战术，实施远距离奔袭，目标直指第53军第116师指挥中枢。

天下起大雨。第7、第9师冒雨强行军，一昼夜奔袭120公里，以突然动作，插至威远堡南北地区。10月1日晨，部队隐蔽渗透至外围阵地，发现守军尚在出早操。"抓住了！"韩先楚心里十分高兴。战士们经过高强度急行军，跑烂了鞋子，双脚打出了血泡，忍饥受冻，硬是咬紧牙关不掉队。战士们幽默地说："这胜利完全是凭铁脚板跑出来的。"

各部队逼近预定目标，随即展开外围攻势。国民党军突遇打击，连续反扑。经一天激战，击退守军多次反击，完成对威远堡合围。第二天上午，攻击部队控制威远堡重要屏障天王山据点，尔后居高临下发起猛攻。国民党军抵挡不住，开始突围溃逃，被围攻部队全部歼灭。与此同时，第8师袭占部家店，西丰守军弃城西逃，被追至拐磨子地区全歼。第4纵队在西丰西南八棵树、貂皮屯歼第53军第130师一个团。至此第53军一个师另一个团约万人被歼。第116师师长刘润川被俘后说："从战术眼光看，你们可能打西丰，最厉害可能打头营子（部家店），没想到你们竟打到威远堡来了。"

东北民主联军主力进逼开原、铁岭，国民党军新1军从四平地区紧急南下解围。10月2日，林彪令第1、第2纵队全力合围新1军主力，并令第6纵队出击公主岭，牵制第71军。新1军2个师进抵双庙子，即被第2纵队2个师击溃，旋又窜回四平。四平外围范家屯、公主岭、郭家店、八面城等地守军也迅速收缩。林彪见失去打新1军的机会，令辽东军区前指萧劲光、萧华指挥第3纵队、第4纵队主力和第10纵队第28师聚歼开原车站守军第53军暂30师和第52军第195师。

陈诚见北线吃紧，急调新6军由锦州回援铁岭。第7纵队于10月7日攻克辽西彰武，歼暂57师1个团。但对北宁路锦沈段破坏不彻底，未能有效阻止新6军回援。国民党军兵力集中，战机再度错失。林彪改变计划，令所有各部破袭中长路和北宁路，炸毁桥梁，烧毁枕木，使国民党军修了3个月的中长路全线被毁，北宁路亦陷瘫痪。

陈诚顾此失彼，手足失措，连忙向南京告急。10月8日，蒋介石飞抵沈阳。陈诚连诉苦带求援，总算打动了蒋介石。为扭转东北局势，蒋介石提出"巩固沈阳及其与关内的联系，加强沈阳以北各据点之守备力量"的作战方针，将新1军主力由四平北调长春，新6军主力据守铁岭，并从华北急调第92军第21师、第94军第43师，暂3军暂10、11师和第13军第54师共6个师驰援东北。蒋介石安排停当，便离开沈阳飞往北平，催促李宗仁依计行事。

华北国民党军紧急出援，于10月中旬陆续进至兴城、锦州一线。林彪将主力6个纵队转向吉林、长春地区作战，吸引国民党军主力新1、新6军出援，求得于运动中歼敌。同时以3个纵队在辽西地区牵制华北国民党军北进。林彪致电毛泽东："目前，在主力所在地区，敌完全采取守势，并以较多兵力防守。因此，我不易直接求得运动战。现我军拟进攻吉林，力求攻占之，并求得打增援。"毛泽东复电指出："你们攻克吉林后，应将主攻方向转至北宁平绥两线。"

10月9日，第7纵队首先出击北宁线，以奔袭动作先后攻克新立屯、

东北民主联军在朝阳寺、九关台门战斗中缴获的汽车与俘获的俘虏

东北民主联军向吉林进军

黑山。第8、第9纵队在锦州西南60公里地段，扫清国民党军分散据点，并一度袭入锦州飞机场。为策应北线主力作战，林彪于11日、13日电令第7、第8、第9纵队转攻阜新、义县、北票和朝阳，拖住越锦州北上之华北国民党军。18日，进至黑山第94军第43师和进至海州第92军第21师会同驻新民第52军第195师和新6军新22师分三路向辽西进犯。22日，国民党军重占新立屯、阜新、彰武，第9纵队于当日又攻击朝阳，迫使国民党军西进。

国民党军被牵制引诱，越发狂躁。第92军军长侯镜如率第21师、第94军第43师大胆挺进义县，增援朝阳。10月29日，侯镜如率部进至义县以西20公里遇警戒部队伏击，退缩到朝阳寺、代官堡一线。第8、第9纵队乘其立足未稳，发起攻击。11月1日5时，第9纵队从第21、第43师接合部首先突破，其他各部随后相继攻入守军阵地。战至2日上午，守军被分割陷入混乱。攻击部队以多路勇猛追击，战至下午4时，结束战斗。歼第21师大部和第43师一部共6500余人，俘第21师师长郭惠昌。

北线部队第6、第10纵队奔袭桦皮厂、九站、口前、德惠等地，扫清吉林、长春外围主要据点，使吉林、长春两市陷于孤立。此时国民党军新1军将四平防区交给第71军接替，开始集结，准备出援。林彪于10月15日令第2纵队主力进至梨树地区待机，第1纵队协同第2纵队会歼北进新1军。同时令第4纵队出击抚顺以东地区第207师，策应第1、第2纵队作战。当晚9时，第2纵队第4师在运动中于季家堡与由八面城向四平收缩的第50师第150团遭遇，遂将其包围。新1军以2个师4个团的兵力于翌日上午前去解围，被第2纵队2个团阻截。第4师抓住战机，迅速将第150团歼灭。17日拂晓，新1军第50师主力由四平再度出击，又被第2纵队击溃。

为继续调动国民党军出援，林彪命令第6、第10纵队等部围攻吉林。第60军军长曾泽生急电陈诚，请求增援。10月28日，陈诚一面由沈阳向长春空运一部兵力，一面令新1军、第71军、第53军、暂3军开始行动。于是，林彪调整部署，以一部佯攻吉林，以主力参加打援。

11月2日，新1军进抵陶家屯一线，其先头部队暂56师遇独立第2师阻击，即取道白龙驹进入长春。位于范家屯北侧担任正面阻击任务的第1纵队第3师和总部骑兵师即展开追击，歼暂56师1个团。但因受暂56师吸引，阻击部队未能在第1、第2纵队主力赶到前将新1军主力抓住，致使新1军2个师逃入长春。11月5日，林彪下令结束秋季攻势。

秋季攻势历时50天，东北民主联军歼灭国民党军6.9万余人，收复和一度攻克城市15座。林彪已经牢牢掌握了东北战场上的主动权，陈诚推行的"机动防御"陷于更加困难的局面。

林彪发动冬季攻势，三易主帅卫立煌赴任东北

兵书曰："凡战者，以正合，以奇胜。故善出奇者，无穷如天地，不竭如江河。"

陈诚拥兵自重，本欲以"机动防御"改变杜聿明"分散守备"的被动局面，瓦解林彪"以大吃小"战术，挽回东北颓势。怎奈林彪又来个"远距离奔袭"，神出鬼没，让他防不胜防。两个月下来，陈诚被拖得

南北间跑来跑去，首尾不能相顾，落得个损兵折将、丢城失地的凄惨下场。老百姓给他编了一句颇具讽刺意味的顺口溜："陈诚真能干，火车南站通北站。"

秋季攻势之后，东北国民党军被迫退守到长春、吉林和四平至大石桥以及沈阳、锦州、山海关铁路沿线两侧狭小地区内，占据大小34座城市。此时，华北战略要地石家庄被晋察冀野战军攻占，平汉路北段告急，北平行辕主任李宗仁又将增援东北的部队调回华北。陈诚为确保"辽西走廊"和沈阳的安全，采取扩编正规军和集中兵力固守战略要点的策略，以图挽救东北危局。

陈诚重新编组部队，从主力部队中抽出5个师与地方武装组成的4个暂编师混编，组成新3、新5、新7军。这样，在不到半个月的时间内，东北国民党军增至13个军30个正规师、14个暂编师，加上特种部队及保安团队，总兵力共计58万余人。陈诚在吉林、长春、四平部署3至5个师独立防守，在辽西、辽南铁路沿线要点部署1至2个师防守，在沈阳、铁岭集中10个师，实施机动。各要点间基本在一日行程之内，并可依托交通干线往来驰援，避免过去被动挨打的局面。

秋季攻势之后，东北民主联军野战部队已达42万余人，加上军区武装31万人，总兵力共有73万余人，已超过东北国民党军。林彪决心趁陈诚喘息未宁，连续发动冬季攻势。在部队转入休整训练之时，林彪就开始考虑下一步攻势作战的计划。11月16日，林彪、谭政、刘亚楼致电各部："去年冬季，我军曾利用河流结冰失去障碍作用的期间，鼓起全军的艰苦精神，我南、北满部队实行了配合作战，结果不仅巩固了南满的根据地，而且大量歼灭了敌人，造成了今年夏季和秋季作战的胜利基础。因此，今年冬季我们更必须利用河流失去障碍作用之时，实行更大的集中兵力作战，除北满留个把纵队牵制敌人外，我军可集中七八个纵队作战。对较大的目标，我们能集中四五个纵队攻城，还有力量打援，或集中六七个纵队打运动战，而还有力量监视敌人。"指出："今年冬季是我们最能集中最大兵力作战的良好时机，因而我们能举行大的运动战和大的攻城，能把东北作战提到空前未有的大规模，预计可能获得伟大的战果。"

12月4日，林彪电告高岗："拟集中南、北满和热河的兵力，利用今年结冰期间，在北宁路作战。现在只待锦州附近之大凌河结冰后，八、九纵队出动时，即可开始作战。"11日，林彪、罗荣桓、刘亚楼向毛泽东报告了冬季攻势的作战计划，并提出："拟明年四、五月，再扩大一百个新兵团。"毛泽东复电指出："结冰期内，你们集中全力在山海关、辽河地区作战是完全正确的，你们明年建军计划也是正确的。"

林彪不仅对敌情我情掌握得清清楚楚，而且对东北的地理天文也是了然于心。经历过去年冬季的作战，林彪算是摸透了老天爷的脾气。他在双城的指挥部里，每天骑坐在椅子上，眼睛长时间盯着作战地图，手里不时捻着炒熟的黄豆，不紧不慢地送进嘴里，边看地图边有滋有味地咀嚼，待手中的黄豆吃得差不多了，一个成熟的作战计划也就形成了。此时此刻，他显得更加从容，冬季攻势的一切准备工作都已就绪，单等辽西一带河流全部结冰封冻，他的部队便可顷刻而出。

进入12月，东北天气骤然变冷，气温下降到-30℃左右。前线部队报告，辽河下游已经结冰2至3尺，汽车、装甲车可通过。12月5日，林彪电令独立第4师进击长春与吉林间之九站，掩护第6纵队经伊通、平岗向昌图、法库前进。独立第4师于7日攻占九站，拉开冬季攻势的序幕。陈诚的目光刚转向北面，东北民主联军主力各部紧接着向北宁路和沈阳以西、以北之新民、法库、铁岭间奔袭。

12月15日，冬季攻势全面展开。冀察热辽前指率第8、第9纵队等部首先由朝阳地区向锦州地区出击，占领北镇，包围新立屯。第2纵队及第10纵队第29师包围法库。这时陈诚才如梦初醒，明白了林彪的真正意图。他急令新6军新22师和新3军由铁岭、沈阳向法库增援。林彪见陈诚的主力出动，决定对法库围而不打，先打援军。第2、第7纵队主力奉命迅速转向法库东南。第2纵队第4师在沙后所与新22师一部相遇交火。当时判断国民党军只有一个营，取胜把握很大，因此不待观察地形、组织火力，即发起攻击。其中一个营进展神速，很快打到守军指挥部，营长没有及时向上报告，其余部队也没有迅速跟进。原来守军有一个团，立即组织反击，并集中六〇炮猛烈轰击。攻击部队因队形太密，伤亡900余人，被迫退了回来，未能歼灭守军。第5师在调兵山抓住新22师一部，因组织得力，打得勇猛，迅速将其击溃，并歼灭其后卫一部。林彪对沙后所战斗提出批评，对第5师给予嘉奖。

在第2纵队攻打新6军新22师的同时，第7纵队在法库以南歼新3军暂59师1640余人。陈诚见林彪的主力直接威胁沈阳，于12月20日急调新1军和第71、第53军共计6个师从长春、四平、开原南下，同时令第52军第2师由辽南北上，急进沈阳。林彪、罗荣桓断然改变围攻法库的计划，决心夺取彰武，调动分散国民党军，创造战机。

12月22日，第2、第7纵队及东总炮兵主力在第2纵队司令员刘震、政治委员吴法宪统一指挥下包围彰武。各打援部队进至预定位置。23日，林彪电示各部："此次打彰武和打增援更要下大决心，坚决歼灭敌人。在战术上须特别注意四快一慢的原则，对于可能退却的敌人，须很快抓住，断敌后路。但抓住后如敌已占领村庄，则须经过详细的侦察和布置后，在火力掩护下发起冲锋。对于业已溃乱的敌人，则应猛追猛打。各部在战斗中须特别注意积极主动互相配合，切不可袖手旁观、消极避战而放过胜利的机会。"

林彪的意思还是要打好"四快一慢"。刘震、吴法宪吸取前次打新22师的教训，认真进行战前准备。从23日到27日，攻城部队扫清彰武外围据点，逼近城垣。各级指挥员反复深入前线观察地形，选择突破点。炮兵在主攻方向摆置66门榴弹炮，并抵近攻击目标不足千米，山炮、步兵炮已接近200米射程内。28日晨，总攻战斗开始。炮兵首先发威，几分钟就将城墙轰开一个大缺口。步炮密切配合，动作勇猛，第2纵队第5师由城

东北民主联军攻克彰武

东南突击，仅5分钟就突破城垣，第7纵队第21师由城西北也相继突入。纵深战斗进展顺利，第2纵队第6师由南门攻入，直扑第49军第79师师部。三路大军穿插分割，猛烈攻击，只5个小时就结束战斗，全歼第79师近万人，赢得冬季攻势第一个大胜仗。

在彰武战斗展开之时，毛泽东于23日24时电示林彪、罗荣桓、刘亚楼："利用冰期歼灭大量敌人，可能将沈阳、铁岭、抚顺、本溪、锦州、葫芦岛、秦皇岛等几个大据点之间的中小据点、广大乡村及锦州以西、以北地区的全部或大部归于我手。只要办到这一点，尔后就只剩下打大据点的问题了。"为实施连续作战，引诱沈阳国民党军出援，林彪令第2、第7纵队暂留彰武地区休整；第3、第6、第10纵队集结于沈阳西北隐蔽待机；第1、第4纵队转至辽中和沈阳西南地区；第8、第9纵队攻取黑山、大虎山及其附近地区；其他各部歼击分散孤立的国民党军据点。

陈诚见东北民主联军的主力已经分散，一度紧张恐慌的心情又缓和下来。彰武之战时，第6纵队在沈阳西北万金台歼第207师第2旅1个团，第4纵队一度袭入沈阳市区皇姑屯。陈诚在沈阳清楚可辨枪炮之声，吓得胆战心惊。一场虚惊过后，陈诚的神经似乎又产生了错觉。不知道他是真的没有发现林彪的意图，还是故作镇静。1948年元旦，他发表了《告东北军民书》，声称："目前国军已完成作战准备，危险时期已过。"就在这一天，他调集新3、新6、新5军，第71军和新1军，由铁岭、沈阳、新民分三路沿辽河两岸呈扇形向沈阳西北扫荡。

进入新年，林彪发布了东北民主联军改称东北人民解放军的消息。这是林彪、罗荣桓为区别于其他民主党派组织的军队建议并经中共中央批准的。林彪、罗荣桓于1947年12月27日报告中共中央："我们拟利用元旦日，宣布东北民主联军改名为东北人民解放军。目前军区与野战军的组织只作准备，暂不分开成立，待东北局势有进一步发展时再成立。"东北民主联军总部改为东北军区兼东北野战军领导机关。林彪任东北军区、东北野战军司令员兼政治委员，罗荣桓任第一副政治委员，高岗任第一副司令员兼副政治委员，陈云、李富春任副政治委员，吕正操、周保中、萧劲光任副司令员，刘亚楼任参谋长，谭政任政治部主任。

陈诚以其精锐之师压向沈阳西北，向林彪展开报复行动。其实林彪以主力威胁沈阳，并非要与陈诚决战，只不过是吸引陈诚主力出援，寻找战机。陈诚的主力终于出来了，林彪瞄准突出孤立薄弱的新5军，顺势在公主屯摆开战场。1月2日，新5军先头部队进至公主屯、黄家山等地，林彪电告第6纵队第16师："利用公主屯工事固守。"同时令第2、第7纵队由彰武南下，进至公主屯以北、以西地区，第3纵队从辽河北岸向公主屯以南迂回，集中4个纵队围歼新5军，以第10、第1、第4纵队阻击铁岭、沈阳两路援军。

1月3日，新5军军长陈林达率军部在安福屯坐镇指挥，以第43师攻击黄家山，第195师攻击十里铺。第16师在国民党军猛烈炮火攻击下，付出较大伤亡，阵地几易其手，仍反复争夺，顽强死守。战至4日黄昏，第6纵队增援部队赶到，即展开反击。第195师慌忙退回安福屯。陈林达急电陈诚求援，并要求撤出公主屯。陈诚紧急商议，副参谋长赵家骧主张放弃公主屯，陈诚虽表赞同，仍犹豫不决，因此未下命令执行。

东北人民解放军的战士们一把炒面一口雪，冒着严寒坚守在公主屯阵地上

5日拂晓，新5军已被完全包围，只能固守待援。

5日下午，参加围歼作战的4个纵队及炮兵3个团，展开全面攻击。激战一夜，将新5军压缩于公主屯、王道屯、文家台、黄家山狭小地区内。同一天，国民党军另两路援军向西增援，被打援部队阻于公主屯以东十余公里的辽河两岸。翌日晨，第2纵队第17团和第7纵队第57团追击第195师，包围了王道屯，原以为这里是野战医院，守军超不过1个营，结果打急了，遭到守军猛烈火力杀伤，付出很大伤亡。原来第195师1个团退至屯里，攻击部队只好重新组织力量，于黄昏将守军全歼。这一天，国民党军出动飞机向新5军空投弹药，结果因新5军被分割在黄家山、安福屯、文家台等地，弹药大多落在攻击部队的手里。第195师大部被歼，第43师一部受损。陈林达只好率残部退守文家台。当晚，陈诚令陈林达向沈阳撤退，但为时已晚。7日晨，攻击部队在炮兵支援下，发起总攻。新5军已日暮途穷，陷入绝境。至11时，战斗结束。新5军2万余人全部被歼，军长陈林达、第195师师长谢代蒸、第43师师长留光天均被生俘。

林彪打杜聿明时，一个团长一个团长地捉，抓个师长就已经很满足了。轮到打陈诚，抓到师长都有些瞧不上眼了，连军长都开始乖乖地做了俘房。林彪的仗越打越大，脑子转得也越来越快，胜利是一个接着一个。

1月8日，中共中央致电林彪、罗荣桓："庆祝你们歼一九五师、四十三师及新五军军部的巨大胜利。"

1月10日，蒋介石携国防部次长刘斐、陆军副总司令范汉杰、总统府军务局长俞济时飞到沈阳，召开军事会议，追查新5军失败责任。蒋介石在会上对东北将领将不用命、见死不救的行为非常震怒，痛斥第4兵团司令廖耀湘、新6军军长李涛不服从命令，不顾国家民族利益，不积极解救新5军，并声言要严厉惩办廖、李二人。廖、李二人眼见被当成替罪羊，心里不服，马上争辩说未接到援救命令。陈诚见事成僵局，站起来自责地说："新5军被消灭是我自己指挥无方，不怪各将领，请总裁按党纪国法惩办我，以肃军纪。"蒋介石为了维护陈诚的面子，只好说："仗正打着，俟战争结束后再评功过。"陈诚接着又深表忠诚说："我决心保卫沈阳，如果共军攻到沈阳的话，我决心同沈阳共存亡，最后以手枪自杀。"

蒋介石为稳定军心，于会后又勉励各将领以党国利益为重，服从命令，好好完成东北戡乱任务。蒋介石离开沈阳后，陈诚自知在东北也难以维持下去，便让他的夫人谭祥去南京找宋美龄向蒋介石求情，将他调回南京。蒋介石决定成立东北剿匪总司令部，并在秦皇岛成立冀热辽边区司令部（归华北"剿总"和东北"剿总"双重指挥），由山东战场抽调整编第54师（到东北改称第54军）到锦西地区，加强华北与东北战区的联系。蒋介石为顾全陈诚的面子，保留了陈诚东北行辕主任的职务，于1月17日任命卫立煌为东北"剿总"总司令兼东北行辕副主任，以郑洞国为副总司令兼第一兵团司令，调陆军副总司令范汉杰为东北"剿总"副总司令兼冀热辽边区司令部司令官。22日，卫立煌到东北赴任。2月5日，陈诚以治病为由无奈而又急切地离开沈阳，飞回南京。12日，蒋介石令卫立煌兼代东北行辕主任。

公主屯之战期间，东北气温最低降至-40℃。奇寒的天气，爬冰卧雪，十几分钟下来，人就僵硬了，部队开始出现冻死冻伤的严重现象。连日下来，部队冻伤减员达万余人。林彪决定各部就地短期休整，视天气好转再作行动。林彪在给程子华、黄克诚的指示电中特别强调："只要不至于冻死人和冻伤人时，望即开始行动。"1月20日，新民以北气温曾达到-7℃，冀察热辽前指司令员程子华电告林彪："各部将于22日黄昏到达新立屯外围集结。"24日，第1、第8纵队（各欠1个师）进至新立屯东南，开始扫清外围据点。新立屯守军为第49军第26师，自冬季攻势开始已被第8纵队第24师围困1个多月了，早已成惊弓之鸟，见解放军要攻城，连夜分三路向阜新方向突围。第1、第8纵队迅速展开追击，几乎没付出什么伤亡，就将其9000余人歼灭。至此，东北人民解放军在沈阳西北三战三捷，军威大振。

卫立煌刚到东北，林彪又下一城。卫立煌无力出战，只好采取"固点、连线、扩面"的战略方针，加紧整肃军政，以恢复战力。林彪步步紧逼，又转兵辽南。1月30日，林彪电令第4、第6纵队和军区直属炮兵首长："辽阳之敌由四、六纵队及军区炮兵担任攻击，由四纵首长统一指挥。"第二天，各部即包围辽阳。辽阳守军为新5军暂54师及新6军、第52军留守人员计1万余人。第4纵队司令员吴克华、政治委员彭嘉庆带领指挥人员亲临前沿反复观察，研究作战方案，决定集中5倍于守军的兵力由四面攻城。经过5天准备，肃清外围据点，于2月6日7时发起总攻。各部在炮兵密切协同下，顺利突破城垣。守军在强大兵力压制打击下，兵败如山倒，纷纷溃乱投降。只8个小时战斗，即全歼守军，解放辽阳。

2月7日，毛泽东致电林彪、罗荣桓、刘亚楼："庆祝你们攻克辽阳。"指出"你们现在打辽、鞍、本、营区域之敌很有必要。这个战役完成后，你们就可解放辽南。"同时强调："要预见敌人撤出东北的可能性。对我军战略利益来说，是以封闭国民党军在东北加以各个歼灭为有利。"林彪于10日复电毛泽东："我们同意亦认为将敌抑留在东北各个歼灭并尽量吸引敌人出关增援，这对东北作战及对全局皆更有利。今后一切作战行动当以此为准。"

卫立煌虽在沈阳握有20万兵力，却按兵不动，还振振有词地说："共军的目的和战术是围城打援，我们不能上共军的圈套。"林彪遂令第4、第6纵队等部继续南进，夺取鞍山。鞍山守军第52军第25师曾于新开岭战役被第4纵队全歼，后来重新组建，但战斗力很差。这次又是冤家路窄。第4、第6纵队打下辽阳，士气旺盛，只16个小时激战，便再歼守军第25师等部1.3万人，解放鞍山。营口守军第52军暂58师在解放军声威震慑和政治争取下，师长王家善率部于2月25日起义，并逮捕第52军副军长郑明新等人，营口亦告解放。与此同时，法库守军新6军暂62师待援无望，向开原突围，被第3、第10纵队等部全歼。国民党军沈阳以北地区法库、开原两个据点又被拔掉。

卫立煌稳坐沈阳，坚不出兵，以不变应万变。远在南京的蒋介石倒是坐不住了，他不能眼睁睁看着他的精锐部队被林彪吃掉。2月20日，蒋介石派国防部第三厅厅长罗泽闿去东北，要卫立煌留第53军及第207师守沈阳，将主力从沈阳撤至锦州。卫立煌坚持守沈阳，主张待部队整补完毕，再相机打通沈锦线。23日，卫立煌派郑洞国随罗泽闿回南京，然后转飞庐山牯岭向蒋介石申述意见。蒋介石仍坚持自己的意见，并颇为不满地说："革命军北伐时有革命精神，以少胜多，北伐成功。樊钟秀以万余人能从广东一直打到河南，我们黄埔军队为什么不能打到锦州！"

郑洞国返回沈阳，卫立煌见没有说服蒋介石，便召集各将领开会，结果大家还是一致赞同卫立煌的意见。于是，卫立煌又派赵家骧、罗又伦再次向蒋介石陈述利害得失。蒋介石心烦意乱，不愿意就此事再无休无止地讨论下去，只好答应卫立煌暂保东北现状，加紧补充训练，一俟部队整训完毕，再由沈阳、锦州同时发动攻势，打通沈锦线，将主力移至锦州。大事落定，卫立煌算是松了一口气。但对林彪他仍不敢掉以轻心，赵家骧、罗又伦一回到沈阳，他便命郑洞国和赵家骧一同飞往吉林，下令指挥第60军于3月9日放弃吉林，撤回长春固守。吉林遂告解放。

此时林彪已令第1、第3、第7纵队和独立第2师及军区炮兵主力8个炮兵营组成攻击集团，将长春、沈阳间的战略要地四平紧紧包围。

四平是国民党军坚固设防的城市。夏季攻势打四平，攻了半个月，只占领半个城市，结果中途退出，打得很不成功。陈明仁撒豆成兵，挑灯夜战，因坚守四平有功，被蒋介石授予青天白日勋章。陈诚到东北，以整肃军纪为名，排除异己，将陈明仁撤职，调往南京任总统府参军。众将领皆为陈明仁鸣不平："军长胸前挂勋章，手拿撤职令，令人心

东北人民解放军解放辽阳。图为解放军冲上辽阳城头

寒。"冬季攻势新5军被歼，陈诚吓得将第71军2个师从四平调往新民以固沈阳。现在四平守军只剩下第71军第88师和保安团队及留守人员不足2万人。这次林彪以10个师打1个师，意在必得。他把打四平的任务又交给第1纵队司令员李天佑、政治委员万毅统一指挥，目的是激励他们从跌倒处站起，打出信心。李天佑、万毅自不敢怠慢，临近攻城，查明守军第88师指挥核心移至城东区，军情有变，他们立即调整作战方案，将主攻方向由城西南改为城北，并将第1纵队调到城北三道林子与第7纵队互换阵地，将炮兵主攻阵地也置于三道林子。

3月12日晨，四平再一次经历战争的阵痛。6时30分，攻城炮兵展开猛烈轰击，炮弹呼啸着飞向城垣，顷刻间弹如雨下，突破口一分钟内倾泻500发炮弹，四平被淹没在硝烟火海之中。攻城部队乘势开始突破，主攻部队第1纵队第2师半个小时突进去2个团，各部也相继突入，转入纵深战斗。11时30分，第1纵队与第7纵队会师于中山大街，尔后又攻克天桥和车站，至下午2时，城西区守军全部肃清。与此同时，第3纵队和

东北人民解放军攻克四平国民党军第88师师部大楼

第1纵队第1师已攻入城东区，占领天主教堂、玉皇庙、油化工厂、发电所等核心工事。在两路主攻部队夹击下，守军第88师师部及残部被压缩在晓东中学、万字会两个据点。13日晨，第1、第3纵队主力和炮兵部队重新组织火力，发起强攻，战至7时，将守军全歼，收复四平。

冬季攻势于3月15日结束，东北人民解放军连续作战3个月，歼国民党军15.6万人，攻占城市17座，将东北国民党军压缩于长春、沈阳、锦州等几处互不联系的孤立地区。

毛泽东盛赞冬季攻势"迭克名城，威震全国"。

东北又一个寒冷的冬天过去，和煦的春风送来阵阵暖意，厚厚的积雪渐渐融化，沉睡的黑土地开始慢慢苏醒。

东北战场的枪声暂时停止，国共双方都转入休整。

下部　辽沈决战

林彪（右）、罗荣桓（左）、刘亚楼（中）亲临锦州前线指挥作战

第五章　定下决心

林彪细说未来战争：大兵团、正规化、攻坚战

双城。林彪住处。

林彪站在院子里静静地放松自己。他很少有这种心情，自从踏上黑土地那天起，战火就一直扑打着炽烤着他那病弱的身子，每天他都要长时间甚至通宵达旦地坐在地图前思考捕捉创造出奇制胜的战机。三年下来，他终于走出了低谷，由大撤退，到大反攻，再转入大进攻，一仗一仗地打，一个村庄一个村庄地夺，一个城市一个城市地攻，白山黑水间舞动着飘扬着一面面胜利的旗帜。

林彪此刻的心情很好。他在弱势中打败了杜聿明，在旗鼓相当时又吓走了陈诚，现在他是兵强马壮，对卫立煌已经无所畏惧。他慢慢地缓释着长期以来一直高度紧张的神经，让心灵自由自在地放逐飞翔。乍暖还寒的春风化解着他积郁心头的燥热，树上几只小鸟欢快地跳跃鸣唱，大地涌动生长着万物复苏的盎然生机。林彪迎来了走进黑土地的第三个春天。

林彪在院子里不知站了多久，这时罗荣桓、刘亚楼一起来到他的住

处。他们三个人一同走进屋里，林彪高兴地往桌子上倒了些炒黄豆，招呼罗、刘两人边吃边谈。

　　林彪与罗荣桓、刘亚楼曾先后多年在一起同甘共苦。红军时期，林彪当红1军团第4军军长，罗荣桓是政治委员。林彪任红1军团军团长，罗荣桓是政治部主任，刘亚楼是第2师政治委员、师长。抗战时期，林彪当抗日军政大学校长，刘亚楼是训练部部长、教育长。林彪当八路军第115师师长，罗荣桓是第115师政治委员。在东北，他们三人搭起了东北野战军精干的指挥班子。他们彼此了解，相互信任，配合默契，组织指挥了东北战场上大大小小的无数次战役、战斗。

　　林彪性格内向，不爱说，不爱动，也没有什么特殊的嗜好，生活极为俭朴。似乎是与生俱来的一种命运，他这种人专为战争而生，为战争而活。战争的碾压使他的思维总是急速地运转，他的大脑完全被战争占据着，所有的杂念都被硝烟荡涤得干干净净。每天他总是离不开三件东西：地图、电台和嚼得津津有味的炒黄豆。看地图是林彪指

林彪与刘亚楼在苏联时合影（从左至右：杨至诚、谭家述、钟赤兵、刘亚楼、林彪、李天佑、卢冬生）

挥打仗的制胜法宝，他认为看地图可以产生灵感，产生智慧，产生信心。他对看地图的见解也非常独到。杨成武从抗大毕业去红1军团当师长，毛泽东叫林彪给他讲讲如何当好师长，林彪讲的重要一点就是看地图。他对杨成武指点说："要把地图挂起来，搬个凳子坐下来，对着地图，从大的方向到活动的地区，从地区全貌到每一地段的地形特点，从粗读到细读，逐块逐块地读，边读边划，把主要的山脉、河流、城镇、村庄、道路用红蓝铅笔标出来，等到地图差不多快划烂了，也就把地图背熟了。"林彪身边再一个离不开的东西就是电台，部队行军每到一处，第一件事就是向林彪报告到达地点和当面情况，军情紧急时，他还要求20分钟内报告一次。林彪从不打主观主义的仗，有时他比纵队首长还要清楚各师甚至团的进军位置，有的电令他已经发到师，然后再发给纵队。如果都按照常规去办，战机就丢失了。战争就是一种超常的思维，只不过林彪运用得恰到好处。林彪喜静，很少出去走动，闲下来就看看书，都是军事方面的，因为身体不好，偶尔也翻翻医书。也许是得益于中医书中的指教，林彪就地取材，活学活用，以东北盛产的黄豆滋补身体。不知道是否真的有治病的疗效，反正他是特喜欢吃。他不吸烟，不喝酒，但顿顿少不了吃黄豆。不仅如此，还要炒熟了，装在衣袋里随时随地吃。嘴里有节奏地嚼着黄豆，脑子里慢慢滋生出灵感和办法，这也是林彪的一绝。林彪自从指挥三下江南作战时起，就常住在双城，专注于前方指挥作战，东北局的日常工作交给了主持后方工作的高岗。他有时因事回趟哈尔滨，顺便看看叶群和孩子，但大多数时间都是叶群带着孩子隔个十天半月

1947 年秋，罗荣桓在哈尔滨

到双城来住几天。

罗荣桓的性格也很内向，但不像林彪那样孤僻。有时纵队首长、师长路过住处来看看他们，林彪除了了解一下部队的情况就再也没话了。时间久了，大家也能理解和接受。罗荣桓比林彪大5岁，擅长思想政治工作，大家和他都能谈得来，有时虽然是很严厉的批评，他总是能够让人心悦诚服，心情舒畅。罗荣桓与林彪是多年的老搭档，到东北仍担任政治委员职务，部队的思想建设、组织建设和后勤建设工作很自然地就落在他的肩上。特别是在部队思想教育工作方面还有所创新。罗荣桓于1947年8月听取第3纵队诉苦教育工作经验汇报时，感到这是一个创举，给予充分肯定，指出："这在部队政治教育工作中是一个具有重大意义的创造，解决了当前教育主要内容和方法问题，是部队政治教育的方向。"之后又颁布了在部队政治教育中普遍开展诉苦运动的训令，不久又将《辽东三纵队学习土地改革政策经验（诉苦）之一》和《辽东三纵队学习土地改革政策经验（诉苦）之二》下发到各部队推广并同时上报中共中央军委总政治部。毛泽东肯定了这个经验，还对《经验之二》作了修改，并转发全军。在军队建设上，罗荣桓还提出并亲自抓好二线兵团建设，从1947年8月至1948年2月，完成了第一期二线兵团的组建工作，编成和训练独立团达88个，计22万人，使建军工作有了空前规模的发展，林彪对此极为满意。

与林彪、罗荣桓不同，刘亚楼在性格上比较外向。他们三人中刘亚楼年龄最小，爱说，爱玩，精力过人，经常扮演着调节活跃气氛的角色。他爱跳舞、打猎，还有神侃。双城是小地方又战事繁忙，前两种爱好找不着施展之地，因此有点闲工夫只能聚一帮人听他侃大山。有时林彪也凑过来当听众，他天南海北神说一通，给大家解解闷儿，逗个乐。战争使人们的娱乐空间变得如此狭小。刘亚楼生于1910年3月，福建武平人。19岁参加红军，曾任排长、连长、营长、团政治委员、师政治委员、师长，抗日军政大学训练部部长、教育长。1939年入苏联伏龙芝军事学院学习，1942年11月起在苏联红军实习，参加了苏联卫国战争。1945年8月随苏联红军出兵东北回国，1946年起任东北民主联军参谋长、东北军区和东北野战军参谋长。刘亚楼精明能干，头脑灵活，做事雷厉风行，效率极高。在双城军务繁忙的日子里，他挤出时间翻译了《苏军司令部工作条例》。还开办参谋集训班，亲自去讲解《苏军司令部工作条例》，使司令部建设逐渐步入正轨，并取得了显著的成效。他对有些纵队和师首长习惯于打起仗来便

1946 年初，罗荣桓（左）与刘亚楼在大连合影

扔掉司令部的游击式做法很不满意，并经常提出批评。他始终强调一点：司令部不是指挥部队的机关，而是首长指挥部队的机关。刘亚楼还身体力行，率先垂范，把司令部的工作搞得井井有条，有声有色，林彪对他也非常欣赏和信赖。

　　林彪、罗荣桓、刘亚楼虽然都有不同的个性，但有一点却是相同的，这就是他们都爱思考。林彪处心积虑，总结提出了一个个战术原则；罗荣桓缜密思索，带来了部队思想政治工作上的创新；刘亚楼精益求精，为司令部正规化建设立下汗马功劳。他们相互尊重，相处和谐，彼此间取长补短，颇具大家风范。林彪的意见，罗荣桓、刘亚楼都很尊重，罗荣桓、刘亚楼的建议，林彪也是常常采纳。他们在工作上都很严谨，原则性强，要求又很高，求真务实，简洁高效。他们之间没有繁文缛节，平时都是各忙各的，如果不是有什么重要事情需要商量，很少在一起。

　　东北的形势发展得越来越快，甚至已走在全国的前面。东北战场上的冬季攻势刚刚展开，中共中央在陕北米脂县杨家沟召开的12月会议上，讨论并通过了毛泽东起草的《目前形势和我们的任务》的书面报告。毛泽东在报告的开篇指出："中国人民的革命战争，现在已经达到了一个转折点。这即是中国人民解放军已经打退了美国走狗蒋介石的数百万反动军队的进攻，并使自己转入了进攻。""这是一个历史的转折点。这是蒋介石的二十年反革命统治由发展到消灭的转折点。这是一百

多年来以帝国主义在中国的统治由发展到消灭的转折点。"在报告中毛泽东还提出了"打倒蒋介石独裁政府，成立民主联合政府"的中国共产党最基本的政治纲领和"没收封建阶级的土地归农民所有，没收蒋介石、宋子文、孔祥熙、陈立夫为首的垄断资本归新民主主义的国家所有，保护民族工商业"的新民主主义革命的三大经济纲领以及中国人民解放军的"十大军事原则"。毛泽东在关于会议结论的讲话中高兴地指出：20年来未解决的革命力量的优势问题，今天解决了。局面开展，胜利可期。

东北战场冬季攻势之后，国民党军50余万兵力已被分割压缩在长春、沈阳、锦州等孤立地区，东北人民解放军再举行几次大的作战，就可能解放东北全境。争取东北解放战争的首先胜利，已是摆在东北人民解放军面前的重大任务。林彪、罗荣桓、刘亚楼他们三个人聚在一起，开始谋划适应大规模作战要求的建军和作战的方略。

1948年3月25日，东北人民解放军总部在哈尔滨召开第二届参谋工作会议。去年3月，在双城曾召开一次参谋工作会议，经过一年的努力，司令部建设和参谋队伍建设得到加强。这次各纵队、师两级参谋长和各部的作战、侦察、通讯、管理、机要5个科的科长计257人参加了会议。林彪在会上作了题为《如何使司令部成为能干的指挥机关》的报告。

林彪在报告中说："我们所处的形势已经转变了，从被动到主动，从防御到进攻，从分散转到打成一片。我们的任务从前是怎样把根据地搞起来站住脚，现在则是怎样解放全东北。这种客观形势和任务的变化，就应引起我们各方面的变化，不然就不能达到任务。"

林彪还针对客观变化了的战争形势，分析了未来战争的特点，提出了"大兵团、正规化、攻坚战"的总的作战指导思想。他说："大兵团是客观的变化，攻坚战也是客观的变化。不攻坚则无仗可打，因为敌人不来增援。为适应大兵团攻坚战的需要，就必须正规化。没有正规的制度，就不能准确地执行任务。所以我们在主观上要特别努力于正规化来适应大兵团攻坚的任务，要从游击战的水平提高到能够正规地攻坚战的水平上来。政治机关、后勤机关、司令机关的工作都要大大提高，特别是司令部，应成为实现军队正规化的中心机构，由低级提高到正规，使我们各方面的工作均通过司令部去执行。故必须在组织上、制度上、权力上、威信上都要有适合于走向正规化的一套。要把作风搞好，使司令部成为一个有科学头脑的、有组织能力的、能干的指挥机关。只有这样才能掌握各种较复杂的工作，完成复杂的任务。现代的战争单靠指挥员来掌握是不可能的，用手工业的方式去指挥现代战争是不行的。必须有坚强的司令部工作，那种认为可要可不要、简单化的老一套观点，在今天的情况下，是行不通的。如果还那一套就会犯错误。"

林彪提出要求说："今天摆在我们面前的工作，就是要把司令部的工作，扎扎实实搞出个规模来！"

紧接着会议进行了分组讨论，交流情况，分析问题，查找不足，总结经验。刘亚楼深入各组听取大家意见，了解情况，然后在全体会议上作了总结发言。刘亚楼在发言中肯定了一年来参谋工作的可喜成绩，指出了司令部工作仍存在着组织性差、工作不够细致深入、作风不够紧张严格等问题，并强调："大兵团、正规化、攻坚战，就是我军整个军事工作的也是司令部工作的总方向。这是林总适应于当前的总的军事情况和作战形式所提出的。这就是说，我们要摸索和逐渐建立一套'大兵团、正规化、攻坚战'要求下的司令部工作。"刘亚楼对司令部今后的工作还做出了明确的部署。会议进行了20多天，于4月15日结束，罗荣桓在闭幕式上致闭幕词。

在召开参谋工作会议的同时，东北人民解放军于3月10日至4月14日在哈尔滨还召开了由各纵队后勤部长、卫生部长参加的后勤工作会议。会议总结了一年来的后勤工作，研究解决了统一思想、统一制度、统一标准、统一开支等问题。后勤部司令员黄克诚在会上提出后勤工作的中心任务是，建立统一的正规的后勤，提高后勤工作能力和作用。后勤部政治委员李富春在会上强调，后勤工作要适应新形势，要来一个180度的扭转乾坤的大转变，一切工作都要为支援东北以及全国的大规模战争而努力。罗荣桓在会上指出，要把后勤工作提到战略高度，保证大兵团作战的供给，保证战争的最后胜利。

4月20日，东北人民解放军总部又在哈尔滨召开由纵队、师两级首长参加的军事会议。林彪作了关于作战问题的报告，罗荣桓作了关于今后建军及正规化建设问题的报告，刘亚楼作了关于炮兵使用问题的报告，李富春作了关于财经问题的报告。其目的主要是提高师以上高级干部对"大兵团、正规化、攻坚战"总方针的重大意义的认识。

林彪在会上着重讲了城市纵深战斗的战术问题，他自己归纳为三句话：一是不要打急了，二是队形不要太密，三是要大胆插到敌后切断其退路。他解释说："如果打急了，一次打不下来，还要重新打第二次、第三次、第四次、甚至第五次；本来想很快解决，反而弄得更慢了。这种例子很多，原因就是没有很好准备。如果队形太密了伤亡太大，打不到底，打半截子仗，一个连打剩七八个人，就无法再打了。虽然战术上可能取得一些胜利，但整个战役可能造成失败。有时也可能取得战役上的胜利，但损失必大。如果不插到敌人后面，切断敌人退路，只从前面打，敌人的后面是安全的，前面也不容易打下来。就是花了很大力量打下来，敌人跑掉了，我们什么也没捞到，也是白打一场。白流血，白牺牲，白费力。虽说打下来了我们还可以向前发展，如果打不下来，就更不合算。犯了第一个毛病，就要打第二次，以致打第四五次。犯了第二个毛病，就会打不到底，没后劲打不下来。犯了第三个毛病，就是白费力量，白打一场。如果避免了这三个毛病，就可以取得胜利。因此这三句话很要紧，一定要贯彻到下面去。"

兵贵神速，这是历来的军事要诀。过去的游击战和运动战也都是速战速决。林彪谈到不要打急了，又说起了他的"四快一慢"，特别是一个"慢"字。他说："现在我们提出要慢，真是很奇怪的。既不是过去的战斗经验，也不是一般的军事原则，在思想习惯上是不容易一下子能接受得了。所以大家不要以为这不成问题，一提出来就可以实现，事实上是很不容易实现的。同时在战斗中又有许多情况逼着我们要快，如敌人增援和加强工事，敌人部署变化，在敌人火力下面熬不住，在上级的催逼下熬不住，想很快取得胜利，或者白天攻击已到了天快黑了，或者夜间攻击已到了天快亮了，以及敌人飞机快要来了等。这种种原因，都会促成我们急躁、莽撞，不管三七二十一，带着队伍就是一冲，不冲就是'怕死'。这样的例子很多，七纵在王道屯战斗中，敌人只一个营，而我们就冲掉了个把团。经过整个冬季战役及去年许多战斗证明，要胜利就不能急躁。如果准备不好，明明就是败仗，事先就能知道要失败，结果也一定打败仗。"

讲到纵深战斗，林彪又推广了"四组一队"和"独胆英雄"的作战经验。"四组一队"是第6纵队第17师总结夏季攻势四平攻坚战经验教训提出来的，即突击连队要分工，形成火力组、突击组、爆破组、支援组四个小组，小组互相掩护，互相配合。"独胆英雄"是第4纵队在攻打辽阳、鞍山时提出的战斗号召，即要求战士掌握多种战斗技能，敢于个人突破，以少胜多。林彪提倡要"有意识地在部队中造成这种独胆的信心和作风"。

会议进行了一个月，深入研究了攻坚战的特点、纵深战斗战术的应用以及步炮协同等问题，于5月20日结束。罗荣桓在会上提出："一年来的胜利打下了解放全东北的巩固基础。今天的口号是：消灭东北敌人，解放全东北，不是空喊而是实际的行动。"

林彪提出的"大兵团、正规化、攻坚战"的总方针，经过一系列会议，反复强调，层层传达，已经深入人心。在这一总方针的指导下，东北人民解放军各部队从1948年4月开始，利用休整时间，开展了前所未有的新式整军运动和军事大练兵。

举棋不定：蒋介石、卫立煌撤与守争执不休

卫立煌到东北，正值林彪冬季攻势进行之中，蒋介石要他将沈阳主力撤至锦州，他初来乍到未敢铤而走险，在他的一再坚持下，蒋介石也只好作罢。

卫立煌有陈诚失败的前车之鉴，自然不敢造次行动，他采取一种稳重的态度，静观时局之变，不失为上策。当时林彪部队攻势正猛，锦、沈铁路已被切断，加之大凌河、绕阳河开始解冻，重武器和大部队通过皆有困难，沈阳主力部队出辽西确实凶多吉少。

蒋介石历来主观臆断，不顾客观军情、地形条件和双方状况，一意孤行，常常让人无所适从。卫立煌却与众不同，他不是一个言听

计从、唯唯诺诺之人，因此蒋、卫两人在东北问题上始终未能步调一致。蒋介石派卫立煌到东北，不但没有了却他心头的忧虑，反倒添了不少的烦恼。

卫立煌，字俊如，安徽合肥人。早年投奔革命，在孙中山身边当卫士，被升为警卫团排长，后转粤军任连、营长。曾任国民革命军团长、副师长、师长。1932年任国民党军第14军军长。抗战时期，先后任第2战区前敌总指挥、第1战区司令长官、中国远征军司令长官。抗战结束后，任国民党军陆军副总司令。

卫立煌在国民党军高级将领中算得上战功赫赫的名将。因"围剿"鄂豫皖苏区攻占金家寨有功，蒋介石将金家寨改名为"立煌县"；因忻口战役重创日军，朱德称赞他为"民族英雄"，日军华北最高司令香月清司称他为"支那虎将"；因征战印缅战功卓著，被美国《时代》杂志誉为"常胜将军"。但是因他资历与蒋差不多，又非黄埔出身，蒋介石对他总是时冷时热，视其为"嫡系中的杂牌"。蒋介石每逢战场受挫，他即被重用，战事转好，他便遭冷落。抗战胜利之后，蒋介石给了他一个有名无实的陆军副总司令的闲职，他愤怒至极拒不到任。蒋介石也觉得过意不去，派他出国考察军事，以示抚慰。东北局势危急，蒋介石无可用之人，又只好催促卫立煌结束欧美考察行程，要他回国去东北收拾危局。

卫立煌虽不愿在家赋闲，但对蒋介石的用意仍表矜持。蒋介石继以张群、顾祝同等人劝卫。张群对卫立煌说："以私人关系，我也不赞成你去东北；以国家前途计，希望你去东北挽回大局。"陈诚的夫人谭祥也跑到卫立煌家一再恳求："辞修（即陈诚）病得很厉害，无法对付东北共军，只有卫先生去才有办法，请卫先生早日赴沈接事。"卫立煌的夫人韩权华在一旁听了颇为不满，心里愤愤地嘀咕："有利有权你们就争，弄得不可收拾的时候就叫人家去，这是什么心理！"蒋介石急于要卫立煌到东北赴任，也慨然允诺将东北军政大权完全交给卫立煌，并将陈诚送掉的部队全部恢复充实，再由关内抽调部队增援东北。

卫立煌不仅轻而易举地掌握了东北的军政大权，还讨得盆满钵满。他稳坐沈阳，不管林彪如何变换招数，就是按兵不动。谁也不知道他葫芦里卖的是什么药，蒋介石干着急拿他也是没办法。林彪的冬季攻势终于停下来了，蒋介石急忙将卫立煌召到南京，当面磋商东北战事。

3月31日，卫立煌飞赴南京。当晚，他向蒋介石汇报了东北的情况。蒋介石始终未忘将沈阳主力撤至锦州的想法，他对卫立煌说："沈阳、长春交通断绝，单凭空运补给无法维持。"

卫立煌仍坚持自己的意见，担心地说："以部队现时情况看，不但打不到锦州，反而有被共军消灭的危险。"

"我们运输机及汽油都无法维持东北这样庞大部队的补给。"蒋介石面带苦衷地说，"情势所迫，不得不将东北主力撤到锦州。"

卫立煌见蒋介石反复强调部队补给问题，顺势说："只要不将主力撤出沈阳，东北部队补给由我负责请美顾问团帮助运输。"

第二天，卫立煌带联勤第六补给司令刘耀汉拜会美军顾问团团长巴大维。刘耀汉是留美学生，抗战时期曾任外事局翻译官，经常与美军接洽，深得美方信任。巴大维对卫立煌、刘耀汉两人极为友好，对他们提出的装备补充和增加运输力量问题，表示全力支持。卫立煌告辞巴大维，又带着满意的心情去见蒋介石。

蒋介石对放弃东北也是顾虑重重，此前舆论界传出国民党军要放弃沈阳，曾引起强烈反响，许多东北籍的国民党军政要员跑到南京吁请政府"勿放弃东北"。他在接见东北耆宿张作相、万福麟、马占山时曾表示"决不放弃东北"，对"东北民众代表请愿团"也称"确保东北为国本所系"。眼下"行宪国大"即将召开，东北战场暂时平静，从政治上考虑，暂时维持东北现状也不失为权宜之计。蒋介石见卫立煌说服了巴大维，觉得先依照卫立煌的想法也好，于是对卫立煌说："只要你对部队补给有办法，也可以照你的意见暂时不撤往锦州。但是一俟补充整训完成，仍要赶快打通沈锦线。"

东北问题就这样再次悬而未决。4月9日，蒋介石在"国民大会"施政报告中谈到东北战局时说，今天东北的战略"不必要求作全面的控制，但必须守住几个重要的据点——如长春、沈阳和锦州——以象征我们国家力量的存在。"

卫立煌这次南京之行不但说服了蒋介石，还争取到美军顾问团的大力支援。卫立煌回到沈阳，兵员、装备、补给紧接着源源而来。他抓紧整训部队，恢复战力，准备坚守沈阳、长春、锦州三大战略要点。

卫立煌不断到各军视察演练情况，规定各军师间互相观摩，取长补短。他还参观了新1军、新6军在沈阳附近的陆、空联合演习，第71军在巨流河的防御战斗演习，第49军的射击和近距离战斗演习等等。同时令工兵指挥官李贤负责构筑和加固沈阳、锦州等地城防，一律建成现代化钢筋水泥结构的工事，阵地外围设宽深2米的外壕，架设铁丝网。令驻沈阳、锦州部队就地征购粮食和抓捕大批青年补充兵员。卫立煌的视线显然重点放在沈阳、锦州两地，对长春的态度却是模棱两可，他认为："长春本该死守，但在必要时，也有可能退回沈阳或山海关。"

卫立煌整军经武已有月余，蒋介石在当选"中华民国"总统不久又旧话重提，决心将沈阳主力撤到锦州，并秘密通知卫立煌到南京面商。卫立煌坚决反对，但又顾及不好当面与蒋发生争执，便找廖耀湘商讨对策。卫立煌判断林彪的主力就在沈北和辽西地区，如沈阳主力单独出辽西向锦州撤退，背辽河、绕阳河、大凌河三大水系侧敌而动，有被解放军层层截断、分割围歼的危险。但是他清楚只强调这一点，蒋介石是不会答应的，他还必须找出更有说服力的理由。他对廖耀湘说："委员长曾经答应增派部队到东北，打通锦沈交通。如要撤退沈阳主力，他应实践诺言，先多派几个军到锦州来，向东打通锦沈交通，沈阳部队西去与东进部队会师，再一同北上，把长春被围部队拉出来，然后才能再议撤退。"卫立煌此时把长春的问题端出来，无疑是使了一着将军的棋。他不待廖耀湘回答，又进一步说："如果现在就从沈阳把主力撤退，无异是抛弃长春，这一消息传出去，定会瓦解长春守军斗志，长春马上就成问题。"廖耀湘觉得卫立煌的意见有道理，特别是对他仍不忘解救陷于危殆的长春守军而体现出的军人气概，颇为敬佩。因此，卫立煌请他代去南京向蒋介石陈述利害，请示机宜，他便愉快地接受了。

5月7日，廖耀湘、赵家骧、罗又伦三人秉承卫立煌的旨意，飞赴南京。蒋介石首先单独召见廖耀湘，对他说："撤退沈阳主力的原因，首先是想在共军未发起攻势之前，主动把沈阳主力撤往锦州；其次是考虑空运能力有限，无法长期负担沈阳部队的补给。"廖耀湘把卫立煌的意见转诉给蒋介石，当提及将长春守军一同撤出来的意见时，蒋介石显得非常痛苦，长春守军的状况对他似乎形成一种道义上的压力。蒋介石略微沉思了一下，然后对廖耀湘说："本来打算从华北、山东抽调一些部队去东北，但现在一时尚抽调不出来。"他叹了一口气，面带难色地说："沈阳主力的撤退，可稍微推迟一些时日。"当天的谈话就此结束。

　　第二天，蒋介石召集廖耀湘、赵家骧、罗又伦和负责起草作战计划的国防部第三厅厅长罗泽闿在他的私邸开了一个小型会议。蒋介石对东北问题此时已有腹案，他直截了当地说："沈阳主力的撤退，可稍微推迟一个时候，但必须立即准备好，待抽调的部队到达，即开始行动。沈阳地区的部队，必须按任务重新编组。"接着他具体地讲了将沈阳部队编为防御兵团和机动兵团的意见，他决定把周福成的第53军编为防御兵团，担任沈阳的防卫；将新1、新6、新3军和第52、第49、第71军及第207师并附东北"剿总"直属重炮和战车部队编为机动兵团，由廖耀湘统一指挥，随时准备行动。

　　蒋介石的决心已定，廖耀湘因此扩充了自己的权力也当然高兴，不过他还是向蒋介石建议说："改组沈阳部队的编组决定，最好交卫总司令在适当时机发表，以免引起周福成和其他地方部队的不安。沈阳是机动兵团的后方和补给基地，决不能发生意外，应将第207师编入防御兵团，增强沈阳防御力量，稳定军心。"蒋介石觉得廖耀湘的建议有道理，肯定说："可以这样办。"

　　赵家骧又提出如何安置第7兵团司令刘安祺的问题，说："刘也是一个兵团，把他仅有的第71军编入机动兵团，那他就只有一个兵团部了。"蒋介石对罗泽闿说："可下命令，把他调到青岛警备司令部去。"

　　沈阳部队的编组问题就这样定了下来。罗泽闿接着又问及部队的行动问题，说："万一在沈阳主力未撤退之前，共军就打锦州，那沈阳主力该如何行动？"廖耀湘抢先回答说："在这种情况下，应由关内迅速增兵葫芦岛，直接解锦州之围。沈阳部队应待葫芦岛援军与锦州部队会师后，东渡大凌河出沟帮子向东推进时，才能西进与东进部队会合，打通锦沈交通。"罗泽闿说："如此，锦州可能发生意外。"廖耀湘解释说："沈阳主力单独西进，背三大河流侧敌行动，有被节节截断、各个击破的危险。"两人说着争论起来，罗泽闿当着蒋介石的面不客气地说："将来东北战局，要由廖司令官负全部责任，因为全部精锐部队都掌握在他的手里。"赵家骧见状，出来化解说："这是卫总司令的责任，我们回去还要同卫总司令详细商量。"蒋介石打断争论，说："这个问题留待以后再详细研究。"并补充说，"现时应很好研究如何加强东北空运与补给问题。"他指示要增加弹药油料的运输量，尽量就地征购粮食，并责成联勤总部主持召开一次补给会议，专门讨论东北部队的补给和空运问题。

蒋介石提出撤退沈阳主力的计划似乎有了一点进展，但是廖耀湘等人一回到沈阳，卫立煌因顾虑这样一来他自己不仅成了光杆司令，还要承担由此可能导致长春、沈阳陷落的失败责任，并未及时采取行动。他对廖耀湘等人说："沈阳地区的主力是国家的精华，总统一定会抽调可能抽调的部队增援东北，而且他也曾这样答应过我。"并说，"沈阳只有一套本钱，合则能守能攻，分则攻守两不成。"这样，撤退沈阳主力的问题又被卫立煌束之高阁。

5月11日，美军顾问团团长巴大维一行9人赴沈阳视察，会见了卫立煌。巴大维这次来沈的目的主要是：视察飞机场设备和容机量；找仓库，准备运输10个师的美式装备；视察新1、新6、新3军和第207师等美械装备部队，准备更换超龄的轻重武器。卫立煌高兴地对署下说："10个师的装备到了就有办法了。"

蒋介石于5月间免除陈诚参谋总长兼东北行辕主任的职务，撤销了东北行辕，扩大了东北"剿总"的职权。还改组了统帅部，任命何应钦接替白崇禧为国防部长，任命顾祝同接替陈诚任参谋总长。蒋介石见卫立煌在东北迟迟没有动作，廖耀湘又处处受卫立煌的牵制，于5月18日在南京召见东北"剿总"副总司令兼沈阳防守司令官梁华盛，询问沈阳战局，又召见第7兵团司令官刘安祺述职，他们对蒋介石急于打通锦沈线的计划也不赞同，更不敢赴命。于是，蒋介石把目光转到范汉杰身上来。20日，蒋介石决定将冀热辽边区司令部由秦皇岛移到锦州，并由山东调第9军在葫芦岛登陆，归范汉杰指挥。6月1日，蒋介石令范汉杰集中力量经营锦州，准备打通锦沈线。

卫立煌对蒋介石的决定颇有顾忌，他主张巩固沈阳、锦西、葫芦岛，而蒋介石却一直属意锦州，范汉杰又听命于蒋，对他置之不理。又因冀热辽边区司令部归华北"剿总"和东北"剿总"双重指挥，他担心华北局势一旦吃紧，华北"剿总"将部队调走，沈阳将更加孤立，再者要想使范汉杰服从于他，也必须将指挥机构统一起来。因此他向蒋介石提出锦州既属东北"剿总"范围，冀热辽边区司令部就应划归东北"剿总"序列。7月19日晚，蒋介石在总统官邸召集国防部长何应钦、参谋总长顾祝同等人，研究东北作战问题，决定东北作战"暂取守势，待秋收后作大吃小之远程奔袭，长春仍固守，北宁路暂不打通"。20日，蒋介石电召卫立煌到南京，同意他提出的意见，决定将冀热辽边区司令部改为东北"剿总"锦州指挥所，仍由范汉杰以东北"剿总"副总司令兼锦州指挥所主任坐镇锦州。卫立煌达到了自己的目的，自然非常高兴，他亲到锦州视察部队和城防工事，对范汉杰说："东北目前不能打仗，只要把部队训练好就有办法。"

范汉杰对东北局势并不乐观，他认为以目前军力恢复锦沈交通确有困难，而等待关内抽调部队也无多大指望。他建议卫立煌、蒋介石把沈阳部队中缺额较多的师各级干部空运到锦州、山海关地区，由关内运来新兵，利用各师原番号重新成立部队。这个建议很快得到批准并实施，范汉杰于7月间重新组建了新5军，编组新8军。8月初，因关内战场告急，蒋介石将调至葫芦岛的第9军调到苏北徐州战场，这样锦州、山海关部队连同原来的第93、第54军计有4个军。此时东北"剿总"序列总兵力有55万人，以东北"剿总"副总司令兼锦州指挥所主任范汉杰，指挥第6兵团等部4个军约15万人，以锦州为重点，防守义县至山海关一线，确保关内外陆、海路联系；以东北"剿总"副总司令兼第1兵团司令官郑洞国，指挥两个军及地方部队共10万人，守备长春；以东北"剿总"总司令卫立煌，直接指挥第8、第9兵团等部8个军及其他部队约30万人，防守沈阳及周围各点，作为固守东北的中枢。

8月3日至7日，蒋介石在南京召开军事检讨会议，各战区将领齐聚南京。这次军事检讨会全面检讨了两年作战的经验教训，制定了新的战略。卫立煌在这次会议上对东北作战问题提出三点意见：一是不放弃打通沈锦线计划，但不能轻举妄动，须应付东北共军的10月攻势；二是维持沈阳至10月底，以观时局变化；三是坚守长春，以牵制东北共军主力。会议决定东北战场的战略方针是："彻底集中兵力，确保辽东、热河，以巩固华北。"这次会议还通过了多个决议案，其中关于政略方针，规定："动员全民积极实施总体战，发挥政治、经济、军事及一切力量之总和，全力进剿并使党政军民经济一元化，以期步调一致。"关于战略方针，规定："军事上于东北求稳定，在华北力求巩固，在西北阻匪扩张，在华东华中则加强进剿，一面阻匪南进，一面攻打匪的主力。"南京国防部事后发表谈话说："过去国军与匪为三与一之比，今天也许快成二与一之比例。但国军有空军，装备补给干部都比匪优良，以国军的实力剿匪仍有绝大把握，得到胜利。"

8月下旬，南京国防部和东北"剿总"对东北战局的研究分析仍是乐观的估计，判断东北解放军兵力虽然数量较大，但装备和战力不会太强，暂时不会发动大的攻势。只是此时长春完全靠空投维持补给的局面已濒临困境，情势危在旦夕。蒋介石急派国防部第三厅厅长郭汝瑰赴沈阳与卫立煌研究迎接长春守军突围的方案。卫立煌自知长春是一个死地，恨陈诚当

1948年5月20日，蒋介石在南京总统就职典礼上

初走了这着死棋，既然蒋介石不忍丢弃长春守军，他也不能负了郑洞国。卫立煌几经苦虑，提出一个"放弃锦州，退守锦西机场及葫芦岛港。以7个师驻守，抽7个师由葫芦岛海运营口，着第52军控制营口，迎接登陆部队，然后由沈阳北上接应长春突围"的方案。郭汝瑰带着卫立煌的方案回南京报蒋介石。蒋介石初看似乎首肯，次日却大骂："你们不用脑筋，锦州国际视听所关，哪能放弃？"是时，因华野围攻济南，蒋介石亲自指挥解济南之围，对长春之事则拖延未决。

蒋介石对东北问题虽经长达半年之久的反复磋商，费尽心机，终因各方固执己见，争执不休，无法统一，未成定案。直至东北人民解放军发起辽沈战役，蒋介石不得不哀叹："东北全军，似将陷入尽墨之命运，寸中焦虑，诚不知所止矣！"

雄才大略：毛泽东电示林彪"置长春、沈阳两敌于不顾，并准备在打锦州时歼灭可能由长、沈援锦之敌"

1948年3月23日，毛泽东、周恩来、任弼时率领中共中央机关结束转战陕北的艰苦历程，从吴堡县川口村东渡黄河，前往河北平山县西柏坡村，与刘少奇、朱德率领的中共中央工作委员会会合。

西柏坡村，位于太行山东麓，滹沱河北岸，是一个只有七八十户人家的小村庄。5月26日，毛泽东到达西柏坡，中共中央五位书记在这里正式会合。从此，这里便成为领导中国革命的统帅部，成为毛泽东和中共中央进入北平、解放全中国的最后一个农村指挥所。

毛泽东赴西柏坡的途中，在山西临县三交镇双塔村，与在那里迎候的中共中央军委秘书长杨尚昆谈到战争的形势时，将解放战争的进程形象地划为"上坡""到顶"和"下坡""传檄而定"两个阶段，指出解放战争已开始走向全国，逐步进入传檄而定的新阶段。在河北阜平县城南庄，毛泽东与晋察冀军区司令员兼政治委员聂荣臻的谈话中，指出解放战争的下一步战略行动是先解决东北，再解决华北，实际上是把战略决战的突破口选择在东北，进一步勾画出加速解放战争胜利进程的基本战略意图。

对于东北问题，毛泽东的思路是清晰明确的。早在东北夏季攻势进行之时，就曾提出"夺取两路四城"的指导方针，当东北冬季攻势取得重大胜利时，又提出"封闭蒋军在东北加以各个歼灭"的战略构想。毛泽东刚刚结束马背上办公的历史，稍稍坐定，便开始急速地转入胸怀全国、计日程功的伟大时代。

毛泽东对未来充满必胜的信心，对现实又表现出相当的耐心。他没有蒋介石那样的现代化交通工具，不能在各战场间飞来飞去，面授机宜，只能偏处一隅，以电报往来，开展军事大研讨。他一直属意并决心首先解决的东北问题，此时此刻却慢了下来。

林彪仍在犹豫，难下决心。他在双城的指挥部里，面对着墙上的作战地图，在长春、沈阳、锦州三点来回巡视，迟迟拿不准主意。此时东北已无小仗可打，他必须在三点中选择一点。

林彪决定打长春。

4月18日，林彪、罗荣桓、高岗、陈云、李富春、刘亚楼、谭政等7人联名致电毛泽东，提出围攻长春的作战部署。第一步用10天至半月时间进行攻城准备并扫清外围；第二步对长春发起总攻，计划在半个月左右时间结束战斗。电报中提出："如在锦州之范汉杰兵团不与沈阳敌会合，仅沈阳之敌北上增援，我们是较易应付的。如锦州附近之敌与沈阳敌人会合后再向北增援，则使我军攻城和打援皆发生严重困难。因此我们建议晋察冀以四个纵队或三个纵队兵力开到承德以东或山海关以北地区，歼灭和钳制敌人，或进行休整。即令疲劳，不能作战，亦能起威胁和钳制敌人的作用，使范汉杰兵团不能北上。并准备今年秋冬两季直接与东北部队会合打大仗。"电报中还说明了先打长春的理由，并强调："以上是我们对作战的根本意见，其他意见亦曾加以考虑，均认为不甚适宜。我军如打铁岭、抚顺或本溪或新民，敌均能立即组织三个师以上的兵力守，而集中十个师以上的兵力增援。敌增援距离甚近，又因辽河、太子河的妨碍，我军打援攻城皆不便。本溪与铁岭两点，如我军主力向该方前进时，敌甚至可能暂时撤退，让我军扑空。如我军主力向义县前进，义县之敌必然自动撤至锦州。如我军攻锦州，则所遇敌人更较长春强大。如我军等候敌人打通锦沈线，则不知要等到何时。且即敌人出来打通，但我主力一向锦沈线前进时，该敌必自动收缩，使我军扑空。如我军向锦州、唐山之线或冀东、平绥前进时，在敌目前采取放弃次要据点、集中兵力固守大城市的方针下，则必到处扑空或遇到四五个师兵力守备的城市。且大军进到那些小地区，衣服、弹药、军费皆无法解决。同时东北战士入关，经长途跋涉，士气必降，逃跑必发生。在我主力南下情况下，长春之敌必能乘机撤至沈阳，打通锦、沈线。如我军以小部兵力（如三个纵队）入关，沿途仍不易求小仗打；遇大的战斗（又攻城又打援）则又吃不消。而留在东北的部队既不能打大仗，又无小仗可打，陷于无用武之地。故目前只有打长春的办法较好。"

毛泽东对林彪等人在电报中提出的种种情况，认为并不完全符合实际，但他还是尊重前线指挥员的意见。他看出来林彪没有完全领会他对解决东北问题的战略意图，因此还是耐心诱导，慢慢点拨。4月22日，毛泽东在复电中指出："（一）同意你们先打长春的意见。（二）我们可令杨得志、罗瑞卿、杨成武（正在商量中）以三个纵队出至承德、北平之线以东地区，或者可能出至承德以东地区，起配合作战之作用……但你们主要不要依靠杨罗杨。（三）我们同意你们先打长春的理由是先打长春比较先打他处要有利一些，不是因为先打他处特别不利，或有不可克服之困难。你们所说打沈阳附近之困难，打锦州附近之困难，打榆锦段之困难，以及入关作战之困难等，有些只是设想的困难，事实上不一定有的。有些是实际的困难，在你们打开长春南下作战时会要遇着的，特别在万一长春不能攻克的情况下要遇着的。因此，你们自己，特别在干部中，只应当说在目前情况下先打长春比较有利，不应当强调南下作战之困难，以免你们自己及干部在精神上处于被动地位。"

5月中旬，郑洞国派长春守军组织突击部队，出击长春西北，占领小合隆镇，以确保大房身机场安全，并乘机搜购粮食。林彪抓住战机，集中第1、第6纵队和7个独立师的兵力发起长春外围战，歼长春守军6000余人，占领大房身飞机场及外围一些据点。这次战斗，东北野战军伤亡2100余人，不但没有实现预期目的，反而影响了攻打长春的决心。

林彪通过长春外围战，觉得长春守军并非不堪一击，如果硬打长春，成功的可能性较小。5月29日，他在给中共中央军委的电报中提出："我们建议改变硬攻长春的决心，改为对长春以一部分兵力久困长围。"

林彪对南下作战顾虑重重，对攻打长春又明显信心不足。毛泽东于6月1日给林彪的复电中开始多了一些指责的口气：对长春是否已展开全力攻击？外围工事是否均已夺取？你们指挥所在何处？毛泽东一连提了几个问题，都点到林彪的要害处，中心意思还是责问能不能打攻坚。

6月5日，林彪、罗荣桓、刘亚楼经过认真研究，就东北部队行动问题致电中共中央军委，提出三个方案：一是目前即正式进攻长春。但"成功的可能性较少，不能成功的可能则较多"。二是"目前以少数兵力围困长春，封锁粮食，主力到北宁线、热河、冀东一带作战"。但可能到处扑空，或造成两头都无战果的结局。三是"对长春采取较长期的围城打援，然后攻城的办法。时间准备两个月到四个月"。并认为"目前以采取第三个方案为好"，"这一行动除多费去几个月的时间以外，没有其他坏处，但能有把握的歼灭敌人和拿下长春"。6月7日，毛泽东复电指出："基本上同意你们五日十九时半来电的第三个方案。"同时强调："在攻长春的三个月至四个月时间内，你们必须同时完成下一步在承德、张家口、大同区域作战或在冀东、锦州区域作战所必需的粮食、弹药、被服、新兵等项补给的道路运输准备工作。"

林彪对长春还是立足于围而不是打，一句话，还是不敢进行攻坚。毛泽东摸透了林彪的心思，也只是"基本上同意"，而没把问题说死。这场军事研讨仍在继续，毛泽东给林彪留下了足够的思考时间。

东北战场出现少有的平静。

此间关内各战场却攻势如潮，捷报频传。

4月22日，西北野战军收复被国民党军占领1年1个月又3天的延安城。

5月12日至6月25日，华北第2兵团举行冀热察战役。

6月11日至7月21日，华北军区第1兵团举行晋中战役。

6月22日，华东野战军攻克开封。

7月16日，中原野战军攻克襄阳、樊城。

国民党军在关内战场连连失利，蒋介石又将调至北宁路不久的第8、第9军调回苏北地区，以巩固华东、中原战场。东北战场僵持对峙的局面渐渐出现转机。

林彪蓄势待发，卫立煌按兵不动。林彪觉得这样下去也不是办法。东北局常委于7月中旬重新讨论作战方案，决定还是南下作战。7月20日，林彪、罗荣桓、刘亚楼致电中共中央军委："最近东北局常委重新讨论了行动问题，大家均认为我军仍以南下作战为好，不宜勉强和被动地攻长春。"并提出，"东北主力待热河秋收前后和东北雨季结束后，即是再等一个月，到八月中旬时，我军即以最大主力开始南下作战。"

7月22日，毛泽东复电林、罗、刘，并告东北局："向南作战具有各种有利条件，我军愈向敌人后方前进，愈能使敌方孤悬在我侧后之据点，被迫减弱或撤退，这个真理已被整个南线作战所证明，亦为你们的作战所证明。攻击长春，既然没有把握，当然可以和应当停止这个计划，改为提早向南作战的计划。在你们准备攻击长春期间，我们即告知你们，不要将南进作战的困难条件说得太多，以致在精神上将自己限制起来，失去主动性。现在你们已经将注意力移到向南作战方面，研究南面的敌情、地形、粮食等项情况，看出其种种有利的条件，这是很好的和必要的。并且应向全军指战员首先是干部充分说明这些条件，以鼓励和坚定他们向南进取的意志和坚定他们的决心。"

林彪经过3个多月的深思熟虑，终于下定决心，南下作战。这与毛泽东总的战略意图基本吻合，但在具体行动上，毛泽东对林彪还是不放心。因此在电报中又指出："现在距八月中旬已不足一个月，你们的政治动员和准备粮食等项工作，必须加紧进行，否则八月间还不能在北宁、平承、平张等线打响。关于具体作战计划，希望你们详加考虑，拟出全般方案电告。你们指挥机关似以先期南下和程子华罗瑞卿诸人会面为适宜。"7月30日，毛泽东电示林、罗、刘，进一步明确南下作战目标，指出："关于你们新的作战计划，我们觉得你们应当首先考虑对锦州、唐山作战，只要有可能就应攻取锦州、唐山，全部或大部歼灭范汉杰集团，然后再向承德、张家口打傅作义。如果你们不打范汉杰先打傅作义，则卫立煌将以大力集中锦唐线，卫、范协力向西援傅，那时你们可能处于很困难地位。"

林彪本来对大城市攻坚缺乏信心，刚放弃打长春，毛泽东直指要害，又要打锦州。林彪不太情愿，又无法回避，因此在行动上显得拖泥带水。他在8月1日给毛泽东的电报中，提出第一步作战计划是先打北宁线上5个小城市，并建议华北杨成武兵团先出动配合。尔后几次电报中，又提出南下作战的粮食、道路等困难无法解决，因而"目前对出动时间，仍是无法肯定"。

林彪瞻前顾后，迟迟不肯南下，毛泽东甚为不满。他在8月9日复电中批评林彪等人："你们应迅速决定并开始行动，目前北宁线正好打仗，你们所谓你们的行动取决于杨成武的行动，这种提法是不正确的。"在8月12日的电报中，批评的口气更加严厉："关于敌人从东北撤运华中之可能，我们在你们尚未结束冬季作战时即告诉了你们，希望你们务必抓住这批敌人，如敌从东北大量向华中转移，则对华中作战极为不利。关于你们大军南下必须先期准备粮食一事，两个月前亦已指示你们努力准备。两个月以来你们是否执行了我们这一指示一字不提。现据来电则似乎此项准备工作过去两月全未进行，以致现在军队无粮不能前进。而你们所以不能决定出动日期的原因，最近数日你们一连几次来电均放在敌情上面……对于北宁线上敌情的判断，根据最近你们几次电报看来，亦显得甚为轻率。"看得出来，毛泽东是发火了，他连数落带指责，说了一通，末了还将了一军："你们如果不同意这些指出，则你们提出反驳。"

林彪、罗荣桓、刘亚楼感到事态严重了，于8月13日给毛泽东发了一份长电，说明大军不能出动的原因，主要是东北正逢雨季，连日大雨冲垮了铁路和桥梁，导致出动时间无十分把握，并表示："目前仍尽力争取早日出动，只要雨势不继续上涨能逐渐下降，则仍可能做到按时出动。"

8月14日，为适应作战需要，经中共中央军委批准，东北军区和东北野战军机关正式分开，成立东北野战军领率机关，林彪兼任司令员，罗荣桓兼任政治委员，刘亚楼兼任参谋长，谭政兼任政治部主任。尔后将4月间由辽东军区、冀察热辽军区前线指挥所改称的第1、第2两个前方指挥所分别改为第1、第2兵团司令部。第1兵团司令员萧劲光，政治委员萧华；第2兵团司令员程子华，政治委员黄克诚。此时东北野战军包括2个兵团部，1个炮兵司令部，12个步兵纵队，1个炮兵纵队，1个铁道纵队，另15个独立师，共70万人。加上东北军区所属地方部队33万人，东北人民解放军总兵力达103万人。

"林彪现在壮得厉害。"毛泽东说这话的时候，都带有几分嫉妒。毛泽东高瞻远瞩，洞察秋毫，他对东北棋局已全盘在握，其雄才大略所展示的大手笔并非空穴来风，而是稳固地建立在东北雄厚的经济力和林彪拥有百万大军的军战力之上。林彪似乎不该再犹豫，照办就是了。8月24日，林彪、罗荣桓、刘亚楼电告毛泽东："我部队大约可于本月底或九月初出动，在九月六日前后，即可在北宁线各城打响。"9月3日，又报告了南下作战的预定部署："我军拟以靠近北宁线的各部，突然包围北宁线各城，然后待北面主力陆续到达后，进行逐一歼灭敌人，而以北线主力控制于沈阳以西及西南地区，监视沈阳敌人，并准备歼灭由沈阳向锦州增援之敌或歼灭由长春南下之敌。对长春之敌，以现有围城兵力，继续包围敌人，并准备乘敌突围时歼灭该敌。"

毛泽东见林罗刘已经行动，孤悬的心情平静下来。他于9月5日复电同意他们的作战部署，只是感觉重点还不够突出，又稍加点拨，指出："你们秋季作战的重点应放在卫立煌范汉杰系统，不要预先涉想打了范汉杰几个师以后就去打傅作义指挥的承德十三军。""你们可以在北宁线上展开大规模作战，在此线上作战补给较便利。这又是中间突破的方法，使两翼敌人（卫立煌、傅作义）互相孤立。因此，你们主力不要轻易离开北宁线，要预先设想继续打锦州、山海关、唐山诸点，控制整个北宁路（除平津段）于我手，以利尔后向两翼机动。"9月7日，毛泽东再次致电林、罗、刘，明确阐述了南下北宁线的作战方针：

　　　　你们现在就应该准备使用主力于该线，而置长春、沈阳两敌于不顾，并准备在打锦州时歼灭可能由长、沈援锦之敌。因为锦、榆、唐三点及其附近之敌互相孤立，攻歼取胜比较确实可靠，攻锦打援亦较有希望。如果你们以主力位于新民及其以北地区准备打长、沈出来之敌，则该敌因受你们威胁太大，可能不敢出来。一方面长、沈之敌可能不出来，另一方面锦、榆、唐诸点及其附近之敌（十八个旅）则因你们去的兵力过小，可能收缩于锦、唐两点，变为不甚好打而又不得不打，费时费力，这样就有可能使自己陷入被动地位。不如置长、沈两敌于不顾，专顾锦、榆、唐一头为适宜。再则，今年九月至明年六月的十个月内，你们要准备进行三次大战役，每次准备费去两个月左右时间，共费去六个月左右时间，余四个月作为休息时间。如果在你们进行锦、榆、唐战役（第一个大战役）期间，长、沈之敌倾巢援锦（因为你们主力不是位于新民而是位于锦州附近，卫立煌才敢于来援），则你们便可以不离开锦、榆、唐线连续大举歼灭援敌，争取将卫立煌全军就地歼灭。这是最理想的情况。于此，你们应当注意：（一）确立攻占锦、榆、唐三点并全部控制该线的决心。（二）确立打你们前所未有的大歼灭战的决心，即在卫立煌全军来援的时候敢于同他作战。（三）为适应上述两项决心，重新考虑作战计划并筹办全军军需（粮食、弹药、新兵等）和处理俘虏事宜。

在接到毛泽东这封电报的同一天，林彪、罗荣桓、刘亚楼、谭政签发了《北宁线作战政治动员令》，指出："新的行动作战对全军、对各兵团皆是一新的考验和巨大的锻炼，这一战略机动的胜利，将决定我们各级党委的领导和军事指挥上的艺术及全体指战员的高度英勇精神，不怕疲劳，不怕伤亡，不怕小的挫折和异常忍受困难和克服困难的精神，以适于连续作战的需要，必须把全军觉悟提高到最高度，并以积极的精神去运用战术与技术。在这样的条件下，我们定能获得伟大的胜利，给全国以重大的配合。"

辽沈战役作战方针落定，毛泽东紧接着把目光转向全国。

9月8日至13日，中共中央在河北平山县西柏坡召开政治局会议（亦称九月会议）。毛泽东在报告中指出："我们的战略方针是打倒国民党，战略任务是军队向前进，生产长一寸，加强纪律性，由游击战争过渡到正规战争，建军五百万，歼敌正规军五百个旅，五年左右（从一九四六年七月算起）根本上打倒国民党。"中共中央"决定人民解放军第三年仍然全部在长江以北和华北、东北作战"。

东北战场历经半年之久的沉寂，终于迸发出天崩地裂般的炸响。黑土地以从未有过的阵痛，经受着历史空前的血与火的洗礼。

毛泽东把解决东北问题的关键放在锦州，打消了林彪的顾虑，一锤定音。蒋介石也把注意力放在锦州，却无法说服卫立煌，举棋不定。历史在这一瞬之间，便发生了翻天覆地、扭转乾坤的巨变。

一场决定中国前途与命运的战略性大决战首先在东北展开。

毛泽东、周恩来在西柏坡

第六章 攻克锦州

林彪的犹豫：准备的是一桌菜，上来了两桌客

9月12日，东北野战军主力从长春、四平等地南下北宁线，发起辽沈战役。

林彪一声令下，东北野战军首先以6个纵队突然奔袭北宁线，直指义县、锦西、兴城、绥中、山海关5城，孤立锦州，以5个纵队摆在沈阳以西以北地区，监视沈阳主力动向，以1个纵队和6个独立师紧锁长春。

东北战事急剧升温，再度成为全国瞩目的热点。

东北野战军第2兵团司令员程子华、参谋长黄志勇指挥第11纵队和冀察热辽军区独立第4、第6、第8师，骑兵师，炮兵旅等部出击北宁线锦州以南诸点，首先发起攻势。9月12日，独立第4、第8师包围绥中、兴城。9月14日，第11纵队在司令员贺晋年、政治委员陈仁麒指挥下，攻占昌黎，17日攻克北戴河。

9月16日，由司令员吴克华、政治委员莫文骅指挥的第4纵队和由司令员詹才芳、政治委员李中权指挥的第9纵队，进至锦州以北，包围义县。20日前后，由司令员韩先楚、政治委员罗舜初指挥的第3纵队和由

司令员苏进、政治委员邱创成指挥的炮兵纵队主力以及第2纵队第5师，到达义县，接替第4、第9纵队包围义县的任务。第4、第9纵队向锦州攻击前进。由司令员段苏权、政治委员邱会作指挥的第8纵队进至锦州以北。由司令员邓华、政治委员吴富善指挥的第7纵队插至锦州以南。

9月25日，第8、第9纵队以渗透战法攻占锦州以北葛王碑、薛家屯、帽山、白老虎屯等要点。27日，第4纵队攻占塔山。第7纵队在第9纵队配合下攻占高桥和西海口。

北宁线攻势凌厉，范汉杰连电乞援。蒋介石起初并未料到东北野战军的决战性战略意图，又因华东野战军攻打济南，他亲自指挥解济南之围，因此对东北战事未给予过多的重视。孰料9月24日济南已被解放军攻克，锦州又突呈危急之势。蒋介石一面期待着第二绥靖区（济南）司令官王耀武的下落，一面电召东北"剿总"总司令卫立煌到南京。蒋介石决定从沈阳空运第49军到锦州，加强锦州防守力量，同时要卫立煌由沈阳出兵解锦州之围。

东北野战军主力南下北宁线，发起辽沈战役

9月26日，蒋介石派参谋总长顾祝同和卫立煌飞回沈阳指挥援锦作战。途经锦州上空，顾祝同、卫立煌给范汉杰发了一封电报："大计已决，即开始行动。"

卫立煌回到沈阳，立即将廖耀湘找去。他虽然没有当面反对蒋介石的意见，内心里还是不愿意接受蒋介石的决定。廖耀湘此时也弄不清蒋介石的真实意图，他倒是觉得应该利用东北共军主力进攻锦州，辽南空虚之时，袭取营口，这样退可避免决战，迅速快捷，进可北出大洼、沟帮子，处于锦州地区共军侧背，安全可靠。他们两人几经权衡利害，决定将守沈阳与出营口两个方案提请顾祝同报蒋介石决定。当晚，卫立煌邀顾祝同和廖耀湘一起共进晚餐。席间卫、顾两人谈了一些过去同事时期的愉快的回忆，气氛相当友好。饭后，他们三个人一同到小客厅边喝咖啡边继续聊，卫立煌很自然地把话题转到执行蒋介石命令的问题上来。

卫立煌说："总统要求沈阳主力直出辽西，一路侧敌行军，远出解锦州之围的方案，实行起来危险太大。因为共军很可能围城打援。"他看了一下廖耀湘，又说，"廖司令官在东北比较久，对东北各方面情况熟悉，又是主要负实际责任执行命令的人，你可以听听他的意见。"

顾祝同转向廖耀湘，客气地说："你有什么意见？可以详细谈谈。"

廖耀湘会意，说："我们现在最主要的问题，是如何安全迅速撤退沈阳主力的问题。5月初总统在南京召集我们开会的时候，就决定要撤退沈阳的主力。我们已商订出两个方案。"接着，他将守沈阳和出营口两个方案详细地陈述一遍。

顾祝同说："总统的命令，主要不是如何安全撤退沈阳主力的问题，而是要你们出辽西，东西对进，夹击锦州地区的共军，以解锦州之围的问题。"

卫立煌插话道："按照总统的办法做，很可能锦州之围未解，先送掉沈阳的主力。总统早就答应我抽调军队增援东北，以打通锦沈交通，现在正是时候。"

廖耀湘从旁附和说："总统早在5月初就要撤退沈阳的主力，因此我认为要沈阳主力出辽西直接解锦州之围，很可能是罗泽闿等人的纸上计划，图上作业。不一定是总统的真正意旨。"

顾祝同坚持说："总统的命令不能违抗，我是来监督你们执行命令的。"顾祝同不愿意就此再争论下去，离开时因顾及过去的情面，还是答应卫立煌将他们的意见电报蒋介石。

第二天，卫立煌也作出一种姿态，开始向锦州空运第49军的行动。及至下午，顾祝同打电话转告卫立煌，告之蒋介石回电说，仍要按他原来的命令执行。卫立煌将廖耀湘又叫来，神情不安地对他说："总统一定要我们立即出辽西增援锦州，你看怎么办？"廖耀湘一时也没了主意，沉思半晌说："沈阳主力不能在葫芦岛、锦州两地部队未会师之前单独出辽西！这是在时间和空间上如何配合的问题，我们不是不愿意执行或故意拒抗总统的命令，而是为了如何更好地挽救当前的局势，为了救全沈阳的主力。我认为总司令应该再犯颜直谏，坚持我们共同认为是真理的主张。"

经廖耀湘的怂恿，卫立煌顿时来了火气，"不能单独出辽西，这是真理！"他愤然地说，"我宁愿不干，也决不愿再使沈阳主力单独出辽西。"说完与廖耀湘一起又去劝说顾祝同。

卫立煌见了顾祝同，平抑心中的激动，装出一副苦相，以近乎哀求的口吻说："我们是多年同事和共患难的好友，我的事情，就像你自己的事情一样。我这次遇到平生以来从没遇到的困难，无论如何希望你帮忙解决。"他解释说，"我们不是不愿执行总统的命令，只是在时间和空间上如何配合的问题。我们只是要求在葫芦岛与锦州的部队会师之后，东西同时对进，以避免被共军各个击破。"

顾祝同面带难色地说："我已把你们的意见电告了总统，但总统仍然要你们执行他原来的命令。我是奉命行事，不能再向总统提这个问题。"

"这是关系几十万人命运的国家大事，你我都有责任，应该从长计议，很好商量。"卫立煌坚持说。

"这是总统的命令，不能违背。"顾祝同再一次强调说，"总统命令你们立即行动！"

东北野战军攻占义县

卫立煌无法控制内心的激动，站起来说："单独出辽西，一定会全军覆灭！你不信，我俩打个赌，划十字！"

廖耀湘见局面弄僵了，出来排解说："总司令是负一方大责的指挥官，事关数十万大军的命运，卫总司令的意见，恳请总长再三考虑。"这次谈话，结果不欢而散。

9月28日，顾祝同一早便将廖耀湘找了去，当面训斥说："总统比任何人都关切东北部队的命运。总统要你们经辽西出锦州，就是要把你们救出去。你们反坐着不愿意行动，回避战斗，这是不行的。你们这样贻误时机，我再不能代你们负责任。"接下来又说，"你们必须服从命令，先开始行动，才能再替你们说话。"

廖耀湘回去将顾祝同的意见报告卫立煌，卫立煌无可奈何地说："就这样办，先集结部队。"

卫立煌、廖耀湘再一次去见顾祝同，表示执行命令，先开始行动，令军队向巨流河、新民地区集中，并请顾祝同向蒋介石转述他们的意见。

顾祝同很高兴，说："我明天回南京，你马上下命令，并将命令底稿交给我一份带回南京去。"

就在顾祝同说服卫立煌准备开始行动的当天，林彪、罗荣桓、刘亚楼致电中共中央军委："我们已决定先攻锦州再打锦西。"同日，第9纵队附炮兵纵队一部，封锁了锦州机场，击毁飞机5架，切断国民党军空运。独立第4、第6、第8师攻克绥中。

9月29日5时，毛泽东复电林、罗、刘："先打锦州，后打锦西，计划甚好。"并指出:"你们是否尚有足够兵力确有把握地于二十天左右时间内,歼灭义县、锦州、锦西三点之敌。我们认为,你们必须将作战重心放在攻占这三点上面,因为这是你们整个战局的关键。如果以现到锦州地区各纵难于在二十天左右时间内攻占三点,则宜从现位沈阳以西各纵中抽调一部加强之,确保迅速攻占三点至少三点中之两点。""因此,你们是否能取得战役主动权(当然战略主动权是早已有了的),决定于你们是否能迅速攻克三点,尤其是锦州一点。""我们觉得,首先攻占锦州是有较大把握的,并且是于全局有利的。"毛泽东在电报最后还督促林罗刘要加快行动,指出:"我军从九日出动,至今日已二十一天,尚未开始攻击义县,动作实在太慢,值得检讨。"

同日,林、罗、刘将攻锦部署电告中共中央军委,并认为:"锦州是敌薄弱而又要害之处。故沈敌必大举增援。长春敌亦必乘机撤退。""故此次锦州战役可能演成全东北之大决战,可能造成收复锦州、长春和大量歼灭沈阳出援之敌的结果。我们将极力争取这一胜利。"30日,毛泽东复电指出:"决心与部署均好,即照此贯彻实施,争取大胜。"

9月29日,第4纵队攻占兴城。第3纵队、第2纵队第5师和炮兵纵队主力,在韩先楚、罗舜初统一指挥下,开始攻打义县外围据点。10月1日开始攻城,由于攻城部队事先挖了大量交通壕,展开近迫作业,炮兵与步兵密切协同,只4个小时激战,攻占义县,全歼第93军暂20师及1个骑兵支队约万人,俘师长王世高、副师长韩润珍。

在义县战斗结束时,一直亲自指挥炮兵作战的东野炮兵司令部司令员朱瑞进城检查突破口炮兵破坏射击情况,途中触雷,不幸牺牲。朱瑞是人民解放军在解放战争时期牺牲的重要高级将领。

炮兵司令员朱瑞

中共中央在唁电中指出："朱瑞同志在中国人民解放军的炮兵建设中功勋卓著，今日牺牲，实为中国人民解放事业之巨大损失。"

9月30日下午，林彪、罗荣桓、刘亚楼率东北野战军指挥机关由双城乘火车北上哈尔滨，绕道齐齐哈尔，经昂昂溪南下，开赴锦州前线。

同一天，蒋介石在听了顾祝同的汇报后，携海军总司令桂永清、空军总司令周至柔、联勤总司令郭忏、总统府军务局长俞济时、总统府参军罗泽闿等由南京飞赴北平，亲自指挥增援锦州。

扼守关内外咽喉要道的锦州，顿时成为热点中的焦点。

蒋介石到达北平的当天下午，便和华北"剿总"总司令傅作义紧急商讨由华北出兵增援东北的问题。国防部第三厅（作战厅）按照蒋介石的意图，事先拟定了《关于对华北剿总辽西作战指导概要》，要点是华北"剿总"以有力部队4个军组成东进兵团，于10月10日前在山海关地区完成集结，开始攻击前进；范汉杰部集中现有兵力固守锦州、锦西、葫芦岛诸点；沈阳部队击破彰武、新立屯方面共军后，再向西疾进，与东进兵团协力夹击共军。空军、海军以主力全力支援辽西作战。但是此时华北人民解放军正在举行察绥战役，傅作义认为4个军调不出，只能以位于天津、唐山一带的第62军、第92军等部增援东北。因此蒋、傅反复磋商的结果，是从华北抽出第62军、第92军（1个师）、独立第95师，将烟台第39军（2个师）海运葫芦岛，连同锦西地区的第54军（4个师），计11个师编成东进兵团，由第17兵团司令官侯镜如指挥，由锦西东进，经塔山增援锦州。

蒋介石本欲要傅作义指挥华北、东北两区作战，傅作义不愿赴命，推托说："此事关系国家前途大计，本人资浅能鲜，不堪重任，只有委座德高望重，以统帅地位亲自指挥，才能奏效。"蒋介石不得已只好亲自坐镇北平，指挥东北作战。

10月2日，蒋介石飞抵沈阳。他首先单独召见卫立煌，告之此次增援东北的作战计划，卫立煌仍坚持自己一贯的主张，蒋介石十分气愤。当日下午3时，他召集东北军长以上军官会议，压迫东北将领执行他的命令和计划。作战厅长郭汝瑰说明了作战计划，即组成东进兵团，配合沈阳兵团西进，要求沈阳兵团出击彰武、新立屯实施小型歼灭战，"苟能歼敌一个纵队，则全局均好转无疑"。接着，蒋介石训话，要求各军长、司令官努力达成任务，完成"戡乱"大业。他说："锦州一失，则沈阳比长春亦不如，盖长春今日尚可望沈阳援助也。"蒋介石说着语出悲观，"沈阳不可再弄成长春局面，辽西会战如有失败，则与各位无见面日期矣！"晚间，蒋介石又与师长以上将领和厅长以上官员一同会餐。餐后，他又对师长以上将领讲话，鼓劲说："我这次来沈阳是救你们出去，你们过去要找共军找不到，现在东北共军主力已经集中在辽西走廊，这正是你们为党国立功的机会。我相信你们能够发挥过去作战的精神，和关内我军协同动作，是一定可以成功的。"

蒋介石在沈阳还单独召见了廖耀湘。因沈阳主力部队都掌握在他的手中，廖成了举足轻重的人物。蒋见了廖的面大发脾气，训斥他说："你是我的学生，为什么也不听我的命令？"不容廖分说，便劈头盖脸道，"这次沈阳军队直出辽西，解锦州之围，完全交你负责，如有贻误，也唯你一个人是问。"

廖耀湘直到此时还是没有领会蒋介石的意图，还在为他出营口的方案而自赏。他申述道："我们不是不愿意奉行总统的命令，而是在实施方法上如何更好地达到总统命令所规定的目的。总统5月初在南京接见我的时候，就决定把沈阳主力撤往锦州。现在的问题是如何利用共产党进攻锦州的时机，把沈阳主力迅速安全撤出去的问题。"他进一步说，"在目前情况下，要迅速安全地撤出沈阳主力，那只有出营口。"并信誓旦旦地说，"出营口连一副行军锅灶都不会丢掉。"

"现在不纯粹是撤退东北主力的问题，而是要在撤退之前与东北共产党进行一次决战，给他一个大的打击，否则华北就有问题。"蒋介石道出了他内心的想法，然后对廖说："当大将，一定要顾虑全局，你应该考虑到整个局势，好好努力完成这一次任务。"

廖耀湘这才明白蒋介石是要进行战略性决战，他和卫立煌都没有弄清楚蒋介石的决心和意图，因此他毅然表示："力求完成总统授予的任务！"

蒋介石与廖耀湘谈完之后，再次召见卫立煌，并接见了周福成、王铁汉等人，确定了沈阳兵力行动部署，由廖耀湘率领机动兵团（西进兵团）西进援锦，由周福成负责守备兵团。然后于10月3日离开沈阳飞回北平。

在蒋介石飞抵沈阳的当天，林彪、罗荣桓、刘亚楼率东野指挥机关乘坐的列车行抵郑家屯以西，因白天躲避国民党军空袭隐蔽。这时林彪收到一份敌情报告，获悉国民党军新5军及独立第95师已海运葫芦岛。林彪判断葫芦岛和锦西守军会合后必将全力增援锦州，而锦西与锦州相距仅约50公里，地形无险可守，阻援兵力不足，不一定能堵得住，因此对打锦州又动摇起来，说："准备的是一桌菜，上来了两桌客，怎么办？"林彪考虑再三，仍下不了决心，及至深夜10时，他叫来秘书口授了一份电报：

军委：

一、得到新五军及九十五师海运葫芦岛的消息后，我们在研究情况和考虑行动问题。

二、估计攻锦州时，守敌八个师虽战力不强，但亦须相当时间才能完全解决战斗。在战斗未解决前，敌必在锦西、葫芦岛地区留下一两个师守备，抽出五十四军、九十五师等五、六个师的兵力，采取集团行动，向锦州推进。我阻援部队不一定能堵住该敌，则该敌有与守敌会合的可能。在两锦间，敌阵地间隙不过五六十里，无隙可图。

三、锦州如能迅速攻下，则仍以攻锦州为好，省得部队往返拖延时间。

四、长春之敌经我数月来围困，我已收容敌逃兵一万八千人左右，外围战斗歼敌五千余。估计长春守敌现约八万人，士气必甚低。我军经数月整补，数量质量均大大加强，故目前如攻长春，则较六月间准备攻长春时的把握大为增加，但须多延迟半月到二十天时间。

五、以上两个行动方案，我们正在考虑中。并请军委同时考虑与指示。

林、罗、刘

林彪授毕，秘书马上整理出来交他阅过，然后照例速送罗、刘圈阅，即以特级绝密电发出。

列车在黑夜中继续向南行驶。急速运转的车轮碾压着铁轨有节奏地发出沉闷的震荡声，划破了大地的沉寂。车头喷出的浓烟翻滚着被抛在车后，很快消失在空旷的原野。

乌云疾走，月光时隐时现。

林彪半坐半卧地倚在临时搭起的床上，眯着双眼，仍无睡意。随着列车的摇晃，他的大脑像钟摆一样在锦州、长春间摆来摆去。不觉间，天又亮了。

10月3日晨8时，列车进抵彰武以北冯家窝堡隐蔽。这一夜罗荣桓、刘亚楼也没有睡安生，他们觉得此时提出回师打长春确实不妥当。吃早饭的时候，他们两个一起来到林彪处，提出了对这个问题的不同意见。林彪经过一夜的思虑，也感到有些后悔，当即吩咐秘书到机要处追回那份电报。

秘书急急忙忙跑到机要处去查。因为是特急电报，机要处随到随译已于清晨4时发出了。秘书回来报告，刘亚楼焦急地说："怎么办？"林彪半闭着双眼，不再言语。罗荣桓提议说："再发一份电报，说明我们继续打锦州。好在上次电报也没有说死。"

林彪犹豫了一下，然后睁开眼对罗荣桓说："是不是请你执笔？"

罗荣桓客气了一下，说："好吧，大家凑。"

于是罗荣桓拿起笔，大家你一句，我一句，很快就起草完了。罗荣桓从头到尾又念了一遍，然后把电报稿交给林彪。林彪拿起笔，将电报开头"前电作废"这句话划掉了，其他未做改动，便顺手递给刘亚楼表示同意发出。

10月3日9时，未等中共中央军委复电，林、罗、刘又发出了第二封电报："我们拟仍攻锦州。"

远在西柏坡的毛泽东看到林罗刘的第一封电报，非常生气，于10月3日17时和19时连发两电，极为严厉地批评了林罗刘。

电示一：

175

（一）你们应利用长春之敌尚未出动，沈阳之敌不敢单独援锦的目前紧要时机，集中主力，迅速打下锦州，对此计划不应再改。在义县、兴城、绥中之敌已被歼灭的情况下，葫芦岛、锦西地区虽然已增加新五军及九十五师，并准备以四个师打通两锦交通，你们可以于攻锦州之同时，部署必要兵力于两锦交通线上，首先歼灭由锦西增援锦州四个师，然后打下锦州。在五个月前（即四、五月间），长春之敌本来好打，你们不敢打；在两个月前（即七月间）长春之敌同样好打，你们又不敢打。现在攻锦部署业已完毕，锦西、滦县线之第八第九两军亦已调走，你们却又因新五军从山海关、九十五师从天津调至葫芦岛一项并不很大的敌情变化，又不敢打锦州，又想回去打长春，我们认为这是很不妥当的。

（二）你们指挥所现在何处？你们指挥所本应在部队运动之先（即八月初旬），即到锦州地区，早日部署攻锦。现在部队到达为时甚久，你们尚未到达。望你们迅速移至锦州前线，部署攻锦，以期迅速攻克锦州。迁延过久，你们有处于被动地位之危险。

电示二：

本日十七时电发出后，我们再考虑你们的攻击方向问题，我们坚持地认为你们完全不应该动摇既定方针，丢了锦州不打，去打长春。除了前电所述之理由外，假定你们改变方针，打下了长春，你们下一步还是要打两锦。那时，第一，两锦敌军不但决不会减少，还可能增加一部，这样将增加你们打两锦的困难。第二，目前沈阳之敌因为有长春存在，不敢将长春置之不顾而专力援锦，你们可利用长春敌人的存在，在目前十天至二十天时间（这个时间很重要），牵制全部、至少一部分沈阳之敌。如你们先打下长春，下一步打两锦时，不但两锦情况变得较现在更难打些，而且沈敌可以倾巢援锦，对于你们攻锦及打援的威胁将较现时为大。因此，我们不赞成你们再改计划，而认为你们应集中精力，力争于十天内外攻取锦州，并集中必要力量与攻锦州同时歼灭由锦西来援之敌四至五个师。只要打下锦州，你们就有了战役上的主动权，而打下长春并不能帮助你们取得主动，反而将增加你们下一步的困难。望你们深刻计算到这一点，并望见复。

毛泽东在这两封电报中，把打锦州的战略意图说得清清楚楚，明明白白。

毛泽东和蒋介石都在瞩目锦州。这场纵横千古的大决战，注定要在锦州发出震撼时代的波澜。

蒋介石飞来飞去，频繁磋商，耳提面命，卫立煌就是磨磨蹭蹭。毛泽东电波声声，往来不绝，一再点拨，林彪还是犹豫不决。

但是蒋介石在沈阳总算拿到卫立煌开始行动的命令，才返回北平安稳地睡上一觉。而此时此刻，毛泽东还在西柏坡夜不能眠，焦急地等待着林彪的回音。

林罗刘的第二封电报直到半夜才转到毛泽东的手上。毛泽东急速地浏览了一遍，顿时转怒为喜。待他起草完给林罗刘的回电，天已黎明。

10月4日6时，毛泽东致电林罗刘："你们决心攻锦州，甚好，甚慰。"并指出，"你们决定以四纵和十一纵全部及热河两个独立师对付锦西、葫芦岛方面之敌，以一、二、三、七、八、九共六个纵队攻锦州，以五、六、十、十二共四个纵队对付沈阳援锦之敌，以九个独立师对付长春之敌，这是完全正确的。你们这样做，方才算是把作战重点放在锦州、锦西方面，纠正了过去长时间内南北平分兵力没有重点的错误（回头打长春那更是绝大的错误想法，因为你们很快就放弃了此项想法，故在事实上未生影响）。""从这件事，你们应取得两个教训：第一个教训，是你们的指挥所应先于部队移动到达所欲攻击的方向去（这一点，我们在很早就向你们指出了），由于你们没有这样做，致使你们的眼光长期受到限制。第二个教训，是在通常的情况下，必须集中主力攻击一点，而不要平分兵力。""在此以前我们和你们之间的一切不同意见，现在都没有了。希望你们按照你们三日九时电的部署，大胆放手和坚持地实施，争取首先攻克锦州，然后再攻锦西。"

林罗刘于10月3日下午4时由彰武冯家窝堡继续向锦州前进。4日午夜，到达阜新海州。5日下午3时由海州改乘汽车向田家屯前进，当晚进驻锦州西北牤牛屯。

从此，东北野战军锦州前线指挥所在这个距锦州城仅有十多公里的小山村开始了纵横大决战的日日夜夜。

毛泽东说关键是攻克锦州，林彪说塔山是关键中的关键

林彪到达锦州前线的当天，蒋介石由北平飞赴天津。第二天，他携桂永清、侯镜如、俞济时、罗泽闿等由天津塘沽新港乘"重庆"号巡洋舰赴葫芦岛，亲自部署东进兵团援锦行动。

"重庆"号巡洋舰于上午9时驶抵葫芦岛港码头，蒋介石在舰上延见第54军军长阙汉骞、东北"剿总"副总司令兼葫芦岛指挥所主任陈铁（卫立煌于10月初派到葫芦岛的）、东北"剿总"锦州指挥所参谋长唐云山（范汉杰派驻葫芦岛的）、总统特派华北战地督察组长罗奇等，询问了最近情况的发展。下午1时，蒋介石在第54军军部召集会议，向几位高级指挥官面授他的作战计划。下午3时，又召集驻锦西、葫芦岛军队团长以上军官会议，他在讲话中说："这一次战争胜败，关系到整个东北的存亡。你们要有杀身成仁的决心。这次集中美械装备的优势部队，兼有空军助战和海军协同，一定可以击败共军。"他还向大家宣布这次作战由第17兵团司令官侯镜如统一指挥，要求大家绝对服从命令，并说："在侯司令官回去带部队未来之前，你们暂归第54军军长阙汉骞指挥，向塔山、锦州攻击。"同时指定海军总司令桂永清及第三舰队司令马纪壮指挥海军以舰炮协助陆军攻击塔山。会后，蒋介石还与锦州指挥所主任范汉杰通电话，询问锦州情况。范汉杰担心无线电话容易泄密，只报告说："全线正在激战中。"

蒋介石部署停当，返回"重庆"号。当晚7时，在舰上设宴款待随行官员和锦西、葫芦岛一带驻军师以上军官30余人，大加慰勉。蒋介石

似乎对援锦作战颇有信心，兴之所致，于宴后又连吃了两个苹果。

10月7日一早，蒋介石得知第62军军长林伟俦已率部到达葫芦岛，又召见当面交代一番，说："此次共军攻打锦州，最多有7个纵队，等于7个师兵力，我们沈阳出5个军，华北出2个军，烟台来1个军，原驻葫芦岛有1个军，共有9个军兵力，足够援锦之用。"接着又劝勉说，"葫芦岛将由侯镜如负责指挥，他就要回去带军队来，在他未到以前，你暂归第54军军长阙汉骞指挥。你们是同学，他驻葫芦岛时间比较久，情况比较熟悉，要好好配合。"然后乘"重庆"号返回天津塘沽，于当日改乘火车回北平。蒋介石走后，阙汉骞对林伟俦吹嘘说："总统亲来葫芦岛，比增加十万大军还强。"

蒋介石离开葫芦岛之时，林彪、罗荣桓、刘亚楼正亲临锦州城北9公里的帽山，察看地形，为攻打锦州选定攻击目标和突破点。回到住处，林彪又把参谋处长苏静叫来了解义县攻城作战经验。在林彪等人从阜新赶往锦州前线途经义县时，苏静曾简略地汇报了攻打义县的情况，这次他又把部队挖交通壕接敌增加攻击突然性的打法详细地说了一遍。林彪听得非常认真，问苏静说："要用多少兵力挖？"苏静回答说："据第5师参谋长汪洋说，除尖刀连外，要用绝大部分的兵力日夜抢挖，多则三条五条，直到冲锋出发地近前。"林彪听了很受启发，立即口授电报，将这一经验发给攻锦各纵队、各师，要求"每个师需以六个营的兵力（三分之二的兵力）全部用于挖交通沟，只留下担任尖刀部队在后面进行充分的突击准备，绝不可只依少数部队挖交通沟。"还规定每个师要挖3到5条宽深1.5米的交通沟。当日，林彪令第2、第3、第9纵队和炮兵纵队首长明日到帽山集合，再看地形。

10月8日，林彪、罗荣桓、刘亚楼再次登上帽山，与攻锦纵队首长进一步勘察敌情、地形，研究攻锦部署。根据锦州城垣及外围地形地物和守军防御体系，确定以城北为主要突击重点。林彪对第9纵队攻打帽山和封锁机场的表现很满意，当即指示詹才芳，要部队转入城南作战后配合好第7纵队。之后，林、刘到第3纵队指挥所，单独指示韩先楚，实地明确攻击目标和突破口以及组织步炮协同问题。林、罗又去第2纵队指挥所，当面嘱咐刘震，要搞好担任突出任务的各个部队之间的

179

林彪（中）、罗荣桓、刘亚楼登上锦州城北帽山，部署攻锦作战

协同配合。

当天攻锦部署大体完成：决以5个纵队攻城，第2、第3纵队和第6纵队第17师，炮兵纵队主力，配属坦克15辆，组成北突击集团，由第3纵队司令员韩先楚、政治委员罗舜初统一指挥，从城北和西北并肩向南实施主要突击；第7、第9纵队，配属炮兵一部，组成南突击集团，由第7纵队司令员邓华、政治委员吴富善统一指挥，从城南向北突击；第8纵队配属第1纵队炮兵团组成东突击集团，由司令员段苏权、政治委员邱会作指挥，从城东向西突击。第一步消灭城东半部守军，然后消灭西半部及飞机场守军，决以第1纵队（欠第3师）位于锦州与塔山之间，作为阻援及攻锦州的总预备队。刘亚楼高兴地说："这次是请5大主力会餐，看谁吃得快，吃得多，吃得好！"

刘亚楼的一番快言快语，把大家伙儿都说乐了。可是一向精细的林彪却没有多少笑容。问题还是出在了第8纵队。先前林彪让第8纵队封锁锦州机场，因锦州有两个机场，一个能用，一个废弃，第8纵队参谋长回电问打哪个，刘亚楼气得骂了句："吃草的？"结果耽误两天，致使沈阳第49军第79师两个团空运到锦州，所幸第9纵队接令后动作快，及时封锁了机场。毛泽东就此事复电批评说："大军作战，军令应加严。"眼下攻锦在即，第8纵队打下小紫荆山，又把阵地丢了，并且没有及时上报。林、罗、刘是在国民党电台吹嘘"紫荆山大捷"的消息中得知的。林彪为此大发脾气，罗荣桓也感到事态严重，于当晚与刘亚楼赶到第8纵队指挥所。罗荣桓严厉地批评了第8纵队首长，说："从丢失阵地不及时报告和封锁机场耽误两天这件事，你们应当很好地吸取教训。战争中情况瞬息万变，拖延了时间会贻误战机，影响整个战局的。这不是件小事，你们要作深刻检查。"第8纵队首长感到压力很大，没说的，执行战场纪律，将丢弃阵地的连长枪毙，立即组织反击夺回阵地。

林彪还有一个心事，那就是塔山。他估计打锦州时锦西援军必拼死增援，两锦相距甚近，的确带有很大的冒险性。沈阳援军似有攻取彰武，切断后方补给线之动向，不过距离锦州较远，时间上尚有回旋余地。此前他已电示打援部队在塔山采取攻势防御（不是运动防御），在彰武一带采取运动防御，总之是为攻打锦州争取时间。但塔山距锦州国民党军阵地约30公里，距锦西不足10公里，是攻锦打援的关键。林彪对塔山还是不放心，他叫来苏静，对他说："锦州地形有利于发扬火力，攻取锦州看来没有问题，关键在于能不能守住塔山。你到塔山告诉4纵的首长，希望他们死打硬拼坚决地守住阵地，创造模范的英勇顽强的防御战例。"罗荣桓也叮嘱说："塔山这个方向很重要，有的部队打仗对部队伤亡大了会有顾虑，但这次不能怕大的伤亡，要坚决挡住。过去打这种防御战经验不多，我们考虑你去4纵和他们研究并告诉他们这个仗要打好，有什么情况可以及时同我们联系。"

10月9日，林罗刘将攻锦部署电告中共中央军委。第二天，毛泽东复电指出："这一时期的战局，很有可能如你们曾经说过的那样，发展成为极有利的形势，即不但能歼灭锦州守敌，而且能歼灭葫、锦援敌之一部，而且能歼灭长春逃敌之一部或大部。如果沈阳援敌进至大凌河以北地区，恰当你们业已攻克锦州、使你们有可能转移兵力将该敌加以包围的话，那就也可能歼灭沈阳援敌。这一切的关键是争取在一星期内外攻克锦州。""你们的中心注意力必须放在锦州作战方面,求得尽可能迅速地攻克该城。即使一切其他目的都未达到,只要攻克了锦州,你们就有了主动权,就是一个伟大的胜利。"

毛泽东将攻克锦州的时间规定在一个星期,并让林罗刘两三天报告一次敌情我情。林彪眼睛紧盯在塔山,派苏静坐镇塔山随时随地报告战况。

攻克锦州成为整个战局的关键,守住塔山又是关键中的关键。

10月9日,锦州外围战斗打响。范汉杰迭电葫芦岛紧急求援。阙汉骞在葫芦岛听到锦州方面紧密的炮声,沉不住气了,他担心如果锦州一旦被攻克,葫芦岛部队还未响一枪一炮,无法向蒋介石交代,因此欲当即开始进攻。林伟俦因第62军后续部队下午才能到齐,当面情况不明,认为过早行动不太适宜。两人交换一下意见,决定于10日拂晓行动,并电告蒋介石。

塔山方面,东北野战军第2兵团指挥部和打援部队于8日已全部到达指定位置。程子华带领兵团指挥部和打援部队团以上干部亲临塔山地区最高点白台山,进行现场勘察,研究防御部署。

塔山,东临渤海,西靠白台山和虹螺山。塔山堡是一个有百十户人家的小村庄,村中间是一条锦西通往锦州的公路,东侧是铁路,南边有一条宽约30米近乎干涸的饮马河,周围是起伏的丘陵,中间较为低洼平坦。虽名为塔山,并无险可守。国民党军东进兵团增援锦州,这里是必经之地。

研究防御部署时,出现守山和守屯子两种意见。如果以白台山为主要防御阵地,可居高临下,控制塔山堡,便于发挥火力;如以塔山堡为主要防御阵地,可依托村落,扼守交通要道,使国民党军重武器和大部队无法通过。程子华综合大家意见,最后决定死守塔山堡。兵力部署上,以第4纵队防守打渔山、塔山、白台山东山脚一线,以第11纵队接白台山东山脚阵地向西至老边一线防守,独立第4、第6师在东窑站、地藏寺、季家屯一线实施钳制。

打援各部按照部署,加紧构筑工事。程子华还亲临塔山堡第4纵队防御阵地检查。他看到阵地上构筑工事的热火朝天的情景,想起了抗战时期冀中反"扫荡"时的战法，说："那时在村沿挖掩体，利用围墙，一半在墙内，一半在墙外，既可以防敌人炮火袭击，又可以及时进行反击，很灵活又很有效。"大家觉得这个做法很好，立即照办，并在村内挖了几条交通沟，使前沿阵地与村外相连，便于互相支援。在第4纵队指挥所，程子华见到了从锦州指挥所赶到塔山的苏静。苏静转达了林彪、罗荣桓的意见。吴克华、莫文骅表示，决心打好这一仗，不惜牺牲1万人的代价，"死守阵地""与阵地共存亡"。程子华与苏静商定，请苏静留在第4纵队指挥所，直接向林彪等首长报告塔山战况。

10月10日拂晓，塔山阻击战打响。

阙汉骞指挥3个师向打渔山、塔山、白台山一线发起攻击。凌晨3时30分，进攻铁路桥头堡阵地的暂62师以一部兵力偷袭打渔山阵地得手。吴克华得到报告，令负责守卫塔山堡的第12师师长江燮元立即组织反击。天色微明，反击的战士们一举夺回丢失的几个小高地，因海水涨潮，打渔山没有及时夺回。这时，国民党军的炮火突然猛烈地压向塔山一线，弥漫的海雾伴着腾起的硝烟浓重地笼罩着阵地，紧接着以密集的队形发起疯狂的冲击。

阙汉骞根本没把塔山放在眼里，只半个小时炮火轰击，便发起冲锋。第8师攻打塔山正面，暂62师攻击铁路桥头堡，第151师迂回白台山，重点放在两翼。他以为不费多大力气，塔山便唾手可得。谁料，只白台山阵地一上午连续6次冲锋，都碰得头破血流。阻击部队实施近距离火力反击，第一梯队冲至前沿，被打得抬不起头来，第二梯队刚一集结，又被炮兵轰得无法组织有效的连续冲锋。

当天下午，总统府华北战地督察组组长罗奇同时带独立第95师从塘沽海运到达葫芦岛。他随即赶到前线查询战况，说："锦州战事激烈，我代表总统来督战，望加紧行动。"阙汉骞眼见一上午攻击未能得手，也亲上前线督战。前线各师长纷纷诉苦，说："炮兵没有把堡垒和铁丝网破坏，部队冲不上去，伤亡惨重，双方相距只有几十米，就是无法前进。"白台山没有进展，塔山堡、铁路桥头堡阵地一天来10次冲击，也未能前进一步。战至黄昏，阙汉骞被迫停止攻击。阻击部队趁此时海潮退落，一举夺回打渔山。

阙汉骞全线试探性攻击碰了钉子，吴克华料定很可能会重点攻击塔山堡。他令部队连夜恢复抢挖工事，准备应对更加严酷的攻势。第二天拂晓，阙汉骞又增加第157师，以4个师采取中央突破的战法，在两翼策应下，向核心阵地塔山堡发动猛攻。阙汉骞和林伟俦亲临塔山堡对面的鸡笼山高地指挥，并集中第54、第62军炮兵和海军舰炮火力，直指塔山堡和白台山阵地。

猛烈的炮火再次打破黎明时的寂静，塔山堡顿时淹没在一片硝烟火海之中。国民党军在炮火过后发起集团冲锋。守卫在村口前沿阵地的是34团1连，战士们从地堡中钻出，架好机枪，准备好手榴弹，紧盯着蜂拥扑来的国民党军。及至近前，机枪、步枪、手榴弹一齐突然开火，国民党军成片地倒下去。不大工夫又上来一拨，被同样击溃。国民党军正面攻击被压制住，又绕过地堡群，从两侧展开火力攻击。村沿阵地陷入一片混战之中。国民党军攻势越来越凶，炮火发疯似的倾泻在前沿阵地，工事被摧毁了，地堡被炸塌了，1连的战士们伤亡过半。国民党军很快冲进了前沿阵地。连长刘景山见状，立即带两个班反击，将国民党军压在村口一个大院里，一阵拼杀将其消灭了。这时上来一股国民党军把他们又包围了。刘景山高喊一声："上刺刀，跟我冲！"国民党军机枪封锁住大门口，冲不出去，一个大个子战士急中生智，几下子撞倒了

东北野战军在塔山顽强阻击国民党军"东进兵团"增援锦州

院墙，战士们从缺口处跃出，一个猛烈冲击将国民党军杀退。1营副营长鲍仁川在观察所里见此情景，飞奔入村，迅速把1连零散人员组织起来，展开拼杀。5连的战士们不待命令，紧随鲍仁川也冲进村里。34团政治委员江民风带领团预备队也冲了过来。在多路反击之下，国民党军死的死，伤的伤，余下的人夺路逃命。国民党军第8师中央突破的梦想，在34团铜墙铁壁面前又一次破灭。

与此同时，白台山阵地也是一场恶战。国民党军第151师猛攻泉眼沟阵地，36团警卫连因伤亡过大被换下休整，阵地曾一度被敌军占领，36团又派两个连压上去，迅速夺回阵地。第11纵队配合塔山正面防御作战，以第33师主动出击，攻占部分高地，扩展了防御纵深。

塔山鏖战正酣，锦州外围战斗也在紧张激烈地进行之中，沈阳西进兵团开始进占彰武。林彪决定14日开始总攻锦州，决心已定，但他的目光还是放在塔山方面。这一天，他下令让第4纵队副司令员胡奇才到第12师加强指挥，同时令第1纵队向高桥前进，策应塔山和锦州两面作战。

11日下午，侯镜如率第92军第21师从塘沽海运到葫芦岛，第17兵团部设在锦西中学。当晚，他召集葫芦岛、锦西各军军长、师长、参谋长等开会，研究作战部署。会上提出两个方案，一是主张以主力向塔山和白台山之间广阔地形和工事薄弱地区进击，绕到塔山之后，容易达成任务；一是主张以主力沿公路铁路进击，便于大兵团行动，加之塔山地势低洼容易发挥火力，又避免重新部署兵力。侯镜如同意后一种意见，决定以独立第95师担任对塔山的攻击，第62军继续担任白台山方向的攻击，第54军第8师担任铁路桥头堡的攻击，第21师、暂62师为总预备队，第54军另两个师担任后方守备，增派空军助战和海军舰炮火力配合。攻击部队由第62军军长林伟俦统一指挥。原拟于第二天拂晓行动，因罗奇提出让各部准备一天，特别是独立第95师新到对塔山地形不熟悉，需要到第一线侦察和研究步炮协同，因此改为13日拂晓开始攻击。

12日，塔山没有战况。这天，卫立煌和罗泽闿从沈阳飞抵葫芦岛。卫立煌见了侯镜如未作任何指示，只是悲观地说："你这个兵团解锦州之围，并与廖兵团会师不容易办到啊。"罗泽闿觉得这话听了有些泄气，当即指责说："这是总统的命令，非彻底执行不可。"卫立煌未再言语，视察完葫芦岛便与罗泽闿于当日返回沈阳。

经历两天战火燃烧的阵地，此时沉寂下来。守卫塔山的战士们清楚这将预示着更大规模的进攻。他们利用这一有利时机，抓紧加固加修工事。交通壕、堑壕加深加长，互相联接；明堡暗堡，虚实结合；前沿阵地埋上地雷，铁丝网、鹿砦加密加厚；每个战斗岗位都修有防炮洞和小型弹药库。一天下来，整个阵地工事，为之大变。吴克华、莫文骅预料明天的战斗将更加惨烈，决定缩小第12师防御正面，将铁路以东阵地交由第10师主力第28团接替，共同死守塔山。程子华到第4纵队视察阵地时也决定给第4纵队增派一个炮兵团，配置塔山堡方向。

13日4时30分，国民党军舰炮和数十门重炮一齐向塔山、白台山阵地猛轰，阻击部队炮兵立刻还击，双方展开激烈炮战。烟火完全掩盖了阵地，国民党军在轻重机枪火力的掩护下发起冲锋。独立第95师在华北战场能攻善守，有"赵子龙师"之称，极为骄狂，仍采用"波浪式"战法冲击。第一波梯队，无所顾忌，大胆挺进。及至塔山阵地前沿，被解放军突如其来的火力所阻止，连头都抬不起来，伤亡惨重，陷入进退不能的境地。白台山阵地同样攻击受挫，林伟俦报告说："各师营以下官兵伤亡很大，士气大降。"罗奇打电话给独立第95师师长："要不顾一切牺牲，非攻占塔山不可。"侯镜如也紧急呼叫空军助战。直到上午8点多钟，北平的飞机才赶来，投下几枚炸弹就飞走了。侯镜如、罗奇又亲自到第62军前进指挥所，同林伟俦研究决定，再次组织炮兵轰击，掩护步兵前进。

战斗更加激烈。独立第95师又展开"波浪式"冲击。一波被打下去，紧接着又上来一波，最后穷凶极恶，以前一波丢下的尸体当掩体冲锋。几经拉锯式的反复冲击，双方伤亡都很大。在铁路桥头堡阵地，第28团1营2连指导员程远茂带一个加强排死打硬拼，50多人的队伍只剩下7个人，国民党军的炮火又把他们与后方隔开了，弹药和增援都上不来。程远茂已做好了牺牲的准备，他告诉战士们："要战至每杆枪里只留一发子弹。"国民党军冲上来，战士们甩出仅剩的几枚手榴弹，有的开始用石头砸，副连长手中仅有的三梭子机枪子弹又打出去一梭子。情况已到了危急关头。国民党军见守备的战士们没有子弹了，壮着胆子又冲了上来。赤手空拳的战士们奋不顾身捡起国民党军扔过来的手榴弹，又甩了回去，副连长端起机枪又猛扫了一梭子。国民党军退了下去。副连长虚张声势地高喊："我们真的没子弹了，上来呀！"过了一会儿，国民党军试探着悄悄摸了上来。程远茂让战士们上好刺刀，准备决一死战。等到国民党军靠近壕边，战士们一下跃起，机枪、步枪一齐开火，射出最后的子弹。国民党军自知上当，夺命逃回。国民党军休整了一阵，准备再次发起冲锋，这时守备部队预备队冲了上来，国民党军纷纷溃退。战至黄昏，国民党军未能前进一步，只好停止攻击。

　　侯镜如在第62军指挥所紧急召集军师长会议。独立第95师师长报告说："侦察地形时，看到塔山没什么动静，以为共军兵力不多，阵地构筑也很简陋。开始攻击前，炮兵集中轰击，也没有发现目标。但当炮兵延伸射击，步兵前进到共军有效射程时，共军突然集中火力向我攻击部队射击，打得部队抬不起头来，这是在华北战场所没有遭遇过的。"各师长也同样诉苦："共军的障碍物破坏不了，我军无法前进，只有白白送死。"罗奇严厉地说："开会前接到总统来电，要明日拂晓拿下塔山，中午进占高桥，黄昏打到锦州。现在锦州战事非常激烈，要侯司令官坚决执行命令，这一战关系党国的存亡。我代表总统来督战，如有奉行命令不力者，将报请严办。"侯镜如决定按照原来部署于明日晨6时再攻塔山。

　　是日，林彪决定于14日11时总攻锦州，预计3天内结束战斗。令第2兵团和第4、第11纵队再死守几天，争取打下锦州。当晚，程子华决定第11纵队第31师移至老官堡、羊山甸子一线接替第4纵队第11师阵地，第11师作为机动兵力，加强塔山防御的稳定性。

　　14日晨5时30分，国民党军以数十门重炮和"重庆"号巡洋舰152毫米口径舰炮猛轰塔山，空军战斗机、轰炸机不久飞临塔山上空展开扫射和轰炸。接着又以4个师展开全线攻击。经过几天来的战斗，守备部队的战士们已经学会了躲避炮弹，阵地上除留下少数观察哨，其余都藏在地堡和掩体里。国民党军发起冲锋，战士们迅速进入阵地。国民党军以集团冲锋，他们以短促火力接敌。国民党军的一次次进攻，都被英勇的阻击战士一次次打退。国民党军再也使不出什么招法，不到中午攻势就被压下去。

当日，总攻锦州的战斗进展顺利，林彪令位于高桥地区的第1纵队全部投入塔山作战，归程子华统一指挥。塔山战斗激烈进行之时，李天佑给吴克华打电话说："我们奉命来做你们的预备队，现在高桥一带，我们随时可以支援上去！"吴克华更加增添了信心，他激动地回答说："4纵全体同志向1纵致敬！你们远道赶来，请先休息，一旦需要，就请老大哥纵队上。"经过一天的苦战，国民党军的攻势又被彻底粉碎。当天，林、罗、刘、谭给第4纵队胡奇才副司令员和第12师江燮元师长、潘寿才政治委员发来嘉奖电，指出："你们这种英勇顽强的防御战，是模范的，值得赞扬的。"

当晚，侯镜如再次召集军、师长会议，研究作战失利的原因。大家都推脱海、空军助战不力，各兵种得不到协同，却缄口不谈将不用命、兵无斗志这一根本的问题。在谈到第二天的攻击部署时，罗奇说："独立第95师伤亡过重，需休整一日，改由第21师接替独立第95师的任务。"侯镜如表示同意，随即结束了会议。当晚，北平战车部队海运到达葫芦岛。罗奇又来了精神，说："有了水牛（指战车），打下塔山就不成问题了。"

15日，国民党军又改变招法，趁天未亮摸进塔山堡阵地，企图乘阻击部队疲劳之际实施偷袭。哪知炊事员也是趁天黑赶到前沿阵地给守卫的战士们送来热饭热菜，战士们正在享受着"宵夜"，突然发现影影绰绰的几个人影伸进了院子里。机灵的战士们立刻明白过来，操起机步枪一齐开火，一鼓作气将国民党军逐出阵地。

国民党军偷袭不成，又发起了凶猛的攻势。阻击部队的炮火很快把国民党军截成几段，派上来的战车也被打得无法前进。靠近前沿阵地的国民党军被打得半天抬不起头来，这边的战士们纷纷展开阵前喊话："蒋军弟兄们，锦州已经完蛋了，再不要给蒋介石卖命了！""你们的退路已经被切断，放下武器，才是活路一条！"国民党军阵地仍没有动静，副营长鲍仁川派1班副班长卜凤刚深入敌阵，瓦解敌军。卜凤刚巧妙地接近国民党军阵地，隔着土坎喊道："缴枪吧，不要给蒋介石卖命了！"不大工夫，一个士兵向这边跑来，结果被后面的军官打倒了。卜凤刚看在眼里，又急又气，他一下子跃过土坎，几步蹿到国民党军跟前，高举着手榴弹喊道："缴枪不杀！不然我这铁馒头就开花了！"这时有两三

东北野战军浴血奋战6昼夜，坚守塔山，寸土未失

个人扔下枪支，一个军官模样的人刚要举起手枪，被卜凤刚一枪结果了性命。卜凤刚摇晃了一下手里的手榴弹，顿喝一声："谁敢开枪，饶不了他！"国民党军人群中一个士兵也骂了起来："谁开枪，先宰了他狗日的！"说着，又有三三两两的人扔下武器，向这边阵地走过来。紧接着，一个、二个、三个，然后一齐走了过来，一共124名。

侯镜如坐在指挥部里，听到锦州方向渐渐稀少的炮声，加之范汉杰整天未有音讯往来，料定锦州可能已经失守。他以极其复杂的心情无可奈何地下了最后的命令：全线撤退。

这场惊心动魄的鏖战，双方都付出了巨大的代价。国民党军白白送掉7000多条性命，始终未能越雷池一步。阻击部队也付出了巨大的牺牲，以伤亡3571人的代价，坚守塔山，寸土未失。

塔山村前的饮马河，几乎成了一条血河。

被炮火犁遍了的塔山阵地，完全成了一片废墟。房屋倒塌，树木断折，工事毁坏，堑壕掀平。战士们头上缠着绷带，满脸焦黑，衣衫褴褛，遍体伤痕。他们蹒跚着从烧焦的土地上站起，相互间紧紧地、长时间地拥抱在一起，默默地注视着苦战6昼夜用鲜血和生命换来的阵地。如血的残阳洒落在阵地上，在苍茫的夜幕中留下一抹血色的记忆。

范汉杰：“这一着非雄才大略之人是做不出来的。锦州好比一条扁担，一头挑东北，一头挑华北，现在是中间折断了。”

国民党军东进兵团受阻于塔山，西进兵团进至彰武徘徊不前，锦州如同一座沉下去的孤岛，被狂风巨浪卷没在汪洋大海之中。

范汉杰苦不堪言。先前蒋介石在飞赴沈阳时曾空投一封亲笔信，告之"正督促沈阳方面，抽调大军，前来解锦州之围"，要他"估量本身战力，如能坚守，则固守待援，如自量不能持久，则可转移至葫芦岛，以求得海上联络线"。他却主张"死守待援"。他本以为沈阳和锦西、葫芦岛两路有力援锦兵团很快可以解锦州之围，但几日过去仍杳无音信，遥遥无期。他开始动摇并产生一丝幻觉：决以锦州守军夹击塔山共军，与锦葫部队会师，然后回师北上，会合沈阳西进兵团与锦州共军决战。他的想法太完美了，完美得近乎天真。他忘记了，林彪25万大军压境，正虎视锦州，对他岂能无动于衷。卫立煌接到他的报告立即回电："锦州坚守不动，以免影响全局。"

范汉杰没有别的选择，只有自己咬牙坚持，独立苦撑。

林彪步步紧逼，攻势如潮。

10月9日起，攻锦部队开始横扫外围。

城南第7、第9纵队于9日攻占老爷岭、罕王殿山，继续进击南山、刘屯，前出女儿河北岸。城东第8纵队于10日重新夺回小紫荆山，尔后攻打百官屯、北大营，进迫城东关。城北第2纵队于11日攻占合成燃料厂、十二亩地，向团管区、师管区抵近；第3纵队于12日攻打配水池、大疙瘩（亮马山），直逼城北门户。

战斗一天比一天激烈。锦州守军的弹药完全靠空投补给，已接济不上，外围防守阵地被攻城部队猛烈的炮火所压制，全线均被突破，情势相当危急。范汉杰亲到锦州车站北面高地楼上和铁路局办公大楼上的观测所指挥，严令守军组织反击。他把锦州守军的总预备队新8军第88

师投入城南作战，协助由沈阳空运来的第79师，并令第184师沿女儿河一带布阵拒守。经两日激战，反复争夺，仍难以抵挡攻城部队的凌厉攻势，不得不退守南面土城。城东百官屯、北大营作战也连连失利，守军被迫向城内退守。城北团管区、师管区也相继失陷。配水池、大疙瘩据点虽经反复争夺，迄未奏功。

　　配水池、大疙瘩是锦州城北两个制高点，相距1公里左右，互为犄角，为守军城北屏障。特别是配水池，日本人在这里筑有钢筋水泥建筑，国民党守军以此作为防御堡垒，自诩"配水池是第二凡尔登""守配水池的都是铁打的汉"，派有一个加强营在这里据守。12日8时，第3纵队第7师第20团1营在炮火掩护下，向配水池发起强攻，迅速占领东北角4座红房子，冲击核心阵地。守军接连反扑，组织30余次进攻，均被击退。1营遭受重大伤亡，战斗进入白热化状态。营长赵兴元发出"一人一枪，战斗到底"的口号，重新组织火力，顽强反击。战士李长修在腹部被击穿的情况下，仍端着机枪扫射，直至壮烈牺牲。吴亚丁1人轮番使用4种武器，身负6处重伤，仍坚持战斗。战至下午3时，守军增调1个营的兵力，在5辆装甲车、2架飞机掩护下，再次发动反扑。1营在炮兵支援下，英勇抗击，击毁装甲车2辆，打着起火1辆，击毙团长王振威，重伤辎重团团长何象尧。下午5时30分，第20团3营从西南侧投入战斗，会同1营向核心工事展开围攻，经半小时激战，攻克配水池据点。第3纵队指挥所随即进至配水池。

　　13日6时，第8师第24团3营向大疙瘩再次发起攻击，迅速冲至北面前沿阵地，展开战壕争夺战。这时韩先楚司令员在配水池观察到国民党军正源源不断前来增援，遂令第8师调整部署。10时，2营以一部兵力控制了西北角，以一部兵力迂回至西南角并配合7连攻下西南角地堡，担任助攻的1营占领了东北角地堡。与此同时，第23团2营和第24团5连击退两个连的援军。12时，各攻击连队对核心工事大母堡展开全面进攻。7连战士吴连义、王玉环在战友连续爆破大母堡未成功的情况下，挺身而出，匍匐接近大母堡，将爆破筒插进枪眼和门口，并用身体死死堵住，以极其壮烈的行为，牺牲自己，炸毁地堡。至下午1时，大疙瘩据点终被攻克。

东北野战军突击部队隐蔽进至攻击城域，准备向锦州发起总攻

　　至此，锦州外围据点全部肃清，锦州城区已处于攻锦部队的瞰制之下。范汉杰为躲避攻锦部队的炮火袭击，于12日将设在锦州铁路局办公大楼住宅区内的东北"剿总"锦州指挥所移到锦州车站南面中央银行大楼的地下室，与第6兵团司令官卢浚泉设在锦州邮局大楼地下室的指挥所仅一街之隔。攻城各部在炮火掩护下昼夜不停地抢挖交通沟，突击部队于总攻前连夜进至前沿攻击地域。

　　锦州，位于辽西走廊，依山面海，是连接关内外的咽喉要道和军事重镇，自古有"山海要冲，边关锁匙"之称。300年前，清太宗皇太极率清兵于此大战明军洪承畴，为尔后入主京城扫清道路。3年前，国共争夺东北，毛泽东令林彪"一战解决问题"，林彪因势单力孤，放弃锦州决战的机会。3年后，毛泽东再次瞩目锦州，林彪亲率大军兵临锦城。

　　如果说莫斯科之战是拿破仑政治生命终结的决定点，斯大林格勒会战是希特勒法西斯统治灭亡的决定点，那么，锦州决战就是蒋介石结束统治大陆的决定点。

　　千百年来饱经战火沧桑的锦州，再一次经受战争的洗礼。

10月14日11时，是东北野战军总攻锦州的时刻。

历史走进这一庄严的时刻，显得格外的沉静。空气似乎凝结了，重重地压向锦城，阳光以其智慧之手渐渐拨开浓重的云雾，古老的锦城又将在战火中展露出新生的身姿。

林彪、罗荣桓、刘亚楼在牤牛屯前线指挥所静静地等待着他们期盼已久的时刻。

上午9时，炮兵开始展开试射。30分钟后，炮火轰击推向高潮。

攻城各部900余门（其中大口径火炮500余门）炮火一齐怒吼，炮弹呼啸着飞向城垣。顷刻间，弹如雨下，土石飞溅，浓烟四起，火光熊熊。锦州城淹没在一片硝烟火海之中。如此空前规模的炮战，在解放战争的历史上还是第一次，在中外战争史上也实属罕见。在强大炮火的掩护下，攻城部队发起迅猛的攻击。

牤牛屯前线指挥所顿时忙碌起来，电话铃声、呼叫声和进出的脚步声响成一片。好消息接连不断地从前线传来，林彪、罗荣桓、刘亚楼紧绷的脸上开始浮现出轻松的笑容。10时至11时，攻城部队先后突

东北野战军炮兵部队以强大火力向锦州轰击

破敌防线。

第9纵队第75团10时20分由太子街突破；

第7纵队第21师10时20分突破，第20师10时50分突破；

第3纵队第7、第8师10时50分在省公署附近突破；

第2纵队第5师11时突破。

11时，林彪发出总攻击的命令。炮火向纵深延伸，攻城部队准时发起总攻。经30分钟激战，除城东第8纵队外，各主攻部队全线突破。

锦州城沉睡了千年的古塔，在这惊天动地的震撼中苏醒，目睹了英雄辈出的时代风采，见证了雄才大略的历史手笔。

四树红旗

第9纵队第75团1连和第76团5连两个尖刀连同时发起冲击，迅速跨过小凌河，只10分钟便冲上突破口。

东北野战军攻城部队在炮火掩护下，冲向锦州城垣

194

5连冲到城垣，遇到国民党军凶猛的反扑。2排4班长赵洪泉冲在最前面，他挥动着手臂，高喊着："抢占突破口！"旗手朱万林奋力一跃，第一个登上城垣，刚竖起红旗，即中弹牺牲。赵洪泉身负重伤，他忍着剧痛，爬上突破口，再次竖起红旗。国民党军火力越来越猛，密集的火网封锁着突破口，2排伤亡很大，旗杆瞬间被炸断，赵洪泉再次负伤昏倒。

红旗是战士的生命，是血染的希望，是胜利的象征。

红旗不能倒下。1排长刘金冒着枪林弹雨，奋不顾身，迅速冲上城垣，第三次举起红旗。

红旗在硝烟中猎猎飘舞，召唤着冲锋的战士们奋勇向前。突然一发炮弹打来，刘排长倒在血泊里。鲜血染红了战旗，绽开一片殷红。战士李玉明眼疾手快，立即接过排长手中的红旗，第四次高高地竖起。

在3分钟时间里，红旗三次倒下，四次竖起。这血迹斑斑、弹痕累累的红旗，是战士们用生命举起的军魂。

突击部队将红旗插上突破口

红旗在城垣上飞舞，如同冲锋的号角，激励着战士们奋勇前进。突击部队的战士们像潮水般涌上城头，插向纵深。

与此同时，1连的战士们也打退了国民党军多次反扑，巩固了阵地，将火红的战旗插在突破口上。

后续部队沿着突破口，顺利攻入城内。

梁士英

第2纵队第5师第14、第15团从城区西北角发起攻击，不到10分钟也突破了城垣。

担任尖刀任务的第15团8连2排6班冲在最前面，4班、5班随后跟进，重机枪实施重点掩护。尖刀连摧毁第一道防线，全部涌进突破口。

国民党军反击过来，双方展开猛烈对射。6班伤亡很大，在连续打退国民党军几次反扑后，只剩下四五个人，偏在这时重机枪又出了毛病。国民党军乘机猛扑，危急之时，5班战斗组长梁士英拉开爆破筒的导火索，奋力掷向敌群。爆破筒在敌群中开花，炸死十几个国民党军，余下的四散逃命。

尖刀连巩固了突破口，继续向纵深发展。当冲至铁路路基时，突然遭到路南50米处一座地堡的密集火力封锁，2排长靳文清带领4班冲了过去。国民党军地堡两挺重机枪交叉射击，形成一个扇形火网。4班伤亡较大，被迫撤回。

前进的道路被封锁了，总攻部队很快就要冲上来。连长牟金山立即组织爆破，一连两次均未成功。

舍身炸地堡的英雄梁士英

时间在一分一秒地过去，伤亡在一个一个增加，每迟延一分钟都将付出更大的牺牲，都将影响整个战斗。时间就是生命，时间就是胜利。连长牟金山怒视着地堡，大声喊道："必须干掉它！"

排长靳文清拿起一根爆破筒，刚要冲上去，被梁士英一把按住，说："你去谁指挥？"说着他带上几颗手榴弹，操起爆破筒向前扑去。连长牟金山立即组织轻重机枪展开火力掩护。

梁士英灵活机敏地躲开国民党军的火力封锁，一会儿爬行，一会儿跃起，他那一伏一跳的每一个动作，都紧紧地扣动着战友们的心弦。他很快接近地堡，战友们把胜利的希望都寄托在他的身上。

梁士英终于爬到了地堡下面，国民党军的机枪再也打不着他了。他沉着地观察一下地堡左右的地形，迅速甩出两颗手榴弹，然后趁着手榴弹爆炸的一瞬间，飞身跳到射击孔近前，侧身拉着导火索，将爆破筒猛然塞进射击孔。他转身刚要跳离地堡，爆破筒又被推了出来。爆破筒在地上冒着白烟，梁士英抓起爆破筒又奋力塞进地堡。国民党军拼死往外推，梁士英也使出浑身的力量，死死地顶住爆破筒。战友们为他毅然决然的行动震惊了，大声喊道："梁士英快回来！"只听轰然一声巨响，如同惊雷在天空中炸裂。

这是血的奉献，这是冲锋的呐喊，这是胜利的呼唤。

年仅26岁的梁士英把年轻的生命献给了锦州这座城市，这座城市因此有了一条以英雄名字命名的大街——士英街，这条大街使英雄短暂的生命获得了永恒。

省公署大楼

第3纵队担任突破任务的第19、第23团仅十余分钟就突破成功，两面红旗同时飘扬在突破口上。

第19团在向纵深发展时，碰上了难啃的"硬骨头"。国民党军城北高地防御纵深的核心阵地省公署大楼挡住了攻击部队前进的道路。主力部队发展受阻，司令员韩先楚急令第19团继续牵制国民党军，第7、第8师主力乘机由省公署东侧开辟通道，突入城内，第9师和第6纵队第17师随后跟进，投入城区战斗。

下午2时，第19团继续围攻省公署大楼。担任主攻任务的3营选中8连做突击队，连指导员翟文清带领1排首先冲了上去。

国民党军在最前沿阵地布满了铁丝网，之后是地堡和围墙，要接近大楼十分困难。翟文清拍了一下身边的爆破能手任绍恒，说："第一功就给你了，把铁丝网炸掉！"

任绍恒机灵敏捷，动作飞快，不大工夫，炸开了铁丝网。战士们冲了过去，不料一下子掉进了一人多深、五六米宽的大沟里。翟文清立即吩咐战士们马上搭梯子，这时国民党军右侧地堡的机枪猛扫过来，刚登上壕沿的战士中弹倒了下来。翟文清又派一名爆破能手上去，炸开壕沟，端掉右侧的地堡。

8连主力迅速冲到大楼围墙外的一片开阔地带，眼看将直扑大楼。忽然左侧一座地堡里一挺轻机枪和一支冲锋枪轮番向他们射击，迎面又冲上来一股国民党军，大楼上的火力也向这边集中过来。营长立即指挥7、9连集中火力，压制大楼上的火力封锁，掩护8连冲击。

国民党军冲了过来，翟文清命令战士们接敌拼杀，双方很快展开白刃战。国民党军左侧地堡里的机枪此时失去了作用，2排长王登三边拼刺刀边向地堡接近。"于瑞林，干掉那地堡！"战士小于听到王排长的命令，抱起炸药包就向地堡奔去。翟文清要过一挺机枪，立即掩护小于。于瑞林眼疾手快，迅速将炸药包送上地堡，只听轰的一声，左侧的地堡又被端掉了。当面的国民党军哪经得起突击队的勇猛拼杀，几个回合，便纷纷败下阵去。

进入午夜，围墙外面的国民党军全部肃清，总攻大楼的战斗开始了。

8连因伤亡较大，重新调整了战斗组织。但是战士们依然士气高昂，人人争当爆破手。新战士杨玉文坚决要去炸大楼，翟文清批准了他的请求。杨玉文在火力掩护下冲到大楼下面，放好了炸药，猛地拉开导火索，兴冲冲地回来报告说完成了任务。翟文清看着他手中攥着的拉火管，后悔不迭，自责地说："咳，拉火管拽出来了，还怎么爆炸？"杨玉文听说没完成任务，又要冲上去。翟文清看着剩下的最后一包炸药，

攻城部队攻占省公署大楼

没有再让他去，把任务交给了1班副班长杨光禄。

　　杨光禄挟起炸药包又冲了上去。他飞奔到大楼下面，选择好位置，放上炸药，拉着导火管，高兴地返回来报告："指导员，拉着了！"翟文清立即发出命令："准备冲！"

　　战士们握紧手中的武器，只待爆炸声响，便发起冲锋。时间一分一秒地过去，足足等了10分钟，还不见动静。翟文清断定一定是导火索和雷管出了问题，他马上命令通信员："快到营部取炸药！"

　　翟文清看着取回来的这包炸药，没再交代任务，他决心亲自去爆破。他命令战士们做好冲锋的准备，班长孙明杰抢上前说："指导员，你不能去，你得指挥战斗！""现在决定战斗的不是指挥，而是炸开大楼！"翟文清推开孙明杰，边说边翻过围墙，向大楼冲去。

　　子弹在头顶上穿梭，弹片在身边飞溅。翟文清趁着夜幕的掩护很快摸到大楼下面。国民党军从楼上窗口往下丢手榴弹，严密的火力掩护立即封锁了翟文清头顶上的窗口。翟文清借着炮火的余光，从地下室的窗户看清大楼的墙体足有七八十厘米厚，他想手中这包40斤重的炸药不一定能解决问题。于是又将没爆炸的两包炸药找来，捆在一起。他放好炸药，细心地检查了拉火管，然后使劲一拉，导火索冒出火星，他觉得没问题了，才转身往回跑。霎时间，一声巨响，大楼被炸开一个缺口，翟文清率领战士们立即涌了进去。

15日凌晨，省公署大楼被占领。

"老头坦克"

炮兵纵队战车团的15辆坦克也投入了锦州战斗。

总攻开始，坦克钻出伪装的草堆，由城北分两路实施突破。攻击一开始，"老头坦克"就落在后面。这辆坦克是日军投降时遗弃在沈阳一家日军坦克修理厂的，是东北野战军的第一辆坦克，曾参加绥芬河剿匪、三下江南作战，因机件陈旧，历史较老，战士们都戏称它为"老头坦克"。

坦克部队投入攻城作战

驾驶员董来扶加大油门，紧追不舍，冲至铁路大铁桥下坡时，赶上了前面的3辆坦克。第一辆坦克冲入桥洞内撞击一堵石墙时，被榴弹炮弹炸坏，步兵被桥洞两侧的火力压得抬不起头来。董来扶急中生智，打开驾驶窗，搜索目标。"右前方，两座地堡，快打！"董来扶大声向炮手李群喊道。李群把炮口对准地堡，几下就把地堡送上了天。步兵刚要冲击，铁路上停着的3节车皮里又扫来密集的子弹。"快，掀掉铁路上那3节车皮！"董来扶又指引道。李群又是几炮，国民党军的火力点成了哑巴。步兵紧接着占领了桥头阵地。

下午，巷战开始了。"老头坦克"和一辆95式坦克冲进城内。董来扶驾驶坦克正在猛冲，突然发现前方一个炮楼里的战防炮筒正对准他们，他急喊着让炮手赶快射击。但炮楼太高，坦克炮最大仰角也够不上，李群急得满头是汗。董来扶调转坦克往回开，这时国民党军的战防炮开火了，"老头坦克"连中两炮，油压表指针开始下降。董来扶十分镇定，将坦克开到够上目标时，又猛地转了回来，李群迅速瞄准，只听几声怒吼，国民党军的炮楼被炸得四分五裂。

15日，总攻老城的战斗开始了。"老头坦克"所在连队的6辆坦克全部出动。"老头坦克"与另一辆大坦克担任右翼攻击，刚接近老城，炮手就把城墙上的大母堡干掉了。冲在前面的大坦克不慎掉进了护城河，"老头坦克"成了重点轰击的目标。董来扶从容地驾驶着坦克，时快时慢，让国民党军摸不着规律。坦克绕着城墙，将一个个暗堡干得土崩瓦解。国民党军的炮弹一发接一发飞来，"老头坦克"连中数弹。董来扶脑袋被震得嗡嗡直响，两眼直冒金星。他咬紧牙，用力操纵着坦克。这时油压表的指针又在下降，他想，能往前开一步是一步，能多打一炮，就为胜利多出一份力量。于是加大油门，向前冲去。国民党军护城河两侧的地堡终于被摧毁，突击队发起勇猛的冲击，大部队紧跟着像潮水般涌进老城，迅速结束锦州战斗。

马云飞

这是另外一条看不见的战线。

中共地下党员马云飞

连日来，马云飞度过了他人生中最为紧张的时刻。他把各方面送来的情报，细心地整理好，又一件一件秘密送往联络地点，转到攻城部队的手里。其中有一件是锦州的城防图，详细标明了锦州守军的防御情况。范汉杰的全般部署，转眼间已尽在攻城部队的掌握之中。

马云飞是中共锦州地下党支部书记，在锦州列车段工作。1945年9月，冀热辽军区司令员李运昌率部挺进锦州，马云飞当面请示要公开自己的身份，李运昌考虑到长期斗争的需要，让他继续从事地下活动。国民党军占领锦州后，马云飞被捕入狱。在狱中，他始终坚持说自己叫叶宗汉，是列车段的工人。国民党军多次审讯一无所获，便把他放了。

马云飞在斗争中不断壮大组织，他领导的党支部很快由3名党员发展到26名。他组织党员利用各种有利条件，千方百计搜集各种情报，想出种种办法转交上级组织。他还经常教育党员说："做一个共产党员，要像一枝火柴那样，为劳苦大众在黑暗中照亮一条光线，纵然燃烧掉自身，也在所不惜。"

解放锦州的战斗打响了。马云飞再也控制不住内心的喜悦和激动，他对妻子说："我要亲眼看一看锦州的解放，亲耳听一听解放锦州的炮声，我要痛痛快快地当一名公开的共产党员。"他告别妻子，走出家门，只身来到城北，见到了第3纵队副司令员沙克。他主动提出要为突击部队带路，说："锦州的地形我熟悉，我画过敌人的城防图，哪里有敌人的火力点我清楚。"

总攻开始这一天，马云飞领着突击部队直扑城北省公署大楼。在爆破队连续组织爆破受阻时，他带领突击营绕过省公署大楼，从东侧迅速

攻城部队向锦州老城发起冲击

突入市区，插入交通大学，直逼守军铁北最后一道防线。在战士们发起冲击的时候，一颗子弹飞来击中了他的胸部。因流血过多，马云飞在迎来锦州解放的黎明时刻，献出了宝贵的生命。

马云飞没有亲眼看到锦州的解放，但是他实现了一个共产党员的誓言。他虽然离开了这座城市，但是他的精神不朽，他的英名永存。锦州这座英雄的城市因此又多了一个英雄的名字——云飞街。

血与火染红了黎明的朝霞，从黑暗和燃烧中走出的锦州城，开始迎来光明的日月。

攻城部队突破城垣，实施穿插分割，迂回包围，连续爆破，展开逐街逐屋的巷战。

第2纵队沿惠安街、良安街之间突入，攻占国防仓库、红十字医院、天德和烧锅厂、高等法院、市公署、税务局；第3纵队和第6纵队第17师从省公署附近突入，连克神社、交通大学、辽西行署、中央银行、铁路警察署、铁路局、火车站；第7纵队沿大凌街、小凌街突进市区，进至福德街、玉皇庙、地藏寺、电影院；第9纵队沿太子街、牡丹

被俘后的范汉杰

街突入市区，进至富和街、民和街、吉庆街，占领陆军医院；第8纵队从城东突入，攻克瓦斯会社、面粉厂，进至赤城街、中纺公司。至15日拂晓，各路攻城部队在火车站、白云公园、中央银行、邮局附近胜利会师，攻占东北"剿总"锦州指挥所及第6兵团司令部。上午10时许，锦州新市区守军已基本肃清。下午，第7纵队和第2纵队一部向老城发起攻击，激战至18时，全歼老城守军。

历经31小时激战，东北野战军攻克锦州。

范汉杰见解放军攻势极为猛烈，自知锦州难保，于城破之日下午4时，钻出中央银行的地下室，带参谋长李汝和到第6兵团指挥所与卢浚泉及第93军军长盛家兴、炮兵指挥官黄永安商议当晚向锦西突围。李汝和、盛家兴、黄永安当即拟定突围计划，决定由盛家兴指挥突围部队由东门附近徒涉小凌河，经南山向高桥、塔山、陈家屯方向突击。

当日黄昏，范汉杰携家眷同卢浚泉、李汝和随带特务团一部，从兵团司令部沿交通壕向东门开始行动。他们一离开司令部就遇到突入市区的解放军阻击，被打散冲乱，及至东门附近随行者已经寥寥无几，更未见有部队突围。他们出壕转向东南角，摸近外围土城，慌不择路，爬上土墙，滑出城外，然后穿过铁丝网，越过外壕，于入夜时涉过及腰深的女儿河，逃向南山。

行至山麓，解放军从山上向下搜索，一阵枪响，又把他们冲散。范汉杰趁夜色逃至松山一带，天亮时一行4人在松山东面一间小小的窝棚躲避起来。白天附近村庄的解放军不断向城内移动，他们只好昼伏夜行。下午4时，他们经松山沿小路向陈家屯方向走去，16日上午行至谷家窝棚时被第9纵队警卫连截获。范汉杰头戴毡帽，身穿一套极不合身的破棉袄和棉裤，背上披着一条麻袋，自称是沈阳一家钟表店记账的，从沈阳逃难回福建老家。与范汉杰随行的3个人是他的妻子和侍从副官及勤务兵，他的侍从副官供认了他的身份。

卢浚泉与范汉杰在南山散失后，一行人顺山脚向西跑了一里来路转向南面的山沟中，等静下神来发觉范汉杰已经不见了，忙派人回去找，结果只碰上范汉杰的参谋长李汝和。李汝和对卢浚泉说："范主任不知走到哪里去了，我是跟在你后面来追你们的。"这时已是深夜10时左右，卢浚泉看看只冲出来6个人，无奈地表示不再等了，于是沿山间小路向南逃去。走了四五里路，卢浚泉又派一个人前去探路，刚出去不远便被发现，只听到百米外一声枪响，未见人归。他们只好拿出地图，以指北针辨别方向，从地图上看出再向南十多公里就可到海边平原地带。卢浚泉让把地图、指北针和手电筒等全部埋掉，继续南行。第二天拂晓，他们走到平原地带的一个村庄，村东有一条大河，因找不到船只渡河，只好继续向南往海边走。离村六七里路，发现解放军十多辆大车装着物资在骑兵护送下朝锦州方向去，他们急忙潜入高粱地躲起来。卢浚泉派两个人出去花了三个小金元宝从附近收割庄稼的农民手里换来5套便装，化装后又以军棉衣换得一顿饭吃，此时已至中午，他们从农民口中得知这一带是娘娘宫，距海边还有三十来里路。下午3时，他们分散走上大路，刚走出不远，正赶上国民党军一架轰炸机飞来，他们为躲避炸弹，慌慌张张躲进一个小村中，他们看着村中老乡怀疑的眼光，自觉不妙，马上又离开村子，走到村口被第9纵队哨兵截获。

范汉杰、卢浚泉走后，盛家兴和暂18师师长景阳也换上便衣出逃，于15日拂晓在火车站附近被第8纵队俘获。

至此，东北野战军以伤亡2.4万人的代价取得歼灭锦州10万守军的伟大胜利。东北"剿总"副总司令兼锦州指挥所主任范汉杰，第6兵团司令官卢浚泉、副司令官杨宏光，辽西行署主任贺奎，第93军军长盛家兴等高级指挥官被生俘。

范汉杰、卢浚泉被解送到牤牛屯，刘亚楼高兴得跳了起来，说："范大头捉到了！"林彪、罗荣桓分别接见了范汉杰和卢浚泉。范汉杰在谈话中感慨地说："这一着非雄才大略之人是做不出来的。锦州好比一条扁担，一头挑东北，一头挑华北，现在是中间折断了。"林彪见到卢浚泉提起战前派人送信敦促他放下武器的事，卢浚泉说没有收到信。林彪又对他说："你可以给长春第60军通电。"卢浚泉因与第60军军长曾泽生同属云南部队，马上照办。翌日，范汉杰、卢浚泉连同其他被俘师以上军官一起被解送哈尔滨。

苏静于19日奉命从塔山回到牤牛屯，向林、罗、刘汇报了塔山阻援作战的情况。林彪高兴地说："没有想到他们打得这样好，打的是政治仗啊！打锦州的部队也都打得很好，打得很坚决，迅猛地向纵深发展，分割敌人，把敌人指挥系统打烂，胜利是出乎意料的啊！"罗荣桓也情不自禁地说："唉呀，塔山这个仗啊，锦州这个仗啊，的确都带有一定的冒险性。我们在历史上还没有打过这样大的仗。任务是光荣而又艰巨的，胜利是来之不易的啊！经过这一仗的考验，可以说我军的战斗力已发展到了攻无不克、守无不固的新境界。"

中共中央于17日电贺锦州大捷："庆祝你们此次歼敌十万解放锦州的伟大胜利。这一胜利出现于你们今年秋季攻势的开始阶段，新的胜利必将继续到来。望你们继续努力，为全歼东北蒋匪军队、完全解放东北人民而战！"中共中央军委19日22时致电林、罗、刘："关于锦州作战初步总结电已阅悉。部队精神好，战术好，你们指挥得当，极为欣慰，望传令嘉奖。"

第七章 解放长春

久困长围，孤城变死城

10月15日，蒋介石乘坐"美龄"号专机在三架战斗机护卫下由南京再飞沈阳，并调徐州"剿总"副总司令杜聿明到东北。蒋介石在日记中道出了他此次飞沈阳的目的："一为商决规复锦州之计。二为督促长春守军限期突围南下。三为严督沈阳与锦葫两兵团赴援锦州，以期救护我范汉杰、卢浚泉等忠勇将士。"

杜聿明一早本欲由徐州动身去商丘前线指挥作战，忽然接到蒋介石要他同去东北的电话，一时有点丈二和尚摸不着头脑。他等了许久，但蒋介石的座机并未在徐州降落，蒋介石另外派来一架飞机将他接到沈阳。此时蒋介石已先到沈阳住进了励志社，杜聿明一到，立刻被蒋介石找了去。蒋介石对他说："今天已给锦州范汉杰空投一封信，要他能守则守，不能守则退守锦西。"蒋介石对战局仍抱有一丝希望，又接着说，"同时给郑洞国也空投了一封信，要他赶快突围，否则沈阳也不等他了。"

杜聿明这时明白了蒋介石的意图，但他觉得锦州守退两难，长春突围无望，共军可能集中全力攻沈阳，东北的局势已无法挽救。因此，蒋介石一再征询他的意见，他只好推托说："目前敌我情况未明，很难提出意见。"

16日上午，蒋介石分别召见沈阳各将领，并派杜聿明到廖耀湘西进兵团前线视察后再向他陈述意见，然后飞往锦西。途经锦州上空，蒋介石看到许多汽车满载物资向市外开去，城内几处起火仍在燃烧，他料定范汉杰一定完了，随即闭上眼睛，一声不响，飞到锦西。

蒋介石专机在锦西机场降落，侯镜如、罗奇、陈铁、阙汉骞等在机场迎候。蒋介石出人意料地披了一件黄色的斗篷走下飞机，对前来迎接的人只是点了一下头，一言未发，乘汽车驶往葫芦岛第54军军部。罗奇向蒋介石汇报了攻击塔山受挫的情况，蒋介石指着地图，怒气冲冲地说："塔山如此靠近，敌人怎能这样快就做了如此多的坚固工事及障碍物呢？阙军长驻在葫芦岛，早该发现，为什么不进行阻挠破坏？"说着便指着阙汉骞大骂，"你不是黄埔学生，是蝗虫，是蝗虫！"然后十分震怒地说，"应该枪毙！"

在场的人谁也不敢作声，蒋介石发了一通脾气，在桂永清、罗奇陪同下到外边散步。这时送来一份电报，蒋介石看完，眼含泪水，捧着电报的双手有些颤抖，他得到锦州失守的消息，狠狠地说："我和他们拼了！"说完转身回到房内。蒋介石痛苦至极，一个人闭目静坐，连准备好的午餐也没有吃。直到午后，他改令陈铁指挥锦葫各军收复锦州，然后飞往北平。

锦州失守，孤城长春又将去向何处？

长春地处东北腹地，历来为战略要地。日伪统治时期曾是东北的政治中心，"满洲国"定都于此，改称新京。国民党军占领长春后，在日伪构筑的工事的基础上，大肆增修永久性、半永久性明碉暗堡，形成要塞式防御体系，并施以重兵扼守。新6军、新1军先后调赴沈阳后，长春由新7军防守。1948年3月初第60军放弃吉林撤至长春，这样连同地方部队，长春守军尚有10万之众。卫立煌派郑洞国和赵家骧部署吉林撤退时曾有意让郑洞国留在长春，兼第1兵团司令官，并接替梁华盛吉林省主席职务，统领长春军政之责。郑洞国自知长春是个危险之地，没有同意。回到沈阳后，郑洞国又接到蒋介石电报，让他到长春赴任。郑洞国向卫立煌建议继续由梁华盛负责或与锦州范汉杰对调，卫立煌考虑梁华盛与第60军军长曾泽生不睦，范汉杰情况不熟，还是他去比较合适。郑洞国推托不过，只好以"明知不可为而为之"的心情到长春赴任。

郑洞国于3月15日由沈阳飞抵长春，25日在励志社礼堂宣誓就职。他秉承蒋介石"固守待援，相机出击"的指示，提出"加强工事，控制机场，巩固内部，搜购粮食"的守城方案。他认为长春有两个军的主力，依托坚固的防御工事，还是可以守一个时期的。他按照持久的防御方针，把长春分为东西两个守备区，以纵贯南北的中山路（今人民大街）为分界线，东半部由第60军负责，西半部由新7军负责，决心死守长春。

郑洞国上任伊始，长春与沈阳的陆路交通已被全部切断，唯一可依赖的空中联系也受到解放军炮火的威胁。为了保持机场的安全，他决定由新7军抽出一个半师，第60军抽一个师，组成出击部队，试图将机场

东北野战军对长春实行"久困长围"

方向解放军驱逐到炮弹射程以外，并乘机搜购粮食。5月19日出击部队开始出城，当天前出至长春以北约30公里，占领了小合隆。第二天，正是蒋介石在南京就任总统典礼日，郑洞国自鸣得意，举行了庆祝大会，并组织新7军和第60军进行了联合阅兵。22日，蒋介石还派两位视察员飞往长春到小合隆前线视察，"抚慰收复区的民众"。不料，解放军围城部队抓住长春守军出城的时机，于24日发起猛烈的攻势，迅速占领了大房身机场及长春外围一些据点。郑洞国不但粮食颗粒未得，还丢了机场，致使长春与沈阳间的空中交通也断绝了。长春只能靠空投补给，完全成了一座孤城。

6月15日至20日，东北野战军在吉林召开围城部队师以上干部会议，决定以第12纵队两个师，第6纵队第18师，5个独立师和一个炮兵团担任围城任务，对长春实施"久困长围"。围城部队由东北野战军第1前线指挥所司令员萧劲光、政治委员萧华统一指挥。萧劲光、萧华当即发布了围城命令："为保卫攻击长春的战略任务，决定对长春进行军事上、政治上、经济上的围困。总的任务是：断绝敌人粮柴，禁止行人进出，控制机场，不使敌人空运，扰乱敌机空投，并积极歼灭出扰敌人，寻找敌之弱点，逐步压缩敌人，完成攻城战场之各项准备。"指示各围城部队在22日前进入指定位置。于是，十万大军兵临城下，在长春城外方圆20余公里的地域，形成一个严密的封锁区。

围城部队为防止国民党军突围和出击，实施纵深梯级部署。在第一线阵地构筑坚固的工事，打击国民党军冲击，第二线阵地除构筑工事外，在西北机场和西南铁路口国民党军主要突围方向，部署战斗力较强的兵力，在纵深有利地域部署机动部队，一旦国民党军突破前沿阵地，求得在运动中歼敌。只几天的工夫，长春城外就布满了纵横交错、层层密密的封锁线。6月底，围城指挥所接连发出《交通通信工作指示》和《侦察工作指示》，要求围城部队挖交通沟，使各部队之间、各部队与指挥所之间紧密相连，随时相互增援。在环城还架设两道电话线，一道在封锁区内侧，一道在封锁区外侧，以便于相互联络和指挥。各部队对长春城防工事进行全面侦察，绘制大量军事地图，后来还整理一本《长春匪情汇编》，使长春守军情况尽在掌握之中。

　　7月1日，围城指挥所在李家屯召开纵、师以上干部会议，研究兵力部署，制定打击国民党军突围的预定方案。3日凌晨，新7军新38师一部向西独立第10师阵地冲击，遇迎头痛击，即溃退回长春；另一路由丁家窝棚出击，因尖兵班集体投诚，余下的不战而退。4日凌晨，新38师又以一个团的兵力向北独立第7师谭家营子阵地出击，3次冲锋均被击退，也未多加恋战，即缩回城内；第60军暂52师也以一部兵力向东南独立第9师小河沿、四家子阵地出击，但连一个像样的冲击队形都未见到，只是枪炮空响一阵，虚张声势，便销声匿迹。

　　经过两天试探性攻击，6日拂晓，新7军暂61师和第60军暂21师5个团的兵力分三路向西南、正南、东南独立第6师（附第10师第1团）和第9师阵地发起冲击，重点指向西南独立第6师孟家屯车站附近。是日拂晓大雾，暂61师以小部队进至前沿阵地30—40米才被发现。守军在炮火掩护下以40—50人为一队，轮番冲击。当时担任一线防御的部队只有一个班，他们沉着应战，顽强阻击，一直坚守到主力部队赶到。战斗非常激烈，战至下午1时，打退守军6次冲击，歼守军1000余人。

　　郑洞国困守孤城，处境越来越糟。解放军围而不打，使他突围不成，守更艰难。摆在面前的粮食问题，让他伤透了脑筋。他掂量着手里的粮食充其量只能吃到7月底，进入8月将完全靠空投维持。他再三电告卫立煌，可是沈阳粮食储备和空运能力都很有限，每天空投的粮食，只是杯水车薪，无济于事。卫立煌也觉得对不住郑洞国，惘然叹息："我负了郑桂庭，我这个中间人难做啊！"郑洞国赴任之先，曾主张放弃长春，但蒋介石认为放弃长春对国际影响太大，坚守下去，还可以减轻沈阳、锦州的压力。可眼下，长春倒成了难以摆脱的包袱，官兵上下有一种被遗弃了的感觉。新7军和第60军6个师长联名致电蒋介石，诉说困守长春的苦楚。蒋介石远在庐山消闲避暑，也不能不体恤下情，他复电安慰说："我对你们及部下士兵如兄弟子侄一般，我没有一刻忘记你们的困难。但是，如不准备好，赴援部队会在途中被歼的。希望你们艰苦卓绝，支持到底。"同时，蒋介石还致电郑洞国，令他把长春一切物资粮食完全收归公有，由政府配口授粮，按人计日分配，并从8月1日起疏散长春市人口，只准出，不准进。实际上，这是国民党军奉行杀民养兵政策的开始。

　　郑洞国在长春被围之初裁撤了粮政局，成立了军粮筹购委员会，并自兼主任。起初用中央银行印刷的大额本票尚能搜劫民间仅存的一些余粮，拨给部队。到了7月，买粮已很困难，干脆把大额本票发给各军自己去搜购。后来几乎买不到粮食了，到了有价无市的境地。由于粮食奇缺，城内粮价飞涨，从6月到9月的3个月内，粮价上涨了700倍，创下历史从未有过的纪录。从当时每斤高粱米价格的统计中就可窥见一斑。

　　　　6月2日　　　　　　　　　4万元（东北流通券）

　　　　6月23日　　　　　　　　22万元

　　　　7月14日　　　　　　　　80万元

　　　　7月28日　　　　　　　　330万元

　　　　8月11日　　　　　　　　720万元

　　　　8月18日　　　　　　　　2300万元

　　　　9月10日　　　　　　　　2800万元

　　长春守军买不到粮食，便四处搜刮，闯进民宅，大肆强掠。驻守在警察第三分局管区的暂52师的士兵，一见谁家冒烟，就去抢粮，搞得百姓连生火做饭都不敢了。再到后来，老百姓已经无米下锅，只能靠吃豆饼、酒糟乃至煮树叶充饥度命，甚至发生卖食人肉的惨事。长春市内饿死的人越来越多，百姓陈尸街头，无人埋葬，其状之惨，令人目不忍睹。

　　长春有50万人口，围城开始后逃走一部分，减少到40余万。郑洞国为减轻城内缺粮的压力，下令警备司令部和市政执行蒋介石的命令，从8月1日起强制疏散人口。城内一无所有的贫民、无职业者和一些公教人员及被裁的地方官兵，统统在驱逐之列。在各个哨卡，警备司令部督察处和市政府各派一人担任正副哨长，严格盘查进出人口和物资，凡是被驱逐的市民一律不准再进入城内。一时间，在国民党军哨卡与围城部队前沿阵地之间的中间地带，徘徊的难民多达十来万人。难民连饿带病，死亡者无法计数。长春城外，饿殍载道，尸横遍野，呻吟哀嚎之声不绝，俨然一座人间地狱。

　　国民党军杀民养兵政策给长春市民带来极其深重的灾难，也给围城工作带来十分复杂的难题。围城部队在执行封锁任务的同时，还开展了解救难民的工作。为此，围城部队于8月初成立了难民处理委员会，在前沿和后方设置数十个难民收容所，有计划地收容救济被驱逐出来的难民。9月11日，林彪、罗荣桓电令萧劲光、萧华等："从即日起，阻于市内市外之长难民，即应开始放行。凡愿出来者，一律准其通过。因长春民食早已用尽，如不放出，将使市民大批饿死。望你们依此作出计划，分批地但又是尽早地开放，做到于十天内放完。"为了抢救饥饿的难民，收容所首先向他们发放了救济粮应急，每人每

围困长春的部队战士搀扶从长春逃出的老人前往解放区

天发3日份口粮，然后把他们陆续分批送往解放区。同时为减轻解放区群众的负担，围城部队战士开展了每人每月节约1斤粮的运动，并帮助当地群众开展生产自救，抢收秋粮。围城期间，难民处理委员会共发放4000吨救济粮、6亿元（旧币）救济金和2.5万公斤食盐。

长春守军见围城部队全力以赴解救难民，也乘机派出特工人员化装成难民，试图潜逃出城。这些人行为可疑，身上多留有暗记，虽巧妙装扮，大部在封锁前沿或沿途被识破查获。也有些地方散兵游勇，成群结队化装成难民，携带武器，利用黑夜，偷越封锁线。但是，他们终不能逃出围城部队布下的天罗地网，不是丧了性命，便是做了俘虏。

从8月中旬开始，围城部队压缩包围圈，进一步封锁国民党军，指挥所也进至四家子村。围城部队采取主动出击或反击的方式，打击前出至前沿附近的敌军。独立第7师袭击小南屯，第12纵队反击恩慈医院等战斗，都给守军以严厉的打击。据9月份的统计，围城部队前后共进行

大小战斗30余次，歼守军3000人。围城部队的高射炮火，还直接威胁前来空投的飞机，使守军空投补给更加困难。飞机不敢低飞和慢飞，空投的粮食和物资不是落到了围城部队的阵地上，就是散落各处被哄抢私分，很难实施统一搜集，统筹分配。郑洞国虽严令"倘有不顾法纪仍敢擅行抢走者，一经查获，即予就地枪决"，但士兵们还是振振有词："要我们卖命打仗，吃饱肚子再去死，总不算过高要求吧。"郑洞国无奈，又指定市中心中正广场为唯一空投场地，可是围城部队高射炮火猛烈，飞机仍不敢低飞，投下的粮食损耗依旧很大。进了9月，沈阳告之"机油两缺"，空投变为几日一次，再后来少得可怜的空投也慢慢中断了。郑洞国顿感"长春像一个断了线的风筝"，将不知所终。

锦州战役开始后，第6、第12纵队调至通江口、开原之线，围困长春部队又增调5个独立师，会同原来的6个独立师和内蒙古骑兵第2师计12个师，由第1兵团（9月1日由第1前线指挥所改称）指挥，继续围困长春。10月2日，第1兵团在四家子村召集师以上干部会议，研究围城部署。当时情报获悉郑洞国有突围动向，萧劲光在讨论作战方案时，提出将"刀子"插得深一点好还是浅一点好的问题，他分析说："如果插得深，把部队全调进去，固然可以多截击敌人，但是像流水一样，突然截住，它冲力大，可能同时漏掉得多。如果浅一些，梯次配备，从侧面打击敌人，一个梯次消灭一部分敌人，放过一部分敌人，由第二个梯次再从侧面伏击，余下的敌人留给第三梯队去解决，这样也许消灭得更彻底一些，自己伤亡也会小一些。"他的意见得到了大家的赞同。

10月7日，郑洞国趁解放军主力南下打锦州，令新7军向西出击，试图夺回大房身机场，进而在增援部队或飞机接应下突围。他亲自督战，指挥新38师打了两天，被独立第7师顽强抗击，只推进了几里路，因伤亡太大，被迫停止攻击，突围计划终成泡影。

10月9日，增调围城的部队全部到达指定位置，长春已被布下天罗地网。郑洞国在回忆这段历史时说："当时我眼中的太阳，已失去了光芒，我真正体会所谓日月无光的滋味。"

长春经过5个月的久困长围，由孤城变为一座死城。

攻心为上，攻城为下

在实行军事打击和经济封锁的同时，围城部队还展开了强大的政治攻势，瓦解守军。

6月28日，围城指挥所召开政治工作会议。萧华在会上指出："要强化政治攻势，达到削弱敌人的斗志，减少甚至瓦解敌人的战斗力。"他认为长春守军嫡系、滇系和杂牌部队之间互相矛盾，相互排斥，加之孤点孤军，士气低落，加强政治攻势十分重要。因此，提出"攻心为上，攻城为下，心战为上，兵战为下"的围城指导方针，要求广泛发动群众，创造多种生动有力的形式，开展政治攻势。

7月初，围城部队又召开各部政工科长会议，部署建立开展政治攻势的组织机构，进一步加强政治攻势的领导。于是，一场有组织的大规模的群众性的攻心战迅速展开。

围困长春的部队开展阵前喊话，瓦解国民党军队

　　阵前喊话，是瓦解守军最先采用并贯彻始终的一种行之有效的方法。开始，没有统一组织和规定宣传内容，战士们喊的口号多为："老乡们过来吧，我们欢迎你们投诚！""放下武器，我们优待俘虏！"这些喊话内容空洞，没有说服力，触不到守军要害，收效不够明显。后来，各部组织干部和战士们在一起研究，分析守军心理，喊出他们压在心里的话，不讲大道理，多说知心话，不用讽刺口吻，多讲肯定语言。这样，一场有针对性的喊话又开始了。对参加过印缅远征的新38师，独立第10师的战士们喊道："38师的弟兄们，参加过远征抗日是光荣的，现在替蒋介石卖命就不值得了。""弟兄们，你们想一想，你们是怎样被抓来的，你们父母妻子在怎样活着，你们不想他们吗？"独立第8师组织在海城起义的云南籍战士向第60军喊话："老乡们，我们是一同被蒋介石欺骗来东北当炮灰的。我们是劳动人民的子弟，不要为他们卖命了！""老乡们，觉醒吧！快从火坑里跳出来！你们现在饿着肚子是为了什么？过几天解放军打进长春，那时你们连命都难保。快过来吧，解放军欢迎你们！"这些话一遍又一遍地刺痛着守军士兵的心，慢慢地阵地上走过来投诚的士兵。新38师投诚过来的士兵说："听你们喊想不想父母妻子，真想大哭一场，当时就决心不干了。"第60军过来的士兵说："一提到家乡，一些士兵就落泪。"

　　围城部队不但在喊话内容上动了不少脑筋，在喊话方法上也想出不少好办法。他们自己动手，用硬纸壳和薄铁片做成土喇叭，让声音传得更远。还发明了"长话筒"，用长竹筒绑成弯曲的形状，伸到国民党军阵地前沿，喊话时人站在一侧，防止国民党军打伤。战士们高兴地说："这筒子比三八步枪还顶事。"当地百姓见了也惊奇地说："这大喇叭可够38师受，怪不得兵都往这边跑。"国民党军投诚的士兵越来越多，阵前喊话也越来越丰富多彩。各部把营、团机关干部都派上来参加喊话，团宣传队还在阵前唱起了歌。时间久了，对方士兵也主动喊话："你们再唱一首吧，我们听着哪！"有时长官发现了，连打带骂，他们便胡乱地打一阵枪，等检查一过，他们又鸦雀无声，静静地听着喊话和唱歌。尤其到了晚上，士兵孤独难耐，更是求之若渴。这样，阵前喊话从深夜一直延续到天明。越是到了夜晚，士兵逃过来的越多。一个投诚的士兵说："每到后半夜你们喊话时，我就偷偷地叫起亲近的人在工事里听。"

8月5日和11日，围城部队还发动两次政治攻势宣传周，利用自己办的刊物《围城简报》，推广经验，掀起了人人作宣传、个个想办法的政治攻势的热潮。政治攻势的内容和形式由此大大丰富。放风筝、打宣传弹、散发传单、送慰问品，等等，通过各种途径和办法送出的宣传品多达100余种，有上百万份。一时间，守军工事里、大街上和沿街的墙壁上到处都可见到围城部队的宣传单。特别是围城指挥所印发的《告东北国民党书》《告长春蒋军官兵书》《告滇军六十军官兵书》《告长春市民书》和"蒋军投诚官兵通行证"等宣传品，宣传了解放军的各项政策，为长春守军指出了光明的出路，收到了很好的效果。一些投诚官兵，就是带着这些宣传品出城向解放军投诚的。

到了中秋节，围城部队抓住良机，又掀起一次空前的宣传攻势。在前沿阵地上，战士们准备了月饼、西瓜、纸烟等礼品，然后设法送到守军地堡。守军一位连长吃了月饼，还写了一封回信送了过来："你们的中秋节礼物，我们收到了，弟兄们很高兴，非常感谢。你们的好意，我们以后自有面谢的一天。"

明月升起的时候，战士们聚在一起，在月光下举行了一场别开生面的晚会。阵阵的锣鼓声、歌声、笑声、掌声，响成一片。战士们有的做着游戏，有的拉着胡琴，有的吹着箫，有的唱着歌，有的跳起了舞。这边的阵地上是一片欢乐的海洋，那边的阵地上却是一片死寂。一阵欢乐过后，阵地上又开始了对守军喊话：

"弟兄们，这样好的月亮，你们为什么不出来玩玩呢？你们听到我们唱歌，看到我们做游戏了吗？"

"你们在家乡是怎样过节的呢？你们南方的月亮是不是比这更美呢？"

"弟兄们，你们在想家吗？为什么不吱声呢，今天是中秋团圆节，咱们应该在阵地上玩一玩，我们唱个歌给你们听好不好？"

接着一个战士伴随着低沉的箫声唱了起来：

八月中秋月光明，

照着长春一孤城。

解放军过节多欢乐，

你们守碉堡多苦情。

解放军过节吃的是鱼和肉，

你们吃的是酒糟掺豆饼……

这边连喊带唱，那边仍是寂静无声。夜深了，战士们觉得这次中秋攻势失败了，最后喊道："弟兄们，天不早了，耽误你们睡觉了，对不起，明天再见吧。"

战士们正准备回去的时候，对面阵地突然传来喊声："弟兄们不要走，再唱一个，我们睡不着，大家都在听着呢！"战士们出乎意料，顿时来了精神，又高兴地唱了起来。天将放亮，守军阵地先是跑过来两个士兵，接着陆续过来二十来个人。他们对围城战士们说："昨天夜里，你们的歌都唱到我们心里了，你们的箫更把我们所有的弟兄统统吹哭了。"

投诚的官兵不断向城外走来，围城部队在各阵地前沿设立了投诚官兵接待站。对愿意留下的就转到后方，愿意返乡的就发给路费，对一些合适的人员经教育又派遣回城，进一步做瓦解守军的工作。

孤城长春在一种悲观绝望的乌云笼罩中，渐渐走向新生。一些被派遣回城的人，现身说法，对那些心中尚存疑虑、恐慌、绝望的人，是一种排解、安慰和希望。暂52师师长李嵩的弟媳，在吉林撤退时与家人失散被俘，经过说服教育，被送回城内。后来她的孩子找到了，也被送进城去。一家人团聚后，李嵩的弟弟感动地说："共产党是自古以来最好的仁义之师，蒋介石使我妻离子散，共产党使我家人团聚。"

处于绝境中的长春守军人心恐慌，士气低落，一种悲观的情绪在滋长和蔓延。守军中当时流行这样的顺口溜："豆饼面子是好饭，提心吊胆把岗站；心一横来牙一咬，去投八路见晴天。""中央军官有三怕：一怕光发本票不发粮；二怕战场打黑枪；三怕当兵的不打仗，成队成帮去投降。"在长春市内也曾流传这样一首民谣：

　　小白菜哟，地里荒啊，长春市里，没有粮啊！没有粮啊，人心慌啊；遭殃军啊，守不长啊，守不长啊，快投降啊！顽固不化，见阎王啊！

　　守军官兵远在家乡的亲朋寄来一封封信件，也在苦苦地诉说着期待的焦急与哀愁，牵动着困守孤城的官兵们的心绪。从国民党军飞机误投到围城部队阵地上的邮件中，不难发现那一封封书信不断传来一声声哀怨和一缕缕乡愁。已调回南京的原第60军副参谋长冷克在写给新7军参谋长龙国钧的信中悲观地说："战事大江南北均难乐观，长市现况无法扭转，一俟季节许可必将重演吉林覆辙。"在写给暂52师副师长欧阳午的信中则劝说他早日逃出死城："兄家有余金，可敷下半世生活，何不回京作富家翁？"一封写给新1军第50师留守处廖科长的信更是千叮万嘱："长春很危险，你们怎么办呢？有一定计划吗？如队伍往外冲时，千万不可随行，那是很危险的，尤其是此地没有援兵，由长春至沈阳，途中全部是共匪，不等到沈早已垮了，莫如作俘虏好得多，不至于死。"一位母亲从湖南株洲写给在新7军服役的儿子潘元先的信中附有一包茶叶，信中说："我屡在神前祈祷，求佑你无灾无难，所许愿信是很多的。今在佛前求来茶叶一包，由信寄来，收后即吃，保佑你消灾免难，平安地回来。"郑洞国的妻子陈泽莲在9月3日写给他的信中更是充满凄凉与忧愁："桂庭，逐人衰弱与憔悴的不是岁月，而是忧愁。数月来我身体坏透了，较前更不知消瘦多少，你们被围在长春孤城，情况紧急，真令人焦急万分。我看中央不给你们设法，你是无可奈何的……你不顾性命的危险，这是为了哪种？难道中央真的要你死守长春吗？我想到可怕的一切，真正伤心极了！苦命的我尚有何言？唯有求上天保佑你平安！"

　　守军官兵远处他乡，厌战思家，郑洞国孤居死城，何尝不恋儿女情长。他自知长春是个死地，但身为军人，受命于危难之时，又岂敢轻言放弃。他为了收拢涣散的军心，绞尽脑汁，想了许多办法。最为直接的措施是颁发禁令，不许士兵靠近阵地外围铁丝网，违者即责以军棍，对携械逃跑者，抓住即行活埋，同伍士兵按连坐法惩处。还成立一个短期干部训练班，于7月至9月间开办两期，仿效蒋介石举办中央训练团的那一套办法，对兵团直属机关和新7军、第60军师长以下军官进行调训，以提高士气，增强长期固守的信心。每期结业时，郑洞国都要亲临讲话。

郑洞国还令人把长春和从吉林逃过来的大学生以及十余所中学的学生控制起来。当时全国一些大城市的"反内战、反饥饿、反迫害"学生运动正风起云涌，为避免学生滋事，以整顿教育为名，组成"幼年兵团"，后来还把长春的高小和初中学生也编入这个兵团，这样既便于维持他们的生活，又可维护社会治安。

郑洞国极尽所能，极力巩固内部，努力保持弦歌之声。但这不过是秋日的落叶，只能发出无可奈何的叹息，为长春唱出凄凉哀戚的一首末日的挽歌。

长春守军官兵厌战情绪日增，当时曾经流传的顺口溜，道出了守军官兵的真实心态："连坐法办，促成集体投降；杀身成仁，变做保身倒蒋。一批批地跑，一群群地投，打完了，守完了，跑完了。"据统计，从6月25日起到9月底，先后有1.3万余名国民党军官兵向解放军投诚。

郑洞国千方百计为长春守军注入救命的"强心剂"，围城部队四处出击采取多种手段展开猛烈的攻心战。

围城部队政治攻势的触角，同时伸向长春守军内部，尤其是对第60军上层军官的争取工作，也在加紧进行之中。第60军原属云南滇系，民国初年曾在蔡锷将军领导下参加讨袁护国战争。抗战时期，该军第184师政治部主任张永和是中共地下党员，经他介绍，师长张冲与八路军驻武汉办事处的罗炳辉、叶剑英结识。受张冲之邀，武汉办事处将从延安来的周时英等人介绍到该师，并建立了中共地下党支部，周时英任支部书记。张冲离开第184师后，周时英、张永和等中共党员也撤离了第60军，只留下杨重等尚未公开活动的几个人，由杨重任支部书记。抗战胜利后，蒋介石将滇系部队第60、第93军调到东北。1946年4月，朱德召集在延安学习和工作的云南籍同志座谈时，指出要争取有过优良传统和光荣历史的云南部队，站到人民这一边来。随后派在延安中央党校学习的滇籍中共党员刘浩到东北做滇军工作。刘浩到哈尔滨后，在负责敌军工作的李立三、周桓领导下，担任滇军工作委员会副书记和东北军区政治部联络部前方办事处处长，直接负责滇军工作。

第60军一到东北便受国民党中央嫡系歧视，被分割使用，第184师潘朔端部驻海城，第182师白肇学部驻铁岭，暂21师陇耀部驻抚顺，军部驻新民。军长曾泽生因指挥权旁落他人，非常恼火。他向杜聿明提出意见，才争取到将军部靠拢暂21师，移驻抚顺。1946年5月，第184师在海城被包围，国民党军坐视不救，师长潘朔端率部起义。6月中旬，刘浩几经周折来到抚顺，找到在第60军的中共地下党员杨重，接上关系。此后，刘浩以国民党军少校军需官的身份，往来于第60、第93军之间，并以公开身份会见了第93军军长卢浚泉（1948年5月接任第6兵团司令官）和第60军军长曾泽生以及暂21师师长陇耀，面交了朱德的亲笔信。

1947年4月，刘浩带3个人携电台潜入第60军，由杨重安排在吉林，秘密开展工作。夏季攻势，重新组建的第184师于梅河口再遭全歼，曾泽生令驻守海龙的暂21师撤向吉林。电令被杨重转告刘浩，结果暂21师在撤退途中遭伏击，损失过半，师长陇耀化装逃回吉林。刘浩经杨重引见，持东总和潘朔端等人给曾泽生、陇耀的信，面见陇耀。在一个多小时的谈话中，陇耀表示起义事关重大，要等待时机，要刘浩到锦州劝说卢浚泉，如卢浚泉起义，第60军才好与第93军一起行动。不久，原滇军将领张冲从延安到东北任松江省政府副主席，在哈尔滨发表了广播讲话，对第60军影响颇深。蒋介石得知，令曾泽生清洗张冲旧部。是年9月，曾泽生突然令刚任第三次组建的第184师团长的杨重离开部队去昆明带新兵。东北局敌工部部长李立三指示，在第60军无法工作就回解放区。杨重于10月辗转到达哈尔滨，改名杨滨，任东北军区政治部联络部前方办事处副处长。

解放军围困长春之后，东北局和东北军区为加强策动第60军起义工作，委派潘朔端任第1兵团副参谋长。潘朔端利用各种关系给第60军上层军官写信，进一步施加政治影响。刘浩、杨滨继续秘密进行策反工作，刘浩还亲自安排在梅河口被俘的第184师第551团团长张秉昌、第544团副团长李峥先回长春，做曾泽生、陇耀等人的工作。

在解放军长期围困和军事打击之下，曾泽生自知不论是死守，还是突围，长春守军都难逃被歼的命运。经过长期的争取和政治影响，他觉得唯有反蒋起义才是一条活路。9月22日晚，他打电话将第182师师长白肇学和暂21师师长陇耀叫到中长路理事会大楼军部办公室，他们三人过从甚密，平日无话不谈，对部队前途和时局，也是经常交换意见。曾泽生坦率地说出了自己的想法："我认为，我们应该率部反蒋起义。"陇耀听了激动地说："我早就想着你会这样决定，我拥护起义！"白肇学也表示愿意放下武器，提出要解甲归田，从此远离军界。他沉痛地说："我年少从戎，本想为国为民，御侮安邦。但几十年来，看到的却是自相残杀，真是伤透了心！"他们彻夜长谈，各自诉说着内心的伤痛，直至天将破晓才散去。

第二天一早，曾泽生又乘车到第182师，见到白肇学满眼血丝、极度苦恼的样子，劝解道："我们滇军有过护法讨袁、拥护共和的光荣历史，那几次光荣起义，182师的前身都曾参加。"提到部队光荣的历史，更加触及白肇学的痛处，曾泽生又进一步劝他说："为啥不下决心起义呢？"白肇学沉思很久，最后紧握住曾泽生的手说："军座，我赞成你！"曾泽生见说服了白肇学，也激动地说："好，我们就这样决定！"

此后，曾泽生与陇耀和白肇学开始就起义秘密进行策划准备：

9月26日下午5时，在铁路宾馆，商议派被解放军释放回来的张秉昌、李峥先出城与解放军联络；

9月31日中午，在陇耀师长处，研究起义对云南及眷属的影响；

10月2日下午，在白肇学师长处，讨论如何对付新7军；

10月4日下午4时，在中长铁路理事会大楼军部，密商起义时间；

10月8日晚，在铁路宾馆，商定分别对新7军和暂52师进行调查摸底，同时秘密征询各团长意见，限于4日内完成；

10月13日晚10时，在铁路宾馆，讨论有关起义准备事项，决定于14日晨派张秉昌、李峥先前往解放军方面接洽，预定于16日夜开始行动。

长春，终于走出孤寂与死亡的长夜，开始迎来自由与新生的黎明。

兵不血刃

蒋介石决定放弃长春。从10月10日起，他连下三道手谕，令郑洞国突围。郑洞国召集各军长商议，曾泽生此时已酝酿起义，对突围只是虚加敷衍，李鸿因抱病在床不能主事，副军长史说虽然代理军务，也是无计可施，因此前两次商量的结果还是坚守下去，以多支撑些时日。直至锦州告破，蒋介石又下第三道手令，辞意严厉，郑洞国才感到事态严重，不得不按令行事。

16日上午，他依旧找来曾泽生和史说，研究突围部署。他把蒋介石从沈阳派飞机空投下来的"国防部代电"递给曾、史两人，命令写道：

> 长春郑副总司令洞国并转曾军长泽生李军长鸿：
>
> 　　酉灰手令计达，现匪各纵队均被我吸引于辽西方面，该部应遵令即行开始行动。现机油两缺，尔后即令守军全成饿殍，亦无再有转进之机会。如再迟延，坐失机宜，致陷全般战局于不利，该副总司令军长等即以违抗命令论罪，应受最严厉之军法制裁。中本删日已来沈指挥，希知照。
>
> 　　　　　　　　　　　　　　　　　　　　中正手启

曾、史两人匆匆阅过，郑洞国又拿出蒋介石给他的亲笔信递过去，并心情沉重地说："今天锦州已经消息断绝，情况不明了。"曾泽生试探着问道："司令官准备怎么办？"郑洞国在屋子里十分不安地走来走去，然后停下脚步，无可奈何地说："只能按命令行事。我计划今晚就开始行动，明日四面出击，后天就突围。"他看着曾、史两人接着问道："你们意见如何？"曾泽生不愿就此讨论下去，回答说："我同意。不过部队士气低落，突围，60军是没有希望。"史说则表示："李鸿正在患病，我们提不出什么意见，只能依司令官的决定去做。"郑洞国听了叹息地说："你们回去准备一下，下午再来讨论行动计划。"曾泽生正欲脱身，马上起身告辞说："下午开会我派参谋长来参加，情况我已了解，一切听从司令官决定。"郑洞国点了点头，曾、史两人便一同离去。

下午，郑洞国在他的司令部继续研究突围计划和部署。曾泽生在军部里则是焦急地等待着张秉昌、李峥先的消息。原计划张、李两人于15日下午返回，已经过了一天了，还不见他们的踪影。曾泽生的起义计划与郑洞国的突围部署都赶在了同一时刻，这使得曾泽生更加焦灼不安。

原来，张、李两人携带曾泽生和白肇学、陇耀的联名信出城，辗转到达第1兵团政治部所在地已是15日上午。政治部主任唐天际与潘朔端、刘浩研究了信的内容，认为比较可靠，立即向兵团司令部报告。萧劲光、萧华等正在研究准备截击长春守军突围，听到曾泽生要起义，一些人将信将疑。刘浩坚持认为，在当前走投无路的情况下，第60军起义是可能的，并提出愿意冒险进城商谈起义。萧劲光认为刘浩的意见是正确的，因此统一大家的认识，说："我们不应放过任何一个机会。如能争取60军起义，对解放长春将有决定性的意义。即使他们以此为手段突围，我们完全有力量把他们消灭。"于是，将这一情况向东北局和林罗刘报告。东北局当即回电：应相信60军是真起义。16日，东北局、林罗刘又将第1兵团的报告随电转报中共中央，中央当日复电指出："你们争取六十军起义的方针是正确的，一兵团对六十军的分析和处置也是正确的。""你们应当不失时机的和六十军代表加紧谈判，并注意这些代表。"萧劲光、萧华派参谋长解方和刘浩一起向张秉昌、李峥先转达接受第60军起义的意见，请曾泽生派正式代表出城商谈起义。

16日黄昏，张秉昌、李峥先急匆匆赶回第60军军部，曾泽生迎上前去，急迫地问道："联络上了吧？"张、李两人满脸喜色，高兴地回答："解放军欢迎我们起义！"曾泽生显得非常激动，立刻抓起电话，把这个消息告诉了白肇学和陇耀。当晚，他按照解放军的要求，派第182师副师长李佐和暂21师副师长任孝宗作为正式代表，出城与解放军接洽起义。

曾泽生送走了李佐、任孝宗，然后驱车前往暂21师。陇耀师长将营以上军官全部召集来，曾泽生在讲话中历数了第60军在东北战场的境遇，然后征询大家的意见说："长春的处境大家很清楚，今天召集你们来，就是商议办法，我们该怎么办？"

会场一片沉默。大家对曾泽生的提问感到意外，一时不知如何回答。曾泽生见大家顾虑重重，又启发道："这是关系全军官兵前途的大事，大家应该发表意见。"过了一阵，终于有人打破沉默，说："向沈阳突围。"有人开了头，气氛便开始活跃起来，有人说："死守长春，等待援兵。"也有人说："军长怎么命令，就怎么办。"

曾泽生环视着大家，他清楚每个人都有自己的心事，虽然不提"起义"，并不是不愿起义，于是又进一步启发说："时下大兵压境，不但突围没有可能，即使突围出去，解放军层层堵击，走不到沈阳就被消灭了。"他停顿了一下，接着又说："死守待援，无异于等死。大家还应多加考虑。"这时，一个人突然站起来说："我主张起义！"曾泽生看着大家投过来的目光，肯定地说："这是可以走的一条路，我赞成这个意见。"此语一出，立即得到大家的响应。陇耀站起来大声说："报告军座，我们暂21师赞成起义，请下命令。"曾泽生看着大家期待的目光，显得非常激动，他郑重地宣布："现在，第60军起义！"

解决完暂21师的问题，曾泽生如释重负，他直接赶到第182师师部，对白肇学说："暂21师已经决定起义了，你们怎么办？"白肇学当即表示："拥护起义！"随即暂21师和第182师向新7军布防。

曾泽生回到军部已是晚间9时，还剩下暂52师的问题没有解决，因暂52师是由交警第二总队扩编的，原属军统特务系统，师长李嵩以嫡系自恃，素来拒绝曾泽生过问该师内部事务，要劝其起义仍觉不太可靠。曾泽生思来想去，决定对他采取果断办法。他给李嵩打电话，通知他晚上11时带三个团长准时到军部开军事会议，然后又把副官长张维鹏找来当面交代一番。张维鹏依计准备去了，曾泽生紧接着召集军部和直属队营以上军官，动员起义。

李嵩接到电话后，带着三个团长早早来到军部，副官向曾泽生作了通报，曾泽生吩咐说："请张副官长陪他们一会儿。"说完继续作动员报告。张维鹏把李嵩等人请进副官处休息，等了许久，李嵩显得焦躁不安，一再催问道："军长还没有来吗？"张维鹏看了看表，时间已是11时整，他走上前去，把曾泽生事先写好的信递给了李嵩。信的内容是要李嵩命令他的副师长欧阳午及三个团长，听从指挥，和起义队伍一起行动，不然就枪毙他们。李嵩看完信，知道是被扣留了，只好说："我们遵命照办。"张维鹏按曾泽生的意见办完了暂52师的事情，然后兴冲冲地向曾泽生报告："军座，一切都办妥帖了。"曾泽生高兴地说："好！请各部做好行动准备，接到命令马上行动！"

曾泽生处理完起义的事情，已是下半夜1点多钟，他把指挥所移到了裕昌源面粉厂第545团团部，等待着李佐、任孝宗接洽起义的消息。夜出奇地静，他站在窗前，望着天空中点点繁星，心潮起伏，思绪难平。他想了很久，最后决定给郑洞国和李鸿写一封信，劝他们与第60军一起行动。在给郑洞国的信中写道：

> 桂庭司令钧鉴：
>
> 　　长春被围，环境日趋艰苦，士兵饥寒交迫，人民死亡载道，内战之惨酷，目击伤心。今日时局，政府腐败无能，官僚之贪污横暴，史无前例，豪门资本凭借权势垄断经济，极尽压榨之能事，国民经济崩溃，民不聊生。此皆蒋介石政府祸国殃民之罪恶，有志之士莫不痛心疾首。察军队为人民之武力，非为满足个人私欲之工具，理应救民倒悬。今本军官兵一致同意，以军事行动，反对内战，打倒蒋氏政权，以图挽救国家于危亡，向人民赎罪，拔自身于泥淖。公乃长春军政首长，身系全城安危。为使长市军民不作无谓牺牲，长市地方不因战火而糜烂，望即反躬自省，断然起义，同襄义举，则国家幸甚，地方幸甚。谒诚奉达，敬候赐复，并祝戎绥！
>
> 　　　　　　　　　　　　　　　　　　　　曾泽生　敬启

写罢，曾泽生又给李鸿写了一封内容大致相同的信。未等天亮，他便派人把信送去。

郑洞国于16日夜间曾得到暂52师副师长欧阳午报告，说："第60军已决定今夜起义。"他立刻打电话给曾泽生，但电话已不通了。他立即命令新7军停止突围行动，撤回原防，并将这一情况电告卫立煌。接到曾泽生的信后，他一早便派副参谋长杨友梅、长春市市长尚传道、省府秘书长崔垂言去见曾泽生，试图力劝曾泽生回心转意。

曾泽生为防止暴露自己的指挥位置，在第546团团部接见了杨友梅、尚传道、崔垂言。一见面，杨友梅赔着笑脸迎上去说："郑司令官因职务累身，不便前来，派我们多多拜致副司令官，希望副司令官再从长计议。"曾泽生答道："我们都计议好了，就是决定起义。"尚传道连忙插话说："郑司令官讲，过去哪些事情办得不好，请副司令官多提出来。今后的事情，请副司令官多作主张。希望副司令官从长计议，顾全大局。"曾泽生说："此举完全是为了拯救自身，非与郑司令官有隙。""副司令官，军人这样做，不够恰当吧！"杨友梅话语有些不敬。曾泽生听了十分生气，怒斥说："你们说我背叛吗？我们背叛无义，走向正义，难道不应该吗？"崔垂言见情势不对，忙解围说："杨参谋长的意思，是劝副司令官从长计议。"这时副官走近曾泽生耳语道："解放军代表已经来了。"曾泽生干脆中断谈话，逐客道："我们已经决心起义，各位请便吧。"杨友梅等人无功而返。

曾泽生急忙赶回裕昌源指挥所，李佐、任孝宗和解放军代表刘浩正在那里等他。李佐、任孝宗由第545团防区出城，于当晚12时左右被刘浩用汽车接到围城兵团司令部，政治部主任唐天际和副参谋长潘朔端接见了他们，对第60军起义表示欢迎。天亮时，围城部队见长春城内异常平静，新7军也没有突围行动，于是决定派刘浩作为解放军代表与李佐、任孝宗一起进长春，与曾泽生共同研究第60军起义行动。刘浩见到曾泽生，紧紧握着他的手，热情地说："解放区军民，正忙

刘浩（左）与曾泽生合影

萧劲光（中）、萧华（左）接见曾泽生将军

着准备热烈欢迎你们呢！"说完，两人相对笑了起来。曾泽生为表心意，将自己的手枪赠给刘浩，以作纪念。17日，第60军即通电起义。下午，曾泽生在刘浩陪同下出城到围城兵团政治部，唐天际对曾泽生的到来表示热情的欢迎，两人随即就起义部队交防及撤向解放区的具体安排进行了认真研究和部署。黄昏时，曾泽生与刘浩又赶回城内指挥所，布置当夜行动。晚上10时，解放军入城接替第60军防务，第60军一面移交防务一面撤出长春，不到天亮，即撤离完毕，顺利开往九台地区集结休整。当天，萧劲光、萧华等在兵团司令部会见了曾泽生及部分起义将领，萧劲光对曾泽生说："你率部起义，我们竭诚欢迎。今后我们是一家人了，你们丝毫不孤立，前途是远大的。我们对起义部队的政治、经济待遇和解放军一样，不受任何歧视。"曾泽生感激地说："感谢共产党对第60军4万余众的争取和挽救，今后绝对服从命令，接受教育改造。"萧华见曾泽生很拘谨，笑着说："你抗日时打过日本人，还有战功嘛。那时是国共合作，今后我们是一家人了，志同道合，并肩革命，亲如手足兄弟，有什么意见坦率提出，大家研究，不要顾虑。"说着，萧劲光、萧华与曾泽生在一起合了影。

郑洞国派杨友梅等说服曾泽生不成，又召集新7军师以上军官开会，研究今后行动。到会的人个个愁眉不展，心事重重，谁也不愿发言。郑洞国一再动员，只有他从前的一个老部下暂61师师长邓士富站起来说："目前情况，突围已不可能，我建议暂时维持现状，以后再徐图别策吧。"郑洞国一时也拿不出什么主意，只好采纳他的意见，然后草草散会。

　　郑洞国异常苦闷和彷徨，直到这时他才真正体会到度日如年的感觉。当晚，他到新7军军部巡视，李鸿卧病，其他人也是有意躲闪，唯史说劝其留在军部过夜，他没有答应，便又回到兵团部。深夜，他突然接到曾泽生打来的电话，他还想劝曾泽生回来，可是电话里传来的是解放军代表刘浩的声音："我是解放军的代表。现在长春的局势你是知道的，我们的政策是，放下武器，可以保障生命财产的安全。希望你考虑，不要再做无益的牺牲。"郑洞国顿时明白了一切，他强作镇静，回答说："既然失败了，除战死以外，还有什么可说，放下武器是做不到的。"

　　18日晨，国民党军派飞机轰炸长春，当空军向郑洞国联络时，他悲伤地说："现在轰炸已无意义，徒使老百姓遭殃，还是停止轰炸吧。"

　　第60军起义，新7军被逼上绝路。史说为寻求生路，派炮兵指挥官王及人、新闻处长杨天挺、暂61师第2团团长姚凤翔前去与解放军接洽。围城兵团参谋长解方接见他们时告之，在起义和自动放下武器两种

长春和平解放。战士们吹起胜利的号角

办法中可任选其一。王及人等3人带着萧劲光、萧华给新7军的信回军部向史说汇报了接洽的情况，史说和参谋长龙国钧商量，认为军长患病，他们两人缺少号召力，如果起义，可能会发生骚乱，但突围还要白白送掉几千人，不如放下武器。于是派王、杨、姚等人再去同解放军联络。解方对他们的选择表示理解，说："你们这样做，我们很欢迎，这也是一种形式，也是解决长春问题的一种办法。"接着双方商谈了放下武器的具体条件和安排，并签署了协定。

同日，远在西柏坡的周恩来给郑洞国写了一封信，用电报发往长春前线。信中说："目前，全国胜负之局已定。""兄今危处孤城，人心士气久已背离，蒋介石纵数令兄部突围，但已遭解放军重重包围，何能逃脱。曾军长此次举义，已为兄开一为人民立功自赎之门。届此祸福荣辱决于俄顷之际，兄宜回念当年黄埔之革命初衷，毅然重举反帝反封建大旗，率领长春全部守军，宣布反帝反蒋、反对国民党反动统治，赞成土地改革，加入中国人民解放军行列，则我敢保证中国人民及其解放军

郑洞国（中）投诚后抵达哈尔滨的情景

必将依照中国共产党的宽大政策，不咎既往，欢迎兄部起义，并照曾军长及其所部同等待遇。"

19日晨，新7军谈判代表带着与解放军签署的协定返回军部，史说下令将军官和家属集中到军部地下室，部队以连为单位原地集结等待解放军前来接收。他还派参谋长龙国钧到兵团部接郑洞国到军部和他们一起行动。龙国钧见到郑洞国，对他说："新7军官兵已决定放下武器，解放军已经同意保障司令官以下生命财产的安全，希望司令官和我们一道行动。"郑洞国见大势已去，未加拦阻，只是说："你们的做法我是不同意的，既然你们已决定放下武器，那么，你们干你们的，我干我的好了。"龙国钧见郑洞国坚持己见，只好返回军部。上午，解放军入城，至下午4时接防结束。新7军军长李鸿和副军长史说率部向解放军投诚。

解放军进入长春，将周恩来给郑洞国的信交史说转送郑洞国，史说派一个参谋送去。因兵团部尚在抵抗，市内混乱，派去的人不知去向，结果信没有送到郑洞国手中。

郑洞国虽感山穷水尽，仍抱着"宁可战死，不愿投降"的效忠心理。他困守在兵团部大楼，如同将要沉没的孤舟，已无力回天，焦急中杜聿明打来电报，告之拟请蒋介石派直升飞机接他出去，让他指定降落地点。他虽心存感激，但为时已晚，只好复电："现在已经来不及了，况亦不忍抛弃部属而去，只有以死报命。"此时他的副参谋长杨友梅暗中已与解放军联络，为顾及郑洞国的体面，希望把中央银行大楼作为据点，打一两日，再和谈放下武器，得到解放军准许。

20日，解放军没有向郑洞国固守的中央银行大楼进攻，这一天长春市内显得非常平静。这天深夜，郑洞国给蒋介石发出了最后的诀别电报：

　　10月19日下午7时亲电谨呈，职率本部副参谋长杨友梅及司令部与特务团（两个营）全体官兵及省政府秘书长崔垂言共约千人，固守央行，于10月19日竟日激战，毙伤匪300人，我伤亡官兵百余人，入夜转寂，但匪之小部队仍继续分组前来接近，企图急袭，俱经击退。本晨迄午后5时，仅有零星战斗。
薄暮以后，匪实行猛攻，乘其优势炮火，窜占我央行大楼以外
数十步之野战工事。我外围守兵，均壮烈成仁。刻仅据守大楼
以内，兵伤弹尽，士气虽旺，已无能为继。今夜恐难度过。
缅怀受命艰危，只以德威不足，曾部突变，李军覆灭，大局
无法挽回，致遗革命之羞，痛恨曷已。职当凛遵训诲，恪尽
军人天职，保全民族气节，不辱钧命。惟国事多艰，深以未
能继续追随左右，为钧座分忧，而竟革命大业为憾。时机迫
促，谨电奉闻。

职　郑洞国

10月20日23时

21日凌晨4时，中央银行大楼内外枪声大作，郑洞国打开报话机，向蒋介石报称："曾叛李降，弹尽粮绝，退出中央银行大楼！"然后走出中央银行大楼向解放军投诚。

郑洞国到达长春郊外四家子围城兵团司令部，萧劲光、萧华设宴热情接待了他。萧劲光问郑洞国说："郑将军今后作何打算？"郑洞国表示：第一，不愿广播；第二，不愿参加公开宴会，并说："从此解甲归田，做老百姓。"

和平解放长春，是解放军兵不血刃解放具有坚固设防的大城市的一个成功范例。中共中央致电庆贺，指出："锦州解放，歼敌十万之后，长春即告解放，曾泽生将军率部起义，郑洞国将军率部投诚，名城光复，秩序井然，人庆更生，欢声雷动。此皆我人民解放军英勇善战，前后方工作人员与广大民众努力奋战的结果。特电祝贺。"

第八章　会战辽西

蒋介石令卫立煌"规复锦州"，毛泽东同意林彪打廖耀湘兵团

　　廖耀湘指挥西进兵团占领彰武之后，在蒋介石严令催促下，渡过新开河，于10月15日进占新立屯。他抱着一种侥幸的心理，认为只要锦州能多守几天，他就会以最快的速度跃进阜新，然后直援锦州。他计划于16日上午在彰武台门兵团前进指挥所召集各军长面授作战命令，但为时已晚。就在他拟定好进攻腹案的当天，锦州已经被解放了。

　　他是16日拂晓前得到的消息，是在葫芦岛整训的新6军暂62师师长刘梓皋直接给他打的无线电报。他得知这一消息十分吃惊，立即向沈阳打电话问赵家骧和卫立煌，他们答复说："锦州昨天以来，就不通电报，可能已经陷落。"他惊恐地对卫立煌说："一切须重新计议。"卫立煌说："你赶快回来一趟，以好面商。"

　　廖耀湘放下电话，心情非常沉重，他感到西进兵团的命运一下子陷入进退维谷的境地。他取消预定的会议，分别通知各军长集结部队，

原地待命，准备随时行动。情况突变，他认为必须放弃向锦州前进的计划，而退回沈阳，也不过是慢性自杀的方案，只会得到长春的结果。因此他过去曾提出的向营口撤退的想法，又袭上心头。他认真考虑起退营口的路线：如渡辽河经辽中退往营口，要涉四条大河，需时较长，倘解放军由沟帮子经盘山直出营口或由大虎山直趋辽中，距离较自己部队要近得多，走这条路后半段敌情顾虑太大；如经黑山、大虎山向大洼、营口撤退，侧敌行动，容易暴露，敌情顾虑也很大。两相比较，后一条路距离短，不经大的水系，以两天半急行军可达目的。虽然这条路也有危险且带有冒险性，但关键是争取时间，出其不意。

廖耀湘似乎定下了经黑山、大虎山出营口的决心，这时蒋介石从沈阳派杜聿明到新民前线来与他会商今后行动，他立即动身由彰武台门前进指挥所赶回新民。上午11时左右，杜聿明乘火车到达新民车站，在廖耀湘设在车站的兵团指挥所与廖耀湘和第49军军长郑庭笈等会面。杜聿明传达蒋介石的意见，要求东、西两兵团对进，会师大凌河。廖耀湘一听便急了，立刻反驳说："这是一个本来就行不通现在更行不通的方案。"他两眼直视着杜聿明说："当前最迫切需要解决的问题是如何先救出西进兵团主力。"杜聿明似乎首肯，但也没有再多说什么。吃过午饭，他和廖耀湘坐吉普车一同去了新立屯前线。

杜聿明视察了新立屯前线，和新1军军长潘裕昆、新3军军长龙天武、新6军军长李涛会面。杜聿明视察时接着上午的话题，提出将集结于新立屯的西进兵团主力迅速进出北票，绕义县、锦州以西地区向葫芦岛撤退，与东进兵团主力会师。他问廖耀湘说："廖司令官意下如何？"廖耀湘不解地说："这是危险而不可能成功的行动。"他认为，这条路全程路线太长，而且是在锦州解放军主力外线行动，两头无靠，会被节节截断，分割围歼。说完，他把向营口撤退的计划又详细讲了一遍。在场的潘裕昆、龙天武、李涛等将领也不同意继续西进，都主张撤回沈阳或撤向营口。杜聿明觉得廖耀湘退营口的方案，必要时既可退回沈阳，又可经盘山、沟帮子北上与东进兵团实现大凌河会师，与卫立煌和蒋介石的意图都能说得过去，是一个可行的方案。杜聿明视察完毕，当晚返回新民，然后与廖耀湘连夜乘火车赶回沈阳。

17日一早，廖耀湘就去见卫立煌，汇报了他与杜聿明商谈的经过。卫立煌还是坚持他一贯的主张，不赞成继续向锦州前进，更不同意远出北票，但对退沈阳还是退营口仍犹豫不决。他对廖耀湘说："这两个方案不能自行决定，须报请蒋总统最后裁决。"廖耀湘进一步分析认为，锦州解放军主力下一步可能先打西进兵团，以有力一部坚守塔山，阻止葫芦岛军队东进；也可能对塔山地区东进兵团来一个有力反击，然后回师到新立屯、黑山、大虎山地区，以10天左右时间，完成发动大规模攻势的准备。他劝卫立煌说："时间对我们不利，要赶快决策和采取行动。"卫立煌也很着急，说："我们必须采取准备行动，一得到命令就立即行动。"廖耀湘认为准备行动中最紧要的是先攻占黑山，因此说："无论向哪个方向行动，出营口、退沈阳或继续向锦州西进，都以先攻占黑山为有利。"卫立煌赞同他的意见，说："你先把进攻黑山的一切部署好，待我同总统最后商量好整个行动方针后，打电话给你，就立即行动。"

廖耀湘下午返回新民，立即着手进攻黑山的准备。他首先找来第71军军长向凤武，要他立即准备攻占黑山，并要求18日黄昏前完成攻击准备，然后通知潘裕昆、龙天武、李涛到兵团部，当面谈了经黑山、大虎山撤退营口的决心，并指示了行动要领，要他们当即协商在空间和时间上如何相互配合行动。

18日，蒋介石三飞沈阳，召集卫立煌、杜聿明、赵家骧等开会。杜聿明汇报了视察新立屯的情况以及与廖耀湘等商谈的意见，蒋介石听完，觉得廖耀湘对攻击锦州决心不大，说："据连日空军侦察，共军大批向北票、阜新撤退。我料定共军不会守锦州，现锦州已没有什么共军。"他要求卫立煌将沈阳附近的第52军、第6军全部调归廖耀湘指挥，继续向锦州攻击前进，协同东进兵团，一举收复锦州。他一再征求卫立煌、杜聿明的意见，两人心里犯难，又不好明说，只能推脱给赵家骧，让他先作情况判断，再研究是否可以收复锦州。

赵家骧起身对着地图，分析了双方目前的态势，最后说："两相比较，敌军兵力超过我军近两倍，而且无后顾之虞，可以集中兵力同我决战。而我军既要保沈阳，又要收复锦州，南北分进，既不能合击，又有被敌军各个击破之虞。所以，继续向锦州攻击，是值得慎重考虑的。"蒋介石一听与他的意见相悖，生气地说："我们有空军优势，炮兵优势，为什么不能打？"说着转身问罗泽闿："罗参军看怎么样？"罗泽闿哪敢违背蒋介石的意愿，忙奉承说："委员长的看法是对的，我们空军、炮兵都占优势，可以南北夹击，一举收复锦州。"蒋介石听了很高兴，脸上现出一丝笑容，又问杜聿明："光亭的看法？"杜聿明自知推托不过，只好硬着头皮说："赵参谋长的判断可能符合实际情况，目前敌我力量悬殊，还是以守为攻，相机收复锦州为好。"蒋介石心头刚刚泛起一点快意，又被杜聿明的一番话冲销了，他没再作硬性的决定，只是怏怏不乐地说："你们研究研究再说。"当天，蒋介石飞回北平。

廖耀湘已做好了攻击黑山的一切准备，只等卫立煌一下令，他便开始行动。18日晚，他打电话给卫立煌，说准备于次日拂晓攻击黑山。卫立煌因当晚接蒋介石急电，要他明日和杜聿明一起到北平开会，忙对廖耀湘说："一定要等候命令再行动。"

19日上午，卫立煌与杜聿明同机飞赴北平。在飞机上，杜聿明与卫立煌商议，建议蒋介石迅速将廖耀湘兵团撤回新民，待部队整补后，再相机收复锦州。如果蒋介石放弃东北，也只有从营口撤退，而不能强攻锦州。卫立煌非常赞同撤回沈阳的意见，这是他一贯的主张，但对从营口撤退未置可否，只是表示等见了蒋再说。

下午2时，蒋介石在东城圆恩寺行邸召集傅作义、卫立煌、杜聿明进一步商讨东北行动部署。卫立煌一开始仍坚持集中兵力守沈阳，蒋介石却非要收复锦州不可，争论了四五个小时，仍然无法统一。杜聿明站到了卫立煌一边，蒋介石本欲希望傅作义支持他的意见，可是傅作义作为陪客却顾左右而言他，表示："关系国家大事，要好好地考虑。"蒋介石见自己成了孤家寡人，颇为恼怒，站起来大骂卫立煌，然后懊悔地说："马歇尔害了我们的国家。原来在抗战胜利后，我决定军队进到锦州后再不向前推进。以后马歇尔一定要接收东北，把我们所有的精锐部队都调到东北。弄得现在连守南京的部队也没有了。真害死人！"杜聿明听了，想起了三年前他率部进占锦州时接到蒋介石"非有命令再不准前进"电令的情形，明白了蒋介石当时的用意。可是现在情况变了，再坚持收复锦州，东北全军将陷入覆灭的境地。杜聿明为迎合蒋介石的心理，打破僵局，提出两个方案：一个是东北全军有计划地迅速从营口撤退；一个是先以第52军占领营口，将廖兵团转移至黑山、大虎山以南并攻击之，如成功，进而收复锦州，如不成功，即逐次抵抗并迅速向营口撤退。蒋介石始终不愿明令放弃东北，认为后一个方案符合他的意图，便同意了。卫立煌、傅作义未再作声，会议就这样结束了。

当天午夜，蒋介石又派罗泽闿到杜聿明住处传达他的意旨，要杜聿明去东北接卫立煌的事。杜聿明眼见东北败局已定，不愿自讨苦吃，当着罗泽闿的面给顶了回去。第二天一早，他又怕罗泽闿告他的状，便早早来到蒋介石行邸，陈述自己的意见。蒋介石边吃早点，边征询杜聿明的意见，说："昨晚同罗参军谈得怎么样？"杜聿明说："我觉得还是卫俊如在东北，我回徐州比较好。"蒋说："徐州不要紧，重要的还是东北。你去接卫俊如的事，指挥廖耀湘打锦州，一切都有办法。"杜聿明问蒋介石说："校长看收复锦州有几成把握？"蒋说："六成总有。"杜聿明心想，有六成把握就同解放军决战，岂不是犯了兵家大忌，于是引孙子兵法劝道："夫未战而庙算胜者，得算多也，未战而庙算不胜者，得算少也。多算胜，少算不胜……"他怕触怒蒋介石，未敢说出"而况于无算乎"这句话，只是说："如此看来恐怕凶多吉少。"蒋介石沉思良久，说："锦州是我们东北的生命线。我这次来时，已经同美国顾问团商量好，只要我们保全锦州，美国就可以大量援助我们。现在应研究如何把锦州的敌人打退，将沈阳的主力移到锦州，保全锦州，以后我们一切都有办法。"杜聿明这时进一步明白了蒋介石执意要收复锦州的缘由。蒋介石最后说："我已经决定让你去东北，你应该听我的命令，赶快去接卫的事。"杜聿明不愿从命，还想力陈己见，蒋介石大发脾气："你们黄埔学生都不服从我的命令，不照我的计划执行，懦怯畏敌，这样子我们要亡国灭种的！"蒋介石边骂边上楼去了，把杜聿明撂在了那里。

杜聿明被骂得心慌气虚，未敢离开。呆坐了一个多钟头，蒋介石似乎消了气，又走下楼来，对他说："我们再谈谈。"杜聿明把刚才想好的理由又和盘端了出来，力陈道："校长栽培我到东北接卫的事，在个人讲是衷心感激的，也应该服从命令，可是从国家剿共大计着想，目前我们作战的主力靠的是黄埔学生，我应该不计名利地位。但在长春、锦州遭到全军覆灭的是我们同学，如果再将沈阳送掉，势必舆论哗然，影响黄埔将领，影响校长的威信，甚至使校长无法重用黄埔同学。"他看了看蒋介石，接着说："东北胜败之局已定。目前攻既不可能，守卫比我驾轻就熟。只要守住沈阳、锦西两大据点，可以牵制敌人80万大军，既可以减轻华北压力，又可利用海路转运兵力，拱卫首都，增加徐州的兵力与敌人决战。徐州之战胜负极大，我觉得我有赶快回徐州的必要。"蒋介石沉思了一下，说："你既然深明大义，不计个人名位，那么就以原名位调到东北，任卫的副总司令兼边区司令官，司令部设在葫芦岛。"杜聿明见无法再推卸了，只好说："我先到葫芦岛看看再说。"蒋介石说："你先到沈阳召集廖耀湘、周福成，把我的命令直接下给他们两人，要周福成守沈阳，廖耀湘带现有部队打黑山，收复锦州，并将第207师也归廖耀湘指挥，第52军还是先占营口，掩护廖耀湘的后路。"蒋介石把卫立煌撂在一边，杜聿明觉得很难为情，说："最好命令还是交卫下达，我再同廖耀湘详细部署。"蒋介石说："你去替我给廖耀湘下命令，有我负责。我跟俊如说这一计划归你指挥。"下午，蒋介石在行邸召集卫立煌、傅作义、杜聿明，宣布了他的决定，说："现在要杜聿明任卫的副总司令兼冀热辽边区司令官，驻在葫芦岛，先同卫一道回沈阳给廖耀湘、刘玉章下命令。要廖耀湘以营口为后方，全力攻锦州；要刘玉章先占领营口掩护后方；同时葫芦岛、锦西部队亦向锦州攻击。"蒋介石"规复锦州"的方针，就这样定了下来。

卫立煌、杜聿明领命即飞回沈阳。杜聿明在飞机上向卫立煌讲述了上午他与蒋介石谈话的经过，卫立煌说："不是今天的事，从今年春天起，就三令五申要打通沈锦铁路，将主力移到锦州，我一直顶着。蒋几次来沈阳都是不顾大家反对，不分皂白地骂人。我不同意就不参加意见，也不执行他的命令。"杜聿明听卫的口气，觉得很难执行蒋的命令，于是问："对蒋的命令如何办？"卫立煌叹了口气，说："我们打电报到沈阳，叫廖耀湘、刘玉章来，把蒋的口头命令讲给大家听，研究看如何办。"卫立煌、杜聿明回到沈阳于当晚向廖耀湘、刘玉章传达了蒋介石的口头命令，几个人在卫立煌家中长谈至深夜，始终揣摩不出蒋介石是何心理，只好各自领命而去。

在争吵了5天之后，廖耀湘终于得到了进攻黑山的行动命令，但是时间已经太迟了。毛泽东和林彪迅速转变方针，确定围歼廖耀湘兵团。

在攻打锦州时，林彪把打援的重点放在锦（西）葫（芦岛）方面，对廖耀湘兵团未加多虑。毛泽东于10月11日、12日电示林、罗、刘，指出："只要不怕切断补给线，让敌进占彰武并非不利，目前数日你们可以不受沈阳援敌威胁，待锦州打得激烈时，彰武方面之敌回头援锦，它已失去时间。""沈敌进占彰武置于无用之地，表示卫立煌想用取巧方法，引我回援，借此以解锦州之围，不敢直援锦州，避免远出被歼之危险。"打下锦州后，林彪考虑下一步攻击方向，一是按预定计划打锦葫侯镜如东进兵团，一是调整部署转兵打辽西廖耀湘西进兵团。此时廖兵团滞留于彰武、新立屯之间地区，迟迟不进，因此，中共中央军委决定还是攻打锦葫。17日凌晨，毛泽东在给林彪、罗荣桓、刘亚楼、谭政并告东北局的电报中指出："你们下一步行动，我们认为宜打锦、葫，并且不宜太迟，宜在休整十五天左右即行作战，先打锦西，后打葫芦岛，争取十一月完成夺取锦葫任务。""因为锦葫守军是国民党嫡系，和锦州守军多为杂牌不同。我克锦州，卫立煌实际上坐视不救，必为许多人所不满。故我攻锦葫时，沈敌可能增援。而只要沈敌远离沈阳，走大虎山、大凌河增援锦葫，便于大局有利。"18日10时，林、罗、刘在致中共中央军委的电报中也认为"只有攻锦葫为好"。

但是，林彪的目光还是盯着廖耀湘。在他看来，锦葫方面两军已打成对峙，很难在两军阵地间打出击，因此他一直关注廖耀湘的动向，决心和部署仍放在辽西方面。几天来的《阵中日记》这样记载：

16日："我决乘胜回头围歼沈阳西援之敌，同时以一部围歼长春可能突围之敌。"

17日："先歼长春突围之敌，并以引敌深入之方针，把敌引到沟帮子一线后，再行聚歼之。对西线之敌，仍取坚决抗击之。"

18日："形势发展对我更有利，我决在锦州以东地区，再歼敌一二十万人。"

看得出来，林彪在长春第60军起义后，更加坚定了在运动中求歼廖耀湘兵团的决心。诱敌深入，分割围歼，打运动战，这是林彪的拿手好戏。

19日，东北野战军侦知廖耀湘兵团由新立屯有继续南进的动向，林彪等认为廖兵团如仍向锦州增援，"则我们来不及先歼锦、葫之敌，而只有先歼灭由沈阳向锦州前进之敌"。因此当日14时，林、罗、刘致电中共中央军委，建议不打锦葫之敌，采取诱敌深入的方针，围歼廖耀湘兵团。17时，毛泽东复电指出："如果在长春事件之后，蒋、卫仍不变更锦葫沈阳两路向你们寻战的方针，那就是很有利的，在此种情形下，你们采取诱敌深入打大歼灭战的方针甚为正确。"22时，毛泽东又来电指出："因沈敌决心撤退，你们须用全力抓住沈敌，暂时不能打锦葫。在歼灭沈敌以前，锦葫应由攻击目标改变为钳制目标。"同日18时，高岗、伍修权在给林、罗、刘并报中央军委的电报中指出："长春问题已解决。在此情况下，估计沈阳之敌将以主力沿北宁路两侧向锦州方向突围，并以一部向营口突围。"

形势发生重大变化，各种情况和商讨意见，立即通过电波在牤牛屯、西柏坡、哈尔滨之间频繁传递，并迅速形成统一方针。林、罗、刘于19日21时向中共中央军委电告了他们的行动计划：

（一）估计彰武、新立屯地区之敌，有可能在现地不动，等整八军到锦西后，再南北配合向锦州前进，沈阳之敌则向营口撤退。但亦有另一可能，即是现在彰武、新立屯之敌，撤回新民、沈阳，利用辽河阻隔我军，全部向营口撤退。

（二）如我攻锦西，须准备海岸边与敌十二个师作战，地区狭窄，我兵力用不上。敌则扼原有强固工事抵抗，战斗不能很快解决。新立屯、彰武地区之敌，则乘虚进占锦州，使我既打不下锦西，又未能歼灭向锦州前进的敌人，则对我不利。

（三）我们建议：如沈阳之敌仍继续向锦州前进时，则等敌再前进一步后，再向敌进攻。但若干征候敌不再前进，或有向沈阳撤退转向营口撤退的象征时，则我军立即迅速包围彰武、新立屯两处敌人，以各个击破方法，将新一、新三、新六、七十一、四十九军全部歼灭，使之不能退回新民、沈阳和退至营口。目前该敌有随时缩回沈阳的可能，故我军须速决定行动方针。

盼军委即回电指示。

20日凌晨4时，毛泽东复电林、罗、刘，指出："你们行动方针已有电示，即不打锦葫而打廖耀湘。我们完全同意你们的建议，如廖兵团继进，则等敌再进一步再进攻之；一经发觉敌不再进，或有退沈阳退营口的象征时，则立即包围彰武、新立屯两处敌人，以各个击破为方法，以全歼廖兵团为目的。望即本此方针，即刻动手部署，鼓励全军达成任务。"当日7时，毛泽东又电示林、罗、刘："以一、二、三、五、六、七、八、九、十共九个纵队二十七个师全部，分割包围廖兵团五个军十二个师。"

东北野战军向黑山、大虎山疾进，从正面阻击国民党军"西进兵团"

东北野战军决定采取"拦住先头，拖住后尾，夹击中间"的战法，迅速作出围歼廖耀湘兵团的部署。20日10时，林、罗、刘在作战命令中强调指出："此次大战全局关键在于是否能截断新立屯、彰武之敌的退路，如敌退路已断，则沈阳之敌亦被拖住。"同时还规定："万一我军未能在新立屯、彰武抓住敌人，该敌转向营口撤退时，则除由长春附近南下之部队外，我军主力即在沟帮子迅速东进过（辽）河作战，在营口、牛庄之间歼灭该敌。"18时，林、罗、刘、谭向部队下达了全歼东北国民党军的政治动员令，指出："目前敌人已表现极端恐慌与混乱，正准备放弃沈阳，企图向营口，或向锦州、葫芦岛夺路南逃，从东北作总撤退。蒋介石亲到沈阳指挥，沈阳之敌倾巢西窜，进占彰武、新立屯一线。锦西、葫芦岛仍在陆续增兵并与我军对峙中（即为此种总撤退做准备）。我军应趁敌人连遭惨败恐慌混乱企图作总撤退之时，乘胜继续大量歼灭敌人，不让敌人逃出东北，争取连续的伟大胜利。目前我们决以我东面打援之部队与攻锦各部首先抓住从沈阳出来之廖耀湘兵团，从野战中歼灭之。对锦西、葫芦岛之敌则实行阻挡。"同时指出："我东北全部兵力将更大集中南线作战，兵力之雄厚为空前所未有，以此压倒优势的强大兵力，杀向居于极端劣势的敌人，是无往不胜的。各部在此形势下必须有连续打大胜仗的雄心，一口吃掉敌人七八个师至十数个师，一次俘虏七八万至十数万。""由于敌之退路已被我堵住，敌必拼死挣扎，企图逃脱其覆灭的命运，故战斗会是极其激烈的。我各部决不可轻敌，不可因为打了胜仗漫不在意，必须像锦州战斗一样，以勇猛果敢、前赴后继的精神，不怕困难、不怕疲劳的精神，争取大胜，争取全歼东北蒋匪军，解放沈阳，解放东北全境。"

21日6时，毛泽东复电林、罗、刘：完全同意围歼廖耀湘兵团及其他各项部署。

一场关系辽沈战役胜利进程的决定性战役在辽西展开。

廖耀湘出击黑山、大虎山，林彪回师辽西

廖耀湘早已做好进攻黑山的部署，在拿到攻击命令由沈阳返回兵团

指挥部的当晚，他即以电话通知第71军军长向凤武于次日（21日）拂晓开始攻击黑山。

黑山是进出大洼、营口或退往沈阳或西进锦州的唯一走廊。占据黑山，廖兵团就会获得进退之行动自由。廖耀湘决以第207师第3旅在兵团直属重炮掩护下，从黑山东面的胡家窝棚向西正面攻击黑山；以第71军两个师为主力，从黑山以北向南侧击并包围黑山。

廖耀湘判断黑山守军兵力不大，进攻黑山容易得手。但是他不知道，林彪此刻已调动攻锦主力向辽西扑来，转瞬间林彪又走在了他的前面。20日，各部接到围歼廖兵团的命令，即利用夜间隐蔽东进。攻锦各部回师辽西，向新立屯、大虎山、黑山方向隐蔽开进；第5、第6纵队拖住廖兵团后尾，向阜新东北广裕泉和彰武东北地区移进；第10纵队、第1纵队第3师、内蒙古军区骑兵第1师拦截先头，由新立屯地区后撤到黑山、大虎山地区。

21日拂晓，第10纵队司令员梁兴初、政治委员周赤萍率部进至黑山、大虎山预定地域，纵直位于黑山县城。当日中午接林罗刘电示："令你们即返黑山、大虎山，选择阵地，构筑工事，顽强死守，阻击敌人，掩护主力到达后，聚歼前进之敌。"梁兴初、周赤萍立即召集会议，作出部署：以第28师坚守白台山至高家屯一线，控制黑山县城；以第30师坚守大虎山一线；以第29师坚守前江台、蒋家店、小白台子一线，形成一条长约25公里的弧形防御阵地。梁兴初交代完任务，最后斩钉截铁地说："要求只有一个：只准打好，不准打坏！"纵队还通令各师、团："应有顽强英勇精神，无命令不离阵地，不断修理阵地，组织防坦克组，仿效四纵顽强坚守塔山阵地之精神，将我们阵地巩固成稳于磐石金城汤池。"各师受领任务后，星夜赶筑工事，准备迎接更加残酷的战斗。

同日，廖兵团开始行动。第49军主力和骑兵3旅向新民至黑山公路间的要道半拉门发起猛攻，以炮火反复轰击，摧毁了野战工事。独立第2师为掩护第10纵队在黑山、大虎山地区组织防御，采取以攻为守，不断以反冲击战法挫败其轮番强攻。战斗进行了一天，国民党军未能向前推进。第71军由新立屯以南芳山镇南下，同样进展迟缓。廖耀湘判断林彪的主力可能很快回师到新立屯、黑山、大虎山地区，时间对他来说极为不利，他认为整个兵团生存的希望在于迅速攻占黑山。他对新1军军长潘裕昆说："进攻黑山，乃统筹全局消弭隐患之要策，须竭力设法攻占。"他令新1军将所属重炮暂交第71军军长向凤武指挥，于22日继续进攻黑山。他还要潘裕昆率两个师必要人员亲临前线视察，督导攻击，并作出新1军参加黑山攻击的腹案，然后向他报告。

22日，廖耀湘为尽快打通黑山以东地区的通路，便于兵团主力向南集结，调新3军第14师投入半拉门地区作战，增援第49军。这天战斗更加激烈残酷，独立第2师前沿阵地鹿砦、战壕、掩体被国民党军猛烈炮火悉数掀平，阵地多处被突破，数次易手，英勇顽强的战士们以白刃突击，血肉相搏，战至黄昏，稳定战局。独立第2师经2天阻援作战，为第10纵队坚守黑山、大虎山争取了时间，完成了预定任务。在内蒙古骑兵第1师接应下，当日利用夜幕，奉命隐蔽南进，转入盘山地区集结待命。与此同时，第71军向黑山方向进攻，接近第10纵队尖山子警戒阵地，第207师第3旅逼近胡家窝棚警戒阵地，切断半拉门至黑山的公路。当日下午，潘裕昆向廖耀湘汇报了第71军前线攻击情况，廖耀湘即改令潘裕昆为进攻黑山的指挥官，统指新1军、第71军及第207师第3旅于23日继续攻击黑山，并限当晚占领黑山。

23日，廖兵团对黑山发动总攻击，战斗首先在尖山子和胡家窝棚警戒阵地打响。凌晨3时，第207师第3旅在重炮掩护下，向骑兵第1师防守的胡家窝棚阵地猛攻。第1团参战人员300余人，依托赶修的工事，击退国民党军多次冲锋。团长平安负伤后仍指挥战斗，第2连连长布和吉雅负伤不下火线，最后英勇牺牲。战至中午，全团牺牲60余人，毙伤国民党军数百人，完成阻击任务，奉命转移到大虎山一带布防。在尖山子方向，上午9时，第71军第91师以2个营向第10纵队第28师第82团7连警戒阵地展开猛烈攻击。司令员梁兴初令第28师师长贺庆积：死守一天即算完成任务。

上午，国民党军连续组织两次冲锋，皆被守卫的战士们以机枪和手榴弹组成的机动火力封锁击退。梁兴初向林、罗、刘报告了前线战况，当即得到回电："盼你们加强决心，深入动员，务须使敌在我阵地前尸横遍野而毫无进展。只要你们守住黑山三天，西逃之敌必遭全歼。"当日9时，林、罗、刘、谭还电示各纵队："沈阳、新民、彰武、新立屯之敌，正全部经大虎山、黑山向南总退却。我军决全力乘敌撤退中与敌决一死战，以连续作战方法求得全部歼灭敌人，此战成功，则不仅能引起全国军事形势之大变，且必能引起全国政治形势的大变，促成蒋介石迅速崩溃。我全体指战员须振奋百倍勇气与吃苦精神，参加此一光荣的大决战，不怕伤亡，不怕疲劳，不怕遭受小的挫折，虽每个连队遭受最大伤亡（每个连即打散或剩几个人也不害怕），但对全国革命说来仍然是最值得的。"这些指示传到阵地，极大地鼓舞了阻击部队的士气，战士们纷纷表示："轻伤不下火线，重伤不叫哭；兄弟部队不赶到，就坚决守住阵地！"

下午，国民党军加强炮火支援，采取数路并进战术，又组织第三次进攻。7连长田老保指挥战士们分兵把口，沉着应战，集中使用火力，发挥机步枪和手榴弹短距离杀伤效力，待国民党军冲至近前时，突然开火，打得国民党军措手不及，仓皇溃退。国民党军第三次进攻失败后，于黄昏前又发动两次攻击，都被挫败。7连以英勇顽强的作风，一天打退国民党军5次进攻，为主阵地做好阻击准备，争取了宝贵的时间。天黑后，7连奉命撤出尖山子警戒阵地。同时，第8纵队和第1纵队第3师奉命迅速向大虎山地区和黑山以西地区前出待机，增强黑山、大虎山地区侧翼防御。

廖耀湘当日见攻占黑山的计划失败，判断黑山守军顽强死守，是在等待攻打锦州的主力回师。另据新1军骑兵团向北镇搜索侦察报告，攻锦主力部队已进至北镇地区，比他预期的时间要早，他顿时感到时机紧迫，如果等攻下黑山再向营口撤退，恐怕为时已晚。因此他决定向营口、大洼撤退，并立即打电话报告卫立煌。卫立煌同意他的意见，并叮嘱说："万不得已时，可退回沈阳。"

当晚9时，廖耀湘下达了向营口撤退的命令：新6军于24日拂晓开始行动，经黑山、大虎山以东直退大洼地区；新3军先头师紧随第49军后尾于25日由新立屯行动，后卫部队节节抵抗，进至黑山以东地区，占领交通要点，待新1军部队到来；第71军指挥的骑兵旅于24日移至彰武、新立屯地区实行正面搜索，掩护兵团主力后尾部队转移；潘裕昆仍统指新1军、第71军和第207师第3旅于24、25日攻击黑山，掩护兵团主力通过走廊。

在廖耀湘下令向营口撤退的同时，第10纵队正在召集师以上干部会议，研究部署围歼廖耀湘兵团的作战计划。深夜11时，会议正在进行之时，第28师侦察队抓到第71军第87师一名传送作战命令的通信班长。这个俘虏送来的正是时候，第10纵队从俘虏手中的文件判断国民党军主要突击方向将指向黑山。梁兴初在会上提出了"人在阵地在，与阵地共存亡"的号召，要求各师做好打恶仗的准备。各师连夜加修工事，迎接一触即发的一场恶战。

24日晨6时，国民党军4架战斗机从沈阳前来助战，轰炸黑山县城。紧接着位于张家窝棚的兵团重炮阵地，以猛烈炮火轰击高家屯一线。弥漫的硝烟笼罩着黑山阵地，国民党军进攻黑山的战斗终于开始了。

梁兴初了解到第29、第30师阵地尚无攻击动向，庆幸昨晚的判断是正确的，国民党军进攻的重点是黑山。他亲自前往第28师设在黑山城北高地的指挥所。贺庆积见梁兴初到来，迎上去报告说："司令员，敌人在高家屯干起来了！"梁兴初问到前线情况，贺庆积回答说："敌人第一次冲击即展开3个营，一路冲向92高地，一路冲向101高地，一路冲向石头山，以101高地攻势最猛。"话音未落，飞机的轰鸣声和炮弹的爆炸声又在高家屯方向绞成一片。梁兴初举起望远镜透过瞭望孔望去，只见101、92高地已经裹卷在团团尘烟之中。他转身对贺庆积说："敌人避开我刀尖锋芒，从侧翼攻我刀背，这一着确实很毒啊！我们现在得随时准备把刀尖转过来，要让高家屯阵地，成为刺进敌人胸膛的一把利剑！"贺庆积答道："请司令员放心，高家屯阵地交给我们，我们就有决心把它守住！"

第71军第91师以一个营同时向白台山阵地发起进攻，从侧翼牵制配合进攻高家屯，但第28师没有被迷惑，仍把阻击的重点放在高家屯一线。第207师第3旅在飞机和重炮的掩护下，又发起第二次猛攻。守卫在101、92和石头山阵地的第84团2营组织突然而又密集的火力，与国民党军展开反复冲杀。英勇的阻击战士们不怕烟熏火烧，不畏流血牺牲，断骨再战，血染黑土，予国民党军一次又一次惨重的杀伤。战至中午，国民党军集中所有重炮群向三处高地展开猛烈轰击，继以1个半营兵力猛攻石头山阵地，6连1排连续击退国民党军三次冲锋，子弹、手榴弹打光了，就用石头砸，最后只剩4个人，因寡不敌众，致使石头山阵地失守。下午3时，国民党军又以1个营猛攻92高地，4连战士们英勇反击，在不到20分钟时间，击毙国民党军200余人，最后剩下20余人，奉命撤出阵地。1排长李永发为掩护全连撤退，带领5名战士，展开白刃格斗，全部壮烈牺牲。

92高地失守，国民党军又集中两个营兵力，向101高地冲击。这时第71军以4个营兵力，向第29师坚守的白台山阵地发起冲击，新6军新22师也加入战斗，向第30师坚守的大虎山四台子阵地展开凶猛的攻势，第10纵队南起大虎山铁桥，西至水淀，全线展开激战。战斗在高家屯一线开始倾斜。101高地上仅有4、6连余部和营通信班共20余人，工事全被炸毁，他们只好利用弹坑，以手榴弹反击，连续打退国民党军4次冲击，最后只剩5个人，经一场激烈的肉搏战，全部牺牲。101高地最后失守。

贺庆积见高家屯阵地被突破，立即命令第82团1、3营统由第84团副团长蓝芹指挥，并调集师属12门山炮增援，立刻反击高家屯。下午4时20分，1营突击101高地，3营兵分两路直奔石头山和92高地。国民党军立足未稳，即遭到猛烈炮火的轰击，反击部队的战士们以神速动作，趁着翻卷的浓烟突然冲上阵地。一排排手榴弹飞向敌阵，惊慌失措的守军无力组织抵抗。只半个小时激战，101高地180多名守军全部被歼，刚刚占据石头山和92高地的守军，纷纷溃退。红旗再一次飘扬在高家屯阵地上。

当日下午，廖耀湘率兵团前进指挥所到达胡家窝棚。此时新6军军部及第169师也已进至胡家窝棚，新22师已前出至大虎山以东锦沈铁路及其以南地区。廖耀湘令李涛新6军进至现地点停止，以第169师占领胡家窝棚以西高地，增援第207师第3旅，以新22师攻击并相机占领大虎山，掩护兵团主力通过黑山及大虎山以东和以南地区；令郑庭笈指挥第49军并新3军第14师为兵团先头部队，经大虎山以南，向大洼、营口

东北野战军坚守 101 高地，顽强阻击国民党军

撤退，并担任兵团战略前卫任务；新3军主力于25日转移至黑山以东地区，俟新1军、第71军攻击黑山部队撤下后，随第49军跟进。黄昏时，第49军到达黑山东北半拉门，廖耀湘遂令李涛指挥第169师与第207师第3旅于25日在重炮掩护下，再次发起对黑山的攻击。

第10纵队经过一天激烈的反复争夺，遏制了国民党军凶猛的攻势，使廖耀湘占领黑山的计划遭受挫折。入夜，梁兴初、周赤萍召集纵队师以上干部会议，断定国民党军明天的主攻方向仍将是高家屯阵地。梁兴初分析了国民党军可能发动的攻势，强调说："明天，是起决定作用的一天！不管有多大压力，只要主力没赶到，就一定坚决守住！"他肯定了第28师坚守高家屯阵地的做法，说："今后的作战方案，就是一句话：阵地丢了，马上拿回来！"

寒风裹挟着浓烈的硝烟，吹袭着燃烧的阵地。第82团2营换下第84团2营，继续坚守高家屯阵地。战士们拖着疲惫的身子，连夜抢修工事。黑山村镇的百姓，扛着铁轨，抬着木料，前来支援。被毁坏的工事，一夜之间，又全部恢复起来。军民合力，在阵地上筑起了一道坚不可摧的铜墙铁壁。

25日拂晓，国民党军重炮群指向高家屯一线，101、92、石头山高地顿时淹没在一片炮火之中。李涛以第169师换下第207师第3旅，倾全师兵力，以成团的密集队伍发起猛攻。早8时，10架国民党军飞机前来助战，进行低空轰炸扫射。李涛决心打下黑山，让第207师第3旅旅长许万寿看看，可是他在一个小时连续发起的三次冲锋，都被击退。接着又使出更加残酷的手段，以一个连的兵力向石头山阵地冲锋，待两军混战一团时，不分敌我，即以炮火轰击，夺得石头山阵地。然后以4个营兵力压向92高地。贺庆积见情况危急，立即令山炮营以炮火阻击，国民党军也以重炮群实施压制射击。坚守92高地的5连，连续打退国民党军两次冲击，阵地上只剩十余名战士。当国民党军发起第三次冲锋时，战士们浴血拼杀，最后拉响成束的手榴弹，与蜂拥而上的国民党军同归于尽。

国民党军连占石头山、92高地，紧接着转向101高地。第169师组成两个进攻团队，每次以两个营的兵力，实行轮番攻击。4、6连战士在2营营长侯长禄指挥下，以密集火力和爆破筒实施近距离反击，反复争夺20余次，战至下午2时，使国民党军未能前进一步。国民党军调集重炮群，进行报复性轰击，并以金钱利诱，组织300多人的敢死队，孤注一掷，发起最后的冲击。国民党军连日来凶猛的炮击，将101高地几乎削平了2米。阻击部队的战士们机智灵活地隐蔽在山背的防炮洞里，待炮火一停，即闪电般出现在阵前。子弹、手榴弹越来越少，侯长禄沉着指挥，他令机枪射手先打指挥官，再扫顽敌，英勇的战士们继以反复肉搏，使国民党军敢死队也不得不溃退下去。国民党军以重炮再次轰击101高地，同时以一部兵力攻进黑山城北孙家屯，占领黑山城东94高地，致使101高地处于三面被困境地。第82团教导队学员迅速出击，夺回94高地，3营以白刃反击，将孙家屯守军驱逐。但101高地因弹尽人寡，于下午4时被国民党军攻占。

残酷的战斗，使阻击部队极度疲劳，贺庆积准备晚上再作反击，梁兴初果断命令："一定要黄昏前反击！"贺庆积接到命令立即去前沿指挥所，亲自指挥反击。梁兴初理解贺庆积的困境，抽调第89团2营增援高家屯，并亲自去黑山城北观察。他用望远镜观察到国民党军正从胡家窝棚前来增援高家屯，立即令第28师山炮营封锁胡家窝棚村前公路，迫使国民党军缩了回去。下午6时，第82团全部和第84团3营，分四路直扑高家屯。第82团1营主攻101高地，第84团3营从两侧包围；第82团2、

东北野战军炮兵向黑山一线进攻的国民党军猛烈轰击

3营分两路夺取石头山和92高地。国民党军立足未稳，马上遭到反击部队炮火的猛烈轰击。战斗英雄倪恩善率领尖刀连巧妙避开机枪火力封锁，迅速冲上101高地山腰，连破4个机枪火力点，全歼守军，收复101高地。与此同时，第82团2、3营也乘势夺回石头山和92高地。至6时50分，高家屯阵地全部收复。

当日，在黑山城北方向，第71军第91师猛攻白台山阵地，第83团3营8连抗击国民党军两个团兵力6次冲击，第29师第85团也打退国民党军1个团连续两次冲击，守住了阵地。在大虎山方向，新6军新22师以1个营进攻王家窝棚，被第30师击退。新22师第65团攻击赵家窝棚，碰巧与先期赶到的第8纵队第22师第65团相遇，两军在12个小时连续6次交锋血战，最终有"虎师"之称的国民党军新22师还是被东北野战军第22师击退。坚守赵家窝棚的1营付出了较大伤亡，出色地完成了阻击任务。副营长萧荣悦负重伤，1连副连长蒋林布率1排展开白刃格斗，头部受重伤，倒地后拉响手榴弹，与国民党军同归于尽。1排除3人外，全部负伤、牺牲。在烈士黄召化、刘春甫、刘海洲、邵才、徐志远、杨宝珍、杨振宽、周北清、贾贵、张彬、冯振奎、张德顺、王勤禄、周玉迟等14人的刺刀上都沾满了血迹。与此同时，第8纵队第23师进至大虎山至台安公路与绕阳河交汇处的六间房地区，与南撤营口的第49军第105师部和直属队相遇，即展开激战，将其击溃。第105师前卫团抢占盘山和台安渡河要点，恰好与奉命由盘山北进的独立第2师在台安西北魏家窝棚迎头相撞，大部被歼。

廖耀湘兵团南撤营口的去路，事实上已经被截断了。

原来，独立第2师于20日奉命以4天行程进至营口，阻止国民党军由海上增援或撤退，林彪还特意派参谋处长苏静带一个重炮连前去统一指挥。22日，独立第2师转进盘山集结，并奉命抢占营口。翌日，林彪因得到驻辽阳的第52军第2师已到新民的不确实情报，认为独立第2师去营口无仗可打，遂令其北进至新民与半拉门之间，参加围歼廖耀湘兵团作战。然而，第52军于23日以1个团抢占海城、牛庄，翌日即占领营口。中共中央军委于24日电示林、罗、刘："你们应从各独立师中抽出一部向南，歼灭鞍山、海城、牛庄之敌，并控制营口，阻塞敌人向海上的逃路。"此时控制营口已经来不及了，林、罗、刘调整部署，决心以主力兼程前进，切断廖耀湘兵团的退路。24日，独立第2师奉命向胡家窝棚、谢家窝棚、元山子一带穿插。25日凌晨，独立第2师前卫4团进至盘山高升以北地区与新6军骑兵侦察队相遇，迅速将其歼灭。拂晓，在魏家窝棚附近又与第49军第105师前卫团一部遭遇，仅用20分钟就将其全部缴械。独立第2师主力乘势抢攻，击溃第105师。战至8时，与第8纵队指挥所会合。

围歼廖耀湘兵团的前哨战斗，就这样由第8纵队和独立第2师首先打响。

25日中午，苏静见总部的命令还没到，便对独立第2师师长左叶说："我们不能再等了。敌人昨天占了营口，今天廖耀湘肯定南逃。你师于三点半出发，目标是大虎山以东地区。遇见敌人就马上迎头痛击，打他个措手不及。你们要有打大仗、打硬仗、打恶仗、打滥仗的思想准备。一定要咬住敌人，等待主力大部队一到就算完成任务。"苏静待独立第2师出发，然后登车返回总部。不久，林、罗、刘向各部下达了作战命令："五、六、七、八纵应即由现地向台安急进。八纵并以卡力马为主要目标阻敌过河。独二师应即至台安东大胆猛击退却之敌。"

林彪围歼廖耀湘兵团的部署已经全面展开，而廖耀湘此时还蒙在鼓里，他对执行兵团先头和后尾任务的部队出现的严重情况，竟全然不知。当日上午，兵团先头部队向营口撤退之路首先被截断了。第49军第105师前卫团被歼，即与师部失去联络，军部也不知道。郑庭笈没有执行他的兵团战略前卫的任务，没有使用主力继续搜索侦知解放军的包围圈究竟有多大，反而停止在大虎山以东陈家窝棚地区。而下午，兵团后尾部队又出了问题。空军用陆空联络电话向兵团部报告："在彰武以南发现一个长约5华里的大行军纵队，向无梁殿方向前进，是否我们自己的部队？如果不是，就轰炸了！"接电话的是兵团参谋长杨焜，他答复说："不是我们自己的部队，你们轰炸、扫射吧！"说完，他打电话把这个情况告诉在无梁殿附近的新3军军长龙天武，请他注意对付。可是他却忘了把这个重要情况向廖耀湘报告。新3军后尾部队受到由彰武南下的第6纵队猛烈追击，虽逐次抵抗，但没有在黑山通往沈阳公路已占领的要点做坚强的后卫阵地，以等待新1军后撤，致使第6纵队于黄昏时就渗透到这条公路上，把兵团部的特务营冲散了，截获十几辆卡车油料和弹药，切断了兵团的后方联络线。

廖耀湘对东北野战军南北夹击合围的态势，并不知晓，因此仍按他的预定计划，继续向营口撤退。他令新1军、第71军和新6军所指挥的攻击黑山的部队于黄昏停止攻击，在新6军第169师和第207师第3旅掩护下，撤退到胡家窝棚以东地区；第71军于当晚接替新6军第169师和第207师第3旅防务，待新6军于26日进至大虎山以东与新22师会合，在新3军之后向营口撤退。当天，潘裕昆和向凤武遵令率新1军和第71军从进攻地点向胡家窝棚以东地区撤退，较为顺利实施。但晚上接防又节外生枝，向凤武以夜间交接容易引起混乱为由，要求第71军于明日拂晓再接防，廖耀湘答应了他的请求。而潘裕昆到新3军接防时，龙天武更没当回事，还故作镇静地说："慌什么，明早天亮了再走不迟。"廖兵团上下一错再错，终致酿成全军覆灭的惨剧。

第10纵队从23日至25日，浴血奋战，英勇抗击廖耀湘兵团连续反复的集团冲击，死守阵地，以伤亡4144人的代价，毙伤国民党军8015人，俘6299人，取得了黑山、大虎山阻击战的胜利，为东北野战军回师辽西赢得了宝贵的时间。26日凌晨3时，第10纵队接林、罗、刘电令："北上主力已到达。敌已总溃退。望即协同一、二、三纵队，从黑山正面投入追击。"

围歼廖耀湘兵团的大会战，由此正式拉开帷幕。

廖耀湘兵团部被捣毁，林彪以乱对乱

林彪在牤牛屯指挥所来回踱步。

连日来的调兵遣将，加上战场上瞬息万变的情势，使他本来就异常活跃的思维更加急速地运转。他的目光完全盯在了廖耀湘的身上，围歼廖耀湘兵团的全般部署已在实施之中。能不能堵住廖兵团撤向沈阳的退路，将成为能否全歼廖兵团的关键。此刻，他正在焦急地等着第6纵队的消息。

第6纵队司令员黄永胜、政治委员赖传珠是24日黄昏前接到的命令："六纵各师应以强行军插到半拉门以西郭家窝棚、靠山屯、刘家窝棚一带，防敌向西南撤退。"25日中午，他们赶到预定位置，纵队警卫营在腰家窝棚与国民党军骑兵第3旅一部遭遇，将其击溃。黄昏时他们又接到向台安急进的电令，"途中遇小敌歼灭之，遇大敌则首先将敌退路切断"。17时又接到急电，要他们向大虎山以东的前后十八家子、关家窝棚一带前进，切断廖兵团的退路。命令一变再变，黄永胜、赖传珠只顾急行军，甚至没有来得及向林彪报告。

林彪有些沉不住气了，他不停地问刘亚楼："有消息没有？"可是消息就是不来。一向沉稳的林彪这时也生气了，责怪说："这个黄永胜，简直是乱弹琴嘛，怎么一点消息也没有呢？要让廖耀湘跑了，一定要严加处理！"刘亚楼本来是个急性子，见林彪发了脾气，火气也跟着蹿了上来，大声道："要让廖耀湘跑了，非枪毙不可！"

当天午夜，机要处截获一份电报，是卫立煌发给廖耀湘兵团的。林彪的秘书拿着电报与地图一对照，高兴得蹦了起来，拿着电报稿就往林彪住处跑。原来电报中规定的廖耀湘兵团各军各师当晚的宿营地仍在黑山、大虎山一带。这天林彪虽然提前上了床，但根本没有入睡，他听见秘书到来的脚步声，问道："有什么事？"秘书抑制不住内心的喜悦，大声答道："廖耀湘还没有跑掉！"并一连重复了两遍。林彪不解地问:"怎么回事?"秘书赶紧把机要处截获的电报内容复述一遍。出乎意料的是,林彪听完仍躺在床上一动不动。秘书以为可能刚才说得太快了,便试着问道:"是不是我慢点再念一遍?"他见林彪没有表示反对,于是放慢速度又念了起来。可是,等到第二次念完,林彪还是没有吱声。

秘书满以为林彪听到这个消息会很高兴,谁知林彪反倒沉得住气,无动于衷。他没有办法,只好失望地回到自己的房间。刚到门口,电话铃就响了,是刘亚楼打来的,问林彪是否看了卫立煌那份电报,有什么意见。秘书把刚才的经过如实讲了一遍,刘亚楼催促说:"你再去给他讲一下。"秘书知道这是军机大事,耽误不得,于是硬着头皮又转回林彪的住处。

林彪见秘书又转回来,依旧不紧不慢地问:"又有什么事?"秘书既不能说是刘亚楼要来的,又找不出新的理由,只好说:"刚才那份电报,可能是我没有说清楚。回去以后,我又仔细看了一遍,对照地图重新复查,觉得廖耀湘确实还没有跑。我怕耽误了大事,想再给你念一遍。"说完,便一字一句地念了起来。但是,林彪听完仍不置一词。这下秘书真着急了,大着胆子说:"看来廖耀湘真没有跑,是否赶快发几份电报?"林彪沉思了一会儿,说:"你记一下吧。"接着一口气连授了几份电报,有的是同时发给几个纵队的。看得出来,林彪一直在思考这个问题,他没有起来看地图,就把敌我形势说得清清楚楚。秘书赶紧整理好电报稿,然后照例以特急电发出。

黄永胜的电报终于来了。在电报中黄永胜告知:第6纵队第16师于26日凌晨3时半进至朱家窝棚,第18师于4时进至厉家窝棚车站,两师均与新3军第14师遭遇,展开激战。并说明:他们为了堵住廖兵团,部队全部强行军,战士只携带枪支、弹药,把行李和干粮袋都扔了,有的战士跑得吐血。部队经一日两夜急行军,20多个小时,前进200余里,根本没有休息,既没有埋锅造饭,也没有时间架设电台。林彪、刘亚楼看了电报,高兴起来,这回廖耀湘兵团确实被抓住了,他们悬起的紧张心情,如同一块落了地的石头,总算平稳下来。

廖耀湘本来令郑庭笈指挥第49军和新3军第14师执行兵团战略前卫

任务，打通向营口撤退的通路，可是郑庭笈在新6军猛攻黑山、大虎山以掩护兵团先头部队撤退之时，进至大虎山至老达房通往沈阳公路上的陈家窝棚却停止不前。此时，他既与自己先头部队断了音信，又与廖耀湘、李涛失去联络，因此只好将当面情况电告卫立煌。卫立煌于当日下午5时回电，令他率第49军和新22师、第14师立刻向沈阳撤退。他准备当晚行动，但新22师、第14师两位师长均坚持要和李涛、龙天武取得联络后再行动。谁也没有想到，就在这种进退失措的情形之下，廖兵团撤向沈阳的退路，也被突如其来的第6纵队给截断了。

26日凌晨4时，第6纵队与新3军第14师遭遇后，即由行军纵队迅速展开，投入战斗。第16师第46团以5个连向占据锦沈铁路南侧姚家窝棚守军发起攻击，经4小时激战，歼守军一个营，占领姚家窝棚，割断第14师主力与后卫部队的联系。随后，姜家窝棚、朱家窝棚、铁家窝棚守军从三面猛烈反击，第46团各连以反复冲杀，巩固了阵地。2连政治指导员孟宪章率2排追击铁家窝棚国民党军时全部壮烈牺牲。第47团抢占双岗子，固守晏家窝棚、罗家窑一线。与此同时，第18师占领了厉家窝棚。晨7时，第16师侦察队在双岗子方向捉到一名国民党军少将参议，获悉新1军已进至张家窝棚，拟经姜家屯退向台安或经半拉门退回沈阳。第16师遂令第48团抢占公路要点崔家岗子和张家窝棚、翟家窝棚，堵截国民党军退路。黄永胜、赖传珠根据当面情况，决定停止南进，调整部署，在东南至姜家屯一带，西北抵二道境子附近与第5纵队连接，形成品字形的防守阵地，决心堵住国民党军东逃，并电请林彪调第5纵队南下

东北野战军攻占廖耀湘兵团指挥部胡家窝棚

配合作战。

在第6纵队截断廖兵团东退之路的同时，第3纵队出其不意，一举捣毁了廖耀湘兵团部的指挥中枢。第3纵队于20日接到回师辽西的命令，由锦州兼程开进，23日进至北镇以北地区待机。25日奉命进至黑山西北。当晚，第71军开始东撤，即跟踪追进至黑山以北地区。26日凌晨又奉命由现地展开追击作战，向胡家窝棚南北地区攻击前进。司令员韩先楚对各师特别交代，注意对胡家窝棚及周围高地的争夺。拂晓前，第7师第21团3营进至四间房，获悉胡家窝棚有大批国民党军集结，汽车大炮多，电话线多，带短枪的多，判断可能是国民党军指挥机关，不待主力到达，即迅速插至胡家窝棚。6时许，8连2排大胆渗透，攻占国民党军重炮营阵地，控制胡家窝棚村东渡河点。国民党军以两个营兵力拼命反扑，排长任炳全率全排浴血反击，全部战亡。3营主力，在第19团配合下，攻占胡家窝棚以西高地，并乘势向村内冲击，捣毁廖耀湘兵团前进指挥所和新6军军部。

廖耀湘无论如何也没有料到，第71军与新6军在胡家窝棚以西一带高地交防未竣之际，就被突杀过来的第3纵队冲击得混乱不堪。新3军军长龙天武一早给廖耀湘打来电话，说他的军部附近发生战斗，廖耀湘令他前去掌握部队，按计划向营口撤退。廖耀湘感觉情况不对，马上又给新1军军长潘裕昆打电话，但电话已经被截断。胡家窝棚周围的枪声越来越激烈。8时左右，廖耀湘随着向胡家窝棚以东涌退的人流，急忙去新6军军部找李涛，要他指挥第169师和第207师第3旅务必稳住阵脚，掩护兵团指挥所及直属部队和新6军军部安全转移。

廖耀湘向李涛作了最后的部署之后，带一名随从副官到胡家窝棚村东较开阔的地方亲自观察战况。他亲眼看到胡家窝棚以西一带高地正在激战之中，眼看就要打到村西端。胡家窝棚以东一二公里的一个村庄也在激战中，那是新1军军部所在地。从胡家窝棚村东河边渗透过来的解放军部队正向村东包围，隔断胡家窝棚与新1军的交通联络。此时，廖耀湘离解放军士兵最近距离只有四五百米，子弹就从他的头顶上呼啸飞过。情况已十分危险，他不能再回兵团部了，于是转向胡家窝棚东南三四公里的新1军新30师师部。再回头看时，他不由得倒吸了一口凉气，胡家窝棚村内已发生激战，兵团指挥所与新6军军部可能被打散了。

10时，廖耀湘抵达新30师师部。他令师长文小山调整部署就地抵抗，并派人去南边的新22师取得联络，通知位于东边及东北边（前孙家窝棚）的第50师边抵抗边向新30师靠拢。这时廖耀湘得知新1军军部和第50师在一起，便要文小山派人把军长潘裕昆找来，同时要他采取处置，收容从胡家窝棚退下来的零散官兵和兵团指挥所及新6军军部人员。至中午前后，新6军军长李涛、兵团参谋长杨焜、新1军军长潘裕昆、第71军军长向凤武等汇集新30师师部。廖耀湘了解了一下情况，令新6军副军长刘建章直接指挥第169师向解放军反击，掩护胡家窝棚以东的重炮及车辆转移至安全地点；令向凤武回去掌握自己的部队，准备就地抵抗，仍归潘裕昆统一指挥，并责令将丢弃胡家窝棚以西高地的第91师师长戴海容撤职押禁。廖耀湘还利用新30师电台向卫立煌报告了当面情况，决心继续向营口撤退。

下午4时，廖耀湘与新22师联络上了。师长罗英派警卫部队和卡车来接廖耀湘和李涛，并告之第49军在他的师部以东不远处的陈家窝棚，

东北野战军回师辽西，围歼廖耀湘兵团

有电话联系，第14师在第49军军部东北，与第49军也有电话联系；还说卫立煌已令他同第49军一同退沈阳，他因不知道兵团部和新6军的情况，没有赞成行动。廖耀湘直到此时仍不知道第49军发生的情况，因此对罗英说的话感到意外。他当即与潘裕昆等商量行动部署，潘裕昆主张就地抵抗，认为：“共军在不能忍受我们火力杀伤之后，会自行撤退。”廖耀湘没有否定他的意见，只是说等到了新22师明了第49军和新3军的情况后，再作决定。临行时，廖耀湘要潘裕昆指挥新1军、第71军和新6军第169师及第207师第3旅残部，以现有态势就地抵抗，等候另命。

廖耀湘于黄昏时到达新22师师部唐家窝棚。在那里，他与第49军军长郑庭笈通了电话，这才知道第49军发生的情况。郑庭笈建议廖耀湘赶快经辽河西岸的老达房退回沈阳，并说已沿途搜索，在渡口征集了一批船只，事不宜迟。廖耀湘有些犹豫不决，他还惦记着新3军，要新30师和新22师的电台与新3军军部反复联络，仍没有叫通。这时，卫立煌的电报到了，要辽西的部队立即退回沈阳。廖耀湘觉得自己退营口的计划彻底失败了，感到十分惭愧。兵团参谋长杨焜从旁劝道：“现在正是万分紧急的时刻，卫立煌要你退沈阳，那你就依照他的命令办好了。是他要你这样做，责任由他承担。”廖耀湘想了想，如果退沈阳，还可以把新22师、第14师、新30师和第49军1个半师拉出去，前3个师，都是新6、新3、新1军的主力师，其余恐怕很少有希望了。事已至此，没有别的选择了，他痛苦地下了最后的决心：经老达房退沈阳。

廖耀湘令郑庭笈夜间继续搜索陈家窝棚至老达房的公路；又以无线电话令潘裕昆指挥新1军、第71军、第169师及位于那里的兵团重炮部队于27日拂晓沿大虎山至新民铁路南北地区向沈阳撤退，并告之他自己亲率新22师、第49军和第14师经大虎山至老达房公路向沈阳撤退。

廖耀湘虽一再改变撤退方向，但已无法逃脱东北野战军的重重包围。26日下午，林彪电令各纵队：“六纵已在二道境子以南地区击溃敌人，现敌已成混乱。我各部队速向二道境子、半拉门方向猛追，乘机歼敌。”当晚9时，又令各部队：“今夜及明日、后日各部队均应勇敢主动寻敌攻歼。”至此，东北野战军在黑山以东，大虎山东北，绕阳河以西，无梁殿以南，魏家窝棚以北纵横约120公里的地域，对廖耀湘兵团展开大规模围歼战。

第6纵队由于切断廖兵团的退路，自26日下午5时开始，新1军、第71军、第169师等部，向厉家窝棚、朱家窝棚、张家窝棚一线阵地进行疯狂的炮击和冲击。许多村庄房屋被摧毁，草垛被打着，烟尘弥漫，大火冲天。战斗异常激烈。第18师第52团2营坚守厉家窝棚车站，一昼夜连续打垮国民党军14次攻击。第16师打得更为英勇壮烈，有9个连队打剩六七人至十余人。第46团政治委员张天涛和副参谋长程元茂在指挥激战时英勇牺牲。战至27日晨，廖兵团在各路大军反击下，已溃不成军。第16师第48团两个排，端枪排出一座"解放门"，凡是放下武器从这个门过去，即算解放。不长时间，就有2000多人从这个门走过，其中有5个军9个师的番号。第17师也自锦州赶来，加入围歼廖兵团的战斗，在朱家窝棚歼国民党军一部。

第5纵队司令员万毅、政治委员刘兴元接到南下配合第6纵队作战的命令，于当日晚8时指挥部队进至二道境子、半拉门地区。各师团即采取"以乱对乱，大胆猛突"手段，积极渗透，主动寻机歼敌，由北向南楔入，将新1军和新3军割裂包围。第13师第39团插至茶棚庵与从胡家窝棚溃退下来的新6军警卫营不期而遇，因天色漆黑，团长张景耀自称是新1军第50师的，将其骗过，并引入包围圈，不费一枪一弹，即全部缴械，其中俘新6军参谋长黄有旭。第14师插至半拉门地区，先头第42团在田家窝棚与新3军暂59师一个营遭遇，混战中，副团长郑希和被围住，他连捅3个敌军，在向第四个刺杀时，自己腰部被刺中，2营长带人奋力将他救出。随后1、3营赶至，将国民党军一个营全部歼灭。纵队副司令员吴瑞林与师首长在进军途中遇见司令部侦察科长率几名侦察员押着400名俘虏走来，一问才知道，他们在执行任务返回时，发现第169师一个迫击炮营遗弃装备逃窜，科长只喊了一声，那个营长便跑过来说："你们的俘虏政策我知道，一切听你指挥。"第41团半夜时在刘屯发现第169师残部，即发起攻击，俘师长张羽仙以下官兵2000余人。拂晓时，师长彭龙飞见国民党军已溃乱，令直属分队全部出击，直工科长把机关人员70多人组织起来抓俘虏，不大工夫，就押送800多名俘虏。

第15师进至立子山时发现新30师残部向无梁殿逃窜，即展开攻击。第44团团长石坚率部追击，在小崔屯被火力拦阻，爬上房顶观察敌情时，胸部中弹，光荣牺牲。副团长率部冲击，歼1000余人。师直属队机关人员也主动出击抓俘虏，炊事班长握着扁担，将缩在一块洼地里的3个人捉住，送到师部。这3个人要求见纵队司令官，原来他们是新30师师长文小山、副师长谭道善、参谋长唐山。万毅问文小山此刻作何感想，文小山垂头丧气地说："我们好比楚汉相争时被打败了的项羽，前有乌江天险，后有重兵追赶，到了山穷水尽的末路，全军覆灭的命运已经不可挽回了。"

第10纵队于26日4时向黑山、大虎山以东地区，从正面投入追击。第28师夺取下湾子、山东屯，向台安方向发展；第29师夺取尖山子，向烧户营子攻击，配合第3纵队；第30师攻击关家窝棚、十八家子，也向台安发展。第28师在高家窝棚，歼第207师第3旅2个营，又于乔家窝棚歼廖兵团后方指挥所和重炮及辎重部队，在黄家窝棚歼第14师残部，与第1纵队第1师会合。第29师进至王家窝棚，协同第3纵队围歼新1军第50师和暂59师一部。第30师攻击大小吴家台，歼新6军、第49军各一部。

第1纵队第3师于26日5时经黑山县城赶到大边壕，奉命向胡家窝棚东北前进，直插头道境子、胡家窝棚、绕阳河，攻占廖兵团重炮阵地，直取半拉门。第1师从第3师右翼投入战斗，于黄家窝棚打掉第14师师部。第2师由第3师左翼出击，攻抵杨家屯，截歼新3军一部和炮兵营。

第2纵队于26日晚进至胡家窝棚，即兵分三路向东出击。第4师进至白旗堡以西大民屯，歼国民党军1个营，俘虏170人。第5师追击至二道境子，歼国民党军一部，与第6纵队会师。第6师追击到二道境子东南三家子，歼国民党军1个连，也与第6纵队会合。第2纵队未及正式参战，廖兵团就迅速瓦解，只俘国民党军1000余人。

第3纵队于26日晨一举打掉廖兵团指挥机关和新6军军部，致使廖兵团指挥系统陷入瘫痪状态。然后趁廖兵团全面崩溃，向姜家屯、车家屯、小白旗堡追击。27日晨，第7师连克罗家屯、张家窝棚，歼新1军军部及第50师一部。第8师攻占郑家窝棚，俘200余人。第9师占领茶棚庵，歼1个连。23时，第7师第20团在腰三家子以西击溃第14师一部，俘

400余人。28日，第20团在古城子以南、杨家屯以北地区配合第8纵队，会歼第49军第105师1000余人。尔后与第8纵队在姜家屯胜利会师。

第8纵队在六间房截断廖兵团先头部队退向营口的道路，于26日拂晓奉命进至九间房、双庙子、兴隆岗子一带设防。第22师在贺家窝棚与第49军第105师一个团相遇，将其击溃，毙俘140余人。27日拂晓又奉命沿绕阳河、柳河之间北上，拦截廖兵团向沈阳撤退。第24师进至尖岗子与第7纵队一部会合，一并向茨榆岗子前进。第71团2营进到黄花岗子遇新22师第64团袭击，第24师急调第70、第71两个团增援围歼。这时第23师第69团和第68团一个营听到枪声赶来，抢占康屯。国民党军为闯开退向老达房、沈阳的通道，以2架飞机、80多门火炮掩护，向康屯展开猛烈攻击。康屯之战，从早晨一直打到晚上10时，阻击部队以死打硬拼，顽强阻击，堵住了廖兵团通往老达房、沈阳的去路，全歼有"老虎团"之称的新22师第64团3000余人。当日11时，新22师第66团及第65团一部，经卧牛岗子向东突围，与纵直机关相遇，司令员段书权和参谋长黄鹄显指挥纵直警卫、通信、炮兵侦察分队和机关人员投入战斗，俘新22师参谋处长以下600余人。第22师第65团恰逢赶到，又歼800余人。28日晨，第68团发现有少数残敌东逃，当即追击至老达房，俘70余人，并缴获从沈阳给廖兵团送炮弹的卡车13辆和从新民驶来的两艘船。

第7纵队于26日凌晨2时奉命向台安急进，中午又改令沿铁路全力向新民直进。第21、第19师首先在27日凌晨赶到前、后尖岗子和高家窝棚、孙家窝棚一线，北与第8纵队第24师连接。10时，新22师等部由长岗子、大小吴家台向东南突围，遇堵击即凭村落防守。第19师向六间房攻击，第21师向姜家屯攻击，经半天多激战，歼新22师大部。

第9纵队于26日进至大虎山，当天奉命向黑山前进，寻机作战。27日接电令向台安以北地区急进。28日又接命令经小边、五台子、海青湾过河，经牛庄向鞍山、海城前进。随即以第25师先取营口；第27师攻打海城；第26师继续参加围歼廖兵团的战斗。

独立第2师于26日凌晨3时30分进至三家子袭击新22师一部，然后越过铁路，向胡家窝棚猛进。此时接电令向台安以南转进，遂撤出战斗，于黄昏时赶到台安东北李家窝棚一带。当日卫立煌令驻辽中县的新1军暂53师抢占辽河上的卡力马渡口，准备架桥接应廖兵团退回沈阳，并以一个团于下午抢占台安。先头部队前卫团乘其立足未稳，抢先向台安发起攻击。国民党军因惧怕围歼，趁夜向辽河西岸溃退，大部被歼。27日晨，又奉命沿辽河西岸北上，于上午抢占卡力马渡口及二道岗子一带高地，并派第5团渡过辽河，进占辽中县城。

28日拂晓，围歼廖耀湘兵团的大会战胜利结束。东北野战军全歼廖耀湘兵团5个军12个师（旅）及特种兵部队共10万余人，其中包括国民党军"五大主力"中的两支主力新1军和新6军。

28日8时，林、罗、刘、谭电告毛泽东、高岗、陈云："廖耀湘所属十二个师已全部歼灭。已查出六个师长，到处汽车、大炮、军火堆积遗弃。"毛泽东于16时复电："庆祝你们歼敌十二个师的伟大胜利。"同日，中共中央贺电指出："庆贺你们此次在辽西地区歼灭东北敌军主力五个军十二个师的伟大胜利。东北我军在两星期内连获锦州、长春、辽西三次大捷，使敌人损失二十六个整师共约三十万人的兵力，对于全国战局贡献极大。尚望激励全军，再接再厉，为全歼东北匪军、解放沈阳而战！"

辽西战场的硝烟渐渐退去，辽西那些窝棚历经战火的洗劫，在寒风中瑟瑟战栗，仿佛诉说着永远挥之不去的哀怨。

废墟中残留的最后一点火光，忽闪着熄灭了。廖兵团那些在战场上曾经威风八面的高级将领，此时又将走向何处呢？

廖耀湘与李涛、杨焜于26日下半夜率新22师第64团转往第49军军部陈家窝棚，在拂晓前由陈家窝棚沿公路向老达房前进时，遇解放军袭击，混乱中失散。廖耀湘只同李涛等4人突围，途中因同行的新22师副师长周璞掉进没顶深的水坑，呼救时引来解放军巡逻队搜索，又把李涛冲散。潜至一个小村子里时，随行的新6军一位高参又被俘去。廖耀湘与周璞躲闪及时未被发现，钻进田野中的高粱秆堆里隐匿一天。因到处都是解放军行进的队伍，他俩只好昼伏夜行。途中向一位老百姓又施以重金，买了一些便衣和食物，化装向沈阳逃去。抵辽河边渡口，因有解放军和民兵把守，又听说沈阳已解放，决心转向葫芦岛国民党军控制区。11月6日晚行至黑山以西中安堡，被第3纵队后勤人员查获。周璞因被当成勤务兵给释放了。

李涛与廖耀湘走散后，装成乞丐躲藏半个多月。11月14日，在北镇附近，穿一件女式长衫和一条开花棉裤，被第10纵队第28师通信营哨兵查获。

杨焜走散后，钻进秫秸堆里，躲了一天一夜，连冻带饿，受不了钻出来，跑老百姓家要了点吃的，换了套便衣，和一个

被俘后的廖耀湘

士兵逃向沈阳。离沈阳还有30公里时，听说沈阳解放了，又准备折向营口坐船回关内，走到黑山县东被第6纵队查获。

郑庭笈27日被围困在李家窝棚，激战一日，冲不出去。当夜12时与第195师师长罗莘荄带特务连突围，盲目地奔辽河逃去。走了十多公里，于28日拂晓，被第7纵队直属工兵连俘获。

向凤武于27日拂晓指挥第71军由黑山北向胡家窝棚、元山子撤退，遇解放军追击，当晚与副参谋长陈佳谟化装成老百姓外逃，准备经台安向营口渡海逃往关内。28日，向凤武一行3人走到一个有三岔路口的村子，在路边老百姓玉米秸垛里躲藏。第9纵队第76团奉命向营口追击，走到此处要找个当地人问路，因村边没有人，碰巧就站在路边高喊："这里有人吗？"向凤武等以为被发现了，吓得钻了出来。原来那个战士问他们去营口怎么走，他们说不清楚，听口音也不是当地人，侦察人员便将他们分开审问，最后他们不得不承认自己的真实身份，结果被意外俘获。

潘裕昆于25日夜来到新3军军部接防时，龙天武还若无其事地要他等天明再走，谁知拂晓新3军军部便遭到解放军的突然袭击。潘裕昆慌忙乘车逃走，龙天武手足无措，丢下军部人员，和东北"剿总"派来的少将参议郭树人乘吉普车临阵脱逃。在过村外小河时，车被卡在河中，

他们不得不徒步过河，狼狈不堪地向东逃。此时，龙天武已不知他所属的3个师在何处，与兵团部也失去了联系。直到黄昏时才在一个小村子的北侧，收容了二十来名新3军军部的溃兵，找到了新1军军部。潘裕昆逃出后，于上午10时组织特务营和骑兵团从包围圈内外发动逆袭，率新1军军部突出重围，转向前孙家窝棚第50师师部。12时左右，潘裕昆到新30师师部面见廖耀湘，始知解放军一棒就打掉了兵团前进指挥所和新6军、新3军两个军部。下午5时，潘裕昆接到廖耀湘的无线电话命令，让他指挥部队向沈阳撤退。他认为这是危险的行动，但廖耀湘强调："这是卫总司令的命令，必须坚决执行。"潘裕昆只好勉为其难地说："情况既已至此，尽我最大的努力吧！"入夜，潘裕昆即令部队实施撤退准备，第一线部队采取间息射击，利用射击后的休息时间迅速撤退，所有官兵皆用袜筒套鞋底，沿战壕松软积土行走，避免发生声响。第50师进行两次逆袭，分散解放军注意。新1军所有不能带走的重炮，都遗弃在前、后孙家窝棚。27日拂晓，潘裕昆按计划开始撤退时，解放军同时发起了总攻击。新1军各师在前、后孙家窝棚遭到致命打击，主力大部被歼灭。潘裕昆见大势已去，在混乱中逃出，与龙天武、郭树人等向彰武方向退逃。途中遇新3军暂59师长梁铁豹，又收容溃兵四五百人，沿途受到多次阻击，村庄和大道都不敢走，只能散在田野中溃逃。28日晨，潘裕昆、龙天武、郭树人、梁铁豹率收容的溃兵，绕道半拉门村北，到达新民火车站，乘火车逃回沈阳。

第九章　最后一战

卫立煌飞离沈阳，林彪挥师东进

蒋介石自定下"规复锦州"大计，一星期过去，不但未见佳音，反倒与廖耀湘失去了电讯联络。10月27日清晨，他派专机到葫芦岛将杜聿明接到北平。

蒋介石此时还在作最后的幻想，试图把葫芦岛的部队海运营口，策应廖耀湘兵团撤退。他对杜聿明说："现在廖兵团电讯已失去联络。罗参军有个很好的意见，马上调海军运输舰将葫芦岛的部队海运营口登陆，策应廖兵团从营口撤退。你看怎么样？"

杜聿明瞧了一眼罗泽闿，对眼前这个志得意满的小鬼（罗是黄埔六期毕业）颇为愤恨，心想把沈阳主力送掉不算，难道还想把葫芦岛的部队一起搭上不成！他带着讥讽的口气对罗泽闿说："罗参军的意见，是一个很好的战术作业，可是你有没有考虑调兵舰要几天？"

蒋介石怕他们两人闹僵，接过来说："我想两三天。"

"由葫芦岛运到营口要几天？"杜聿明进一步问道。

"三四天可能运完。"蒋介石说。

杜聿明觉得蒋介石让这些习惯于纸上谈兵的人搞糊涂了，苦叹着说："这就是说要将葫芦岛的部队运到营口，至少也要一个星期。在这一周内，廖耀湘要是存在的话，就可以自己打出来退到营口，否则一两天就完了。再把葫芦岛的部队调去，不是等于送死吗？"

蒋介石经杜聿明这么一说，也觉得罗泽闿的方案不太可行，可是一时又别无良策。他停顿了一会儿，问道："你看怎么办好？"

杜聿明直截了当地说："我看廖耀湘已经靠不住了，只有赶快调船把营口的部队撤退。沈阳是否能撤出来还有问题。"

蒋介石这时没了往日的骄矜，马上表示赞同，说："好！好！我叫桂永清准备船，沈阳叫周福成死守。你马上到沈阳去见卫总司令部署防务，然后再回葫芦岛。"

杜聿明起身正要告辞，电话铃响了，蒋介石拿起电话，对方报告："据空军侦察报告，现有一万多人由辽中向沈阳前进中。"蒋介石惊喜地说："我料定是廖耀湘，赶快派飞机同他联络。"接完电话，蒋介石转身向杜聿明交代了刚才电话里说的情况，叮嘱说："你到沈阳跟周福成说，留在沈阳的部队都归周指挥，要死守沈阳。"

当日下午，杜聿明由北平飞往沈阳。经锦西临时降落，令锦西各部队停止攻击，退回既设阵地。在场的人感到非常诧异，当即问道："共军已退，为什么又不攻了？"林伟俦从前线也打电话说："敌人退了，要马上出击。"杜聿明解释说："现在情况变了，廖兵团情况不明，共军有可能来攻锦西。你们退回原来的阵地守着，等我从沈阳回来再决定行动。"

杜聿明本来是21日在沈阳向周福成传达完蒋介石的口头命令，当日飞葫芦岛赴命的。下午，他召集陈铁、侯镜如、阙汉骞、林伟俦、王伯勋（第39军军长，15日率部抵葫芦岛）等将领开会，听取塔山当面情况汇报，然后传达了蒋介石要东进兵团和西进兵团继续攻锦州的命令。在场的人听了，各个面面相觑，对打下锦州与廖兵团会师毫无信心。阙汉骞站起来悲观地说："我们现在伤亡很重，守锦西都有问题，如果再要打，恐怕锦西、葫芦岛都会丢掉。"杜聿明说了一些打气的话，最后决定以第62军佯攻塔山；以第54、第39军为主攻，第54军沿老锦西大道两侧高地向锦州攻击前进，第39军向邢家屯、大虹螺山攻击前进；以第92军第21师、独立第95师为预备队，随第54军跟进。23日，廖兵团猛攻黑山，塔山方向亦展开攻击。阙汉骞、林伟俦亲赴前线指挥作战。但是这天战斗进展缓慢，经反复争夺，第54军伤亡很大，第62军第157师伤亡百余人，持续到下午1时即停止攻击。26日拂晓，国民党军将进攻重点转向第11纵队第33师防御阵地钟家屯、沈家屯。第157师突破第一道防线，第198师攻占魏家岭警戒阵地，守卫阵地的一个排大部壮烈牺牲。第11纵队副司令员兼第33师师长周仁杰组织预备队于黄昏反击，收复丢失的阵地。27日，国民党军在重炮掩护下，第198师猛攻第33师刘家沟、王家屯警戒阵地，第39军第103师、暂62师经安山口、碾盘沟于中午进占魏家岭北侧高地至寺儿堡一线，接连突破一、二线阵地，尔后集中兵力攻击沙河营阵地。国民党军正欲大举挺进之时，杜聿明从北平飞回，忽然下了停止进攻的命令。

27日傍晚，杜聿明由锦西飞到沈阳，仍住在卫立煌家中。杜聿明向卫立煌转达了蒋介石的意见，卫立煌未置可否，显得很激动，并不断抱怨蒋介石说："我早就向他说，出了辽西走廊就会全军覆没，他不相信，我划个十字，他也不信。现在你看我说中了吧！"杜聿明理解卫立煌的苦处，待他情绪渐渐稳定下来后，把话题又转到防守沈阳和撤退营口的问题上来。卫立煌仍有些激动地说："从前我要守，他不肯守，现在什么也没有了，如何守法？"杜聿明顺势说："退营口怎么样？"卫立煌回答说："长春敌人已南下，退出去也会马上完蛋。"两人谈来谈去，觉得调营口部队回来没有把握，从沈阳退到营口也没有把握。最后还是不得不依蒋介石的意见，叫周福成死守沈阳。于是只好叫周福成来，把蒋介石的意见告诉他。

周福成很痛快地接受了任务，这倒出乎卫立煌和杜聿明的意料。晚饭后，两个人又谈起了廖耀湘。卫立煌说："我始终未给廖下过命令，他的攻击部署、撤退计划，我都不清楚。直到昨日廖耀湘告急来电请示，我才决定让他退回沈阳来。电报发出不久，联络就中断。"接着，他又说，"昨日午后，飞机侦察到他的部队已混乱，今天去侦察，上午还有一两个村庄有零星战斗，到午后就完了。飞机只发现辽中通沈阳路上有万余人向沈阳前进中，可能是郑庭笈。"杜聿明这时想起临行时蒋介石向他交代的事情，说："蒋判断是廖耀湘。"卫立煌说："要是廖耀湘能回来的话，郑庭笈早回来了。25日，我就令郑庭笈赶快撤回沈阳。"

28日上午，终于有了廖兵团的音信，潘裕昆、龙天武等人逃回沈阳。他们说："26日接廖耀湘命令，分路向沈阳撤退。开始撤退不久，就遭到解放军拦阻截击，把队伍打得稀烂，谁也不能掌握部队了。"中午又查明，由辽中逃回沈阳的一万多人，既非廖耀湘，也不是郑庭笈，而是辽中、台安一带抢劫粮食的地方保安部队。卫立煌听了感到非常失望，杜聿明也觉得情势不妙，赶紧回葫芦岛准备撤退去了。

国民党军27日在塔山一线突破第11纵队第33师防御阵地，罗荣桓亲自打电话过问沙河营方向阵地的坚守情况，要求坚决顶住国民党军的进攻，保证围歼廖兵团的最后胜利。第2兵团司令员程子华和第11纵队司令员贺晋年也极为重视，当即征询周仁杰的意见，周仁杰表示，坚决夺回阵地。周仁杰将第33师预备队投入战斗，连续发起反击，战至下午4

东北野战军向沈阳开进

时许，全部收复丢失的阵地。28日，围歼廖兵团的战斗结束，第4、第11纵队等部队奉命撤出防御区，完成塔山地区的阻击任务。此时，锦葫国民党军不得不转攻为守，以应付解放军随时可能发起的攻势。

杜聿明回到葫芦岛，担心解放军很快就会打来，赶紧计划撤退营口、葫芦岛方面的部队。30日上午，蒋介石又派一架飞机到锦西机场，送来一封亲笔信，说沈阳秩序混乱，要他马上去沈阳找周福成将防务调整好，再回葫芦岛。杜聿明当即乘机前往，还没到沈阳上空，空军副总司令王叔铭打电话说："沈阳北陵机场已混乱，到沈阳千万不要降落。"不一会儿，王叔铭请示蒋介石后又打来电话，说蒋介石仍让他回葫芦岛。

杜聿明心想沈阳这么快就完了，营口、葫芦岛如不赶快撤退，恐怕来不及了。于是直接转飞北平，向蒋介石当面请示。杜聿明中午时到达北平西苑机场，正巧遇上蒋介石准备上飞机走。杜聿明赶紧上前行礼，蒋介石很惊异，问："你什么时候来的？"杜聿明忙说："刚到。"然

东北野战军抢渡辽河，追歼逃向营口的国民党军

后又解释说，"我已到沈阳上空，王叔铭告诉我沈阳机场不能降落，叫我回葫芦岛。我有要事请示，所以赶来了。"蒋介石边听边走进空军作战室，又问道："沈阳情况如何？"杜聿明因对沈阳详细情况也不清楚，只好推测说："沈阳可能靠不住了。"这时，王叔铭也下飞机走进作战室，向蒋报告说："沈阳已混乱，北陵机场已失，东塔机场也落炮弹，城内还有一个民航机场，我叫留一架飞机等卫先生。"蒋介石没再细问，转身问杜聿明："你还有什么事？"杜聿明说："以目前情况看，沈阳已无希望，营、葫部队要赶快撤，但是船一直没到。"蒋介石站起身，边走边说："你回葫芦岛等命令，我催桂永清马上去。"王叔铭见蒋要上飞机，抢上前说："是不是把卫先生接出来？" "叫他到葫芦岛指挥。"蒋介石说完，登机飞往南京。

卫立煌见沈阳大势已去，将沈阳防务交由第8兵团司令官周福成指挥。临行前，他借口向蒋介石面陈机宜，给周福成下达一个命令："本总司令外出期间，所有在沈阳的党政军事宜完全由第八兵团司令官周福成负责处理。"30日下午，卫立煌和赵家骧等乘汽车赶往铁西民航机场（浑河机场），准备坐王叔铭为他提供的飞机离开沈阳。可是到达机场时，飞机坐舱已经被要逃走的人群挤满了。正在无可奈何之际，驾驶员走近他耳语了一番，让他转往东塔机场等候。卫立煌会意，马上照办。驾驶员登上飞机，假装开动几次，然后对机内人员说："飞机发生故障，请大家下去帮助推动飞机，能开动了再上来。"机上的人只想赶快逃走，哪里知道有诈，等下了飞机，驾驶员关上舱门，突然起飞而去。这些人不但没有走成，连携带的贵重物品都被骗走了。飞机转到东塔机场着陆，这次驾驶员有了经验，先不打开舱门，不设舷梯，待卫立煌等人在卫兵保护下，坐卡车靠近舱门登上飞机，便呼啸着升空而去。黄昏时，卫立煌等人到达锦西，杜聿明刚由北平返回不久，便和侯镜如等一同到机场接卫立煌。卫立煌下飞机后仍心有余悸地说："差一点儿见不了面！"

此时，林彪已令第1、第2、第7、第8、第9纵队，东渡辽河，分头向沈阳、营口急进。

林彪专注于围歼廖耀湘兵团之时，也有些疏忽和大意。一是漏掉了营口，让第52军钻了空子；二是围困长春的部队南下，动作慢了，没有尽早插向沈阳、营口之间。关于控制营口，中共中央军委于18日23时电示林、罗、刘："我们所最担心的是沈敌从营口撤退，向华中增援。"提议围攻长春各部队迅速南下，插向沈阳、营口之间，并指出："时间应在十一月上旬，过迟则无保障。并须以一个纵队控制营口，构筑坚守阵地，阻绝海上与陆地的联系，使蒋、卫不敢走营口。"19日17时、22时又连续致电林、罗、刘："你们仍应考虑部署有力兵团于营口及其西北与东北地区，以免在蒋、卫采取从营口撤退时，你们措手不及。"指出："只要此着成功，敌无逃路，你们就在战略上胜利了。"林彪本来派苏静带一个重炮连前去指挥独立第2师控制营口，独立第2师曾一度抵达距营口仅有20公里的田庄台，后又根据沈阳、辽阳国民党军西进的不确实消息，放弃了控制营口的计划，于24日返回盘山。及至第52军占领营口，辽南只有地方武装，独立第2师投入围歼廖兵团的战斗，已不能先占营口。

25日9时，林、罗、刘将此情况电告中共中央军委，毛泽东于当日18时复电提出批评："你们事先完全不估计到敌人以营口为退路之一，在我们数电指出之后，又根据五十二军西进的不确实消息，忽视对营口的控制，致使五十二军部队于二十四日占领营口，是一个不小的失着。"指出："长春各独立师现在何处？我们认为这些独立师应迅速经铁岭附近兼程南进，收复营口、牛庄、海城，并以主力位于大虎山、营口之间，配合你们主力夹击敌人。"毛泽东在复电中已经提出了补救办法，林彪不能再怠慢了，当日即作出部署，一面集中全力围歼廖兵团，一面令位于长春以南公主岭的第12纵队迅速南下，包围铁岭，并以主力向沈阳前进。

在辽西会战接近尾声时，毛泽东于27日23时30分电示林、罗、刘："当面敌人解决后，望以有力兵团（不少于三个纵队）星夜兼程东进，渡辽河，歼灭营口、牛庄、海城一带之敌，阻塞敌人向海上的逃路。""如果在目前数日内，沈阳一带敌军已经或正在向营口逃跑，则你们全军须迅速向营口、海城方向进击。"一个小时后，又电示林、罗、刘："希望你们立即抽出几个纵队于明（二十八）日兼程东进，如能于二十九日渡辽河，则沈阳逃敌跑不掉，否则，沈阳之敌有于三十日退到营口的可能。"

林、罗、刘遵照指示，立即展开了最后全歼东北国民党军的部署，命令辽西战场上的第1、第2纵队，迅速向沈阳急进，会同急速南进的第12纵队和各独立师围歼沈阳国民党军；命令第7、第8、第9纵队，独立第2师，内蒙古骑兵第1师星夜兼程向鞍山、辽阳、海城、营口急进。

东北野战军解放沈阳、营口的战斗，进入历史的决胜时刻。

刘玉章急走营口，周福成孤守沈阳

第52军军长刘玉章率部进占营口还没坐稳当，卫立煌即因廖兵团情况不明，于27日午后急令第52军驰援沈阳。军情紧急，刘玉章没有来得及多想，便令先头部队立即北上。

部队已经出发了，刘玉章才觉得不大对劲儿。他越琢磨越有点心虚，越是心虚越睡不着觉，及至深夜1点钟，他终于明白了回沈阳走的是一步死棋。于是，马上召集幕僚商讨对策。参谋长廖传枢本来被刘玉章派去兼任营口市市长，试图组织市政府的计划还没付诸实施就被紧急召唤回来，他听说部队又要回沈阳，立刻反对说："这是肉包子打狗，离开营口，就会前后失据，至多到鞍山就会遭到侧击，分明是送礼。"在座的人也都感到惊异和紧张，开始议论纷纷。廖传枢接着又提高嗓音，问道："牛庄、盘山已有敌情，总部知道吗？"副参谋长站起来解释说："得到情报时，部队已经出发了。"刘玉章倒是听出了弦外之音，觉得这是可以留在营口不走的理由，于是急切地对廖传枢说："你马上起草个电报发出去，通知电台与总部取得联络。"不大工夫，一份急电立刻发往东北"剿总"总部，内称："盘山方面有共军大部南下，先头已抵牛庄，判断我军至鞍山附近必遭侧击，援沈无望，进退失据，不堪设想。究应如何，乞立电示。"电报发出后，刘玉章似乎有了一线希望，接下来便是焦急地等待。凌晨4时，总部复电："来电悉，该军固守营口，已电总统派舰来接。"刘玉章看完电报，如释重负，顿时来了精神，马上下令把部队追回来，撤回原防。

第52军先头部队已抵海城附近，接到返回的命令，立刻后队变前队，于28日中午撤回营口。而此时此刻，东北野战军第9纵队正奉命急速向营口赶来。

第9纵队司令员詹才芳、政治委员李中权率部赶至台安附近，才知道第52军已经占领营口，正试图从海上逃走。情况紧急，詹才芳、李中权令部队立即展开强行军。部队自锦州回师辽西，已连续七八天急行军，战士们的脚上打满了血泡，有的因疲劳过度而晕倒。但是，战士们坚信，胜利的希望就寄托在自己的两条腿上。为了尽快赶到营口，部队昼夜兼程，急驰飞奔。有的部队派出仅有的几辆汽车，把炊事班拉到前面，准备好饭菜，队伍一到，一人接一碗，边吃边行军。战士们实在是太疲劳了，有的走着走着就睡着了。为了防止掉队，有的连队给每个班发了一条绳子，班长牵着绳头走在前面，班副捏着绳尾跟在后面，战士们在中间。就这样，战士们自觉地展开了一场争时间抢速度的行军竞赛。

詹才芳、李中权分乘美式吉普车随着急行军的队伍行进。突然，一声地雷炸响，詹才芳乘坐的吉普车被抛出老远，走在后面的李中权见状，赶紧让司机停车，跑上前去，心里暗暗祈求："老詹，千万不能出事啊！"所幸，吉普车当时车速较快，地雷爆炸的瞬间，车子已过，是气浪把车子掀出去的，车子尾部被弹片击中，人却安然无恙。经过4天的紧张行军，第9纵队各部逼近营口。10月30日，第25师到达营口远郊，并投入肃清外围的战斗；第27师攻占海城后，主力于31日迅速南下，进至三、四道沟与五台子附近；第26师结束辽西会战，主力集结于老边、姜家房一线，作为纵队预备队。

31日，詹才芳、李中权率纵队司令部到达前石桥子附近，第25、第27师两个师长前来报告战况，说："今天的仗打得好恶呀！敌人拼命反击，都被我们打退了。"这时，独立第2师师长左叶、政治委员焦若愚也赶到了。他们研究认为，第52军很可能置沈阳守军于不顾，自己从海上逃跑。如果等第7、第8纵队赶到再发起总攻，已经来不及了。因此决定尽快扫清营口外围，完成攻城部署。当日，第7、第8纵队相继解放辽阳、鞍山、海城，截断沈阳国民党军的退路，接着迅速向营口逼近。

刘玉章眼见解放军先头部队已抵近营口，一面派部队增援反扑，一面向杜聿明连电告急。蒋介石本来27日就答应杜聿明说马上调船来接撤退营口的部队，可是直到30日晚上才来了一艘登陆艇。他与海军总司令桂永清赶紧磋商撤退营口部队的办法，桂永清显得很负责的样子，表示要亲率"重庆"号前往营口指挥撤退。31日，海军一艘登陆艇和招商局一只商船驶抵营口海口，因当时落潮水浅，不能驶入码头。刘玉章在岸上干着急，就是上不了船。他下令用所有弹药集中火力向解放军反扑，掩护撤退。11月1日上午，登陆艇和商船以及民船等大小几只船全部靠岸。刘玉章见船少人多，决定将车辆、马匹、辎重等一齐丢掉，打破建制，将人员全部塞上船，于当晚登船撤退。

当日，第9纵队各师按计划开始攻城行动。经过激烈战斗，第25师占领营口东南；第27师占领营口西南；第26师掩护一个重炮团占领营口以北的阵地。刘玉章见解放军大部队涌到，为使本晚安全撤退，以军部辎重团于当晚8时许投入战斗，猛力反扑。当夜11时，第52军各特种部队都已登船完毕，步兵部队也开进码头。刘玉章和廖传枢等幕僚顺利登上舰队司令马纪壮的旗舰，这时外围警戒阵地的枪声也平息下来。刘玉章长出了口气，庆幸逃过了这一关。他放心地睡下，只待拂晓前涨潮出海。

廖传枢无论如何也没有刘玉章那样的美意，他辗转反侧却睡不着。正惊心疑惑之时，忽听得外边水兵一阵吵嚷，便来到甲板上，定神一看，上游河边已是火光冲天，岸上赶过来的人说是第2师所乘的船起火。他马上唤醒刘玉章一同观望，刘玉章只是呆立一阵，一言未发，便回舱去了。马纪壮怕再生意外，下令把船只全部开到河心停泊。起火的是装载炮兵营、通信营、第2师师部和第5、第6团的船只。这条船运输的是汽油，到葫芦岛卸下，船板上多处被汽油漏湿，部队登船时因没有开灯，有人点上蜡烛，船越上越重，船底触地，失去平衡，蜡烛因船身倾斜倒地起火，火势迅速蔓延，慌乱中人各逃命，致使无法挽救。炮兵营先上船，又在下舱，大部被烧死、淹死，步兵团开始登船时就起了火，损失较小。

刘玉章总算度过了难熬的一个夜晚。11月2日5时，潮涨水深，船开始起锚，驶离营口码头。天放亮时，已驶抵海口。这时发现东岸飞机场西南有大部队麇集，马纪壮命令炮舰开火制压。因不辨敌我，只是以小口径机关炮，向平阔的机场来个面积射，没有造成太大的杀伤。刘玉章闻声上来，叹息地摆了摆手，制止说："不要打了！"晨8时，船驶近"重庆"号，刘玉章等人于10时登上"重庆"号，与桂永清会面，然后驶往葫芦岛。第2师师长当夜船起火时逃脱，混入别的船撤到葫芦岛后未敢露面。第5、第6团两个团长率五六百人自行找木帆船于11月5日逃到葫芦岛。

第9纵队查明第52军仓皇登船准备逃跑的情况后，于11月2日晨，即向营口市内发起猛烈攻击。第25师从东南方向突击，于邵家屯突破国民党军防线，插入市区，一直向北攻击前进，经30分钟激战，占领海关码头。同时，主力从左翼攻占火车站，将营口守军拦腰截断。第27师从西南方向突入，迅速攻占西海口小高地上的炮台，控制海岸阵地及海口。

东北野战军击毁由营口海上逃跑的国民党军舰

主力于五台子突破防线，向海岸方向猛追，切断国民党军退路。第26师及独立第2师乘机突入市区，扫荡国民党军残部。被分割于市区各地的国民党军来不及组织抵抗即被歼灭，正在登船逃走的国民党军，在攻击部队炮火猛烈射击下，损失惨重。至上午10时，营口战斗全部结束。除第52军军部率一个师计万余人乘舰船逃离外，余部1.4万余人全部被歼。

第8兵团司令官周福成远没有刘玉章那样幸运，在卫立煌飞离沈阳后，他孤守沈阳，独撑危局，如同一只断了线的风筝，无助地坠下覆灭的深渊。

此时，沈阳有第53军两个师，第207师两个旅，新1军1个师，4个守备总队，3个骑兵旅残部，以及地方保安部队，共约14万人。

周福成并不甘心失败，还在幻想为固守沈阳作最后的力搏。就在卫立煌离开沈阳的当晚，他召集兵团参谋长蒋希斌、第53军副军长赵国屏及参谋长、师长等人召开紧急会议，研究应对之策。他哪里知道，此时自己内部先乱了套。当他宣布要固守待援时，与会的人没人赞同他的主张。周福成见大家都不发言，对副军长赵国屏说："请国屏先说罢。"

赵国屏早有起义之念，因周福成还兼着第53军军长之职，他一直没有找到机会，时下解放军大军压境，周福成还在妄谈固守待援，他觉得这是自欺欺人，因此他回答说："现在情况非常严重，第一道坚固工事都守不住了，敌人正在节节逼近，一部已接近大北关及铁路以北地区，指向旧城，所恃两三道工事是不顶用的。"他看了看周福成，接着颇为泄气地说，"这个仗是打不了啦，不能打……"

周福成觉得话不对题，"啪"地拍了一下桌子，打断赵国屏的话说："怎能这样说！再说，我要对不起你了！"赵国屏经周福成这么一逼，也显得非常激动，说："我是不怕死的，若是怕死就不说了。"赵国屏虽是这么说，也担心把事情闹大了不好收拾，接着又缓和了一下口气说，"我也是为了你，为了大家有个光明的前途。"

这时第130师师长王理寰起身拉了一下赵国屏，两人走到门外，王理寰担心地说："如果周把咱们都扣起来，那就糟了。我先回去准备一下。"

　　赵国屏回到屋里，对周福成直截了当地说："司令官，王师长说他回去马上就要行动。现在大家都不愿打了，130师已有中共代表在那里谈判。不信你可以问问副师长夏时（与周福成是连襟）。"赵说着叫通了夏时的电话，周福成接过话筒证实了赵说的都是实情。周福成气得把电话一摔，一头倒在床上，懊悔地说："国屏，你把我坑了！"过了一会儿，他又从床上弹了起来，振作精神，说："我自己指挥！"他不相信自己的部属都跑到共产党那边去，操起电话又叫通了暂30师师部，开口便对师长张儒彬说："你们是不是也不打了？"张儒彬不解其意，忙说："谁说不打，枪还响。不是不打，而是打不了，现在是节节后退，真是不能打了。"周福成听了，更是气不打一处来，破口大骂道："他妈的，说了半天还是不打。"说罢又倒在床上，冲着赵埋怨道："国屏，你真对得起我啊！"赵国屏见周福成被迫无奈的样子，进一步劝道："司令官考虑考虑吧！"说完借口有事离开了兵团部。

　　赵国屏从兵团部走后，周福成越想越觉得窝囊，他叫来两个副官吩咐说："我给你们俩一个任务，把副军长枪毙了。"副官听了慌忙劝说："这事哪能做，都是长官，副军长犯法你可上报。哪能军长枪毙副

东北野战军攻打沈阳外围据点

军长，有理也变无理了。"周福成经副官一劝，也觉得不妥，嘴里骂了句："他妈的，你们也投降了。"说着拿起笔，写道："国屏弟，事已至此，我无能为力，希你善其后罢。我走了。周福成。即晚。"周福成给赵国屏留下这封亲笔信，然后化装成商人，躲进大西门里世合公银号。

此时，东北野战军已经逼近沈阳。

10月31日凌晨，第12纵队司令员钟伟、政治委员袁升平率纵队主力抵达沈阳以南的浑河岸边。第12纵队是20日晚奉命南下的，25日到达铁岭附近又接电令，要留一个师攻打铁岭，主力继续南进。铁岭守军是第53军第116师，师长刘德裕见势不妙，留一个团守铁岭，率另两个团向沈阳撤逃。27日，第36师向铁岭发起攻击，经6个小时激战，占领核心防御阵地龙首山大部。师政治委员王建中接到报告，说守军要求起义，王建中断然拒绝，说："仗打到这个份上，还谈什么起义，只能无条件投降。"各部遂展开猛烈攻击，于28日拂晓结束战斗，全歼守军1个团，解放铁岭。当日下午5时，第34、第35师进至沈阳北新城子一带，发现由铁岭撤逃的国民党军

沈阳国民党军装甲部队集体投降

在铁甲列车掩护下，正沿铁路线逃向沈阳。钟伟、袁升平决定以第34师从西向东、第35师从东向西在行进间夹击南逃的国民党军。于是，部队在行进中立即展开动作，国民党军突遇袭击，队形大乱，由于天色已晚，各部只好分散追击。第35师歼灭第116师直属队，第34师追至沈阳西北五家子和全胜堡一带，将国民党军包围。国民党军以铁甲车作掩护，企图打开一条通道。追击部队的战士们无所畏惧，奋勇冲击。战士杨宝胜勇敢地跳上铁甲列车，揭开天窗，用手榴弹将铁甲车炸毁，创造了步兵打装甲车的范例。战至29日，全歼第116师师部及所属两个团等部4000余人。部队没有来得及打扫战场，便向沈南急进。30日，在沈阳以西吴家荒、大幸屯又截歼由新民撤退的第53军第130师1个团和辽北保安团等部。31日，第12纵队与第2纵队在沈南会合，扫清沈阳南部苏家屯车站、三间房、方士屯等处国民党军残部。

与此同时，独立第3师于29日在东陵、水泉、英达堡子歼第53军暂30师一部，独立第14师解放本溪；由辽西战场挥师东进的第1、第2纵

东北野战军攻占"东北剿匪总司令部"

被俘后的周福成

队解放新民；独立第10师于31日解放抚顺。至此，沈阳外围据点全部扫清，各攻城部队逼近沈阳市区。

沈阳防守兵团渐次收缩，退向城郊。其部署是第207师第1旅主力防守西郊裕国、于洪屯、揽军屯一线，第1团控制东郊东大营，第2旅守备浑河北岸；第53军所属各部负责北部城防；新1军暂53师防守东北部浑河北岸、东陵机场、东山嘴子、山梨红屯等地；东北守备第1总队退守东郊，第2总队控制南市区，为兵团总预备队。此时沈阳守军在东北野战军进逼之下，极度慌乱，除第207师战斗力稍强，其余均较差。30日、31日两天，沈阳守军一些部队开始与辽北军区联系起义。

31日，辽北军区政治委员陶铸向东北局报告："新1军之暂53师与周福成部正接洽投诚，他们要求起义，我们要求放下武器，正请示林罗决定。准其起义有好处，我可早两天进城，减少破坏；起义部队太多了，将来怕很麻烦是其坏处。城内工作同志已接上头，据说卫立煌走后，城内已呈现混乱。"林彪、罗荣桓接到电报，不赞成沈阳守军起义，只能算反正，并将这一意见电告毛泽东，毛泽东也同意他们的看法。但局势发展太快，再指示辽北军区已经来不及了。新1军暂53师在师长许庚扬率领下于31日起义。因此林、罗在给毛泽东的电报中说："辽北军区不待我们批准，已经答应，造成已成事实。"

11月1日拂晓，东北野战军向沈阳市区发起总攻。第1、第2纵队在第2纵队司令员刘震、政治委员吴法宪统一指挥下，由沈阳以西、西北向市内突击；第1兵团司令员萧劲光、政治委员萧华指挥南下各独立师由城东、城北向市内攻击；第12纵队由城南向北攻击。攻城部队顺利突入市区。第1、第2纵队仅20分钟即突破铁西区，歼第207师两个旅大部，暂30师全部。第12纵队主力攻占东塔机场。由东面突入的各独立师进占中央大街、小北边门及大、小东边门。第53军官兵在副军长赵国屏及第130师师长王理寰等率领下宣布投诚。

沈阳守军已陷绝境，无心再战，除第207师和第53军的部分部队在城市边缘地带组织一些抵抗之外，其余大部则放下武器，等待解放军接收。重炮11团官兵守着18门美式155毫米重炮说："这是国家财物，现在我们把它交还国家！"汽车11团将全部汽车排列整齐，司机端立车旁，等待接收。守备第2总队司令官对解放军说："你们今天来缴枪也行，明天来缴也行，我们等着就是。"第8兵团司令官周福成放弃指挥，躲在大西门里世合公银号，被插入老城区作战的第2纵队第6师第16团1连俘获。至17时，沈阳市区守军全部被歼。

11月2日，独立第12、第13师将据守东大营第207师第1旅残部歼灭。第2纵队第6师将逃至沈阳南郊乔家窝棚第207师第2旅一部歼灭。至此，沈阳战斗全部结束。东北野战军歼灭东北"剿总"及所属1个兵团部、2个军部、7个师（旅）、3个骑兵旅残部及地方部队计13.4万人，解放东北最大的重工业城市沈阳。

林彪重返沈阳，杜聿明最后收场

沈阳解放宣告辽沈决战结束。

东北野战军自9月12日至11月2日，历时52天，以伤亡6.9万余人的代价歼灭东北国民党军47.2万余人，取得辽沈战役的胜利。

大胜利迎来了大庆祝。胜利的锣鼓，响彻云霄，欢庆的人群，拥满街头。人们尽情地欢呼，尽情地歌唱，尽情地享受胜利的喜悦。

11月2日，中共中央电贺全东北解放。全文如下：

林彪、罗荣桓、高岗、陈云诸同志，
东北人民解放军全体同志和东北全体同胞们：
　　热烈庆祝你们解放沈阳，全歼守敌，并从而完成解放东北全境的伟大胜利。东北是中国工业特别是重工业最大的中心，国民党反动政府在美国帝国主义积极援助下，从一九四五年冬季以来就曾经用极大力量来抢占东北，先后投入兵力及收编伪军胡匪共达一百一十万人。依靠我东北前后方全体军民团结一致，英勇奋斗，并得到我关内各解放区的胜利配合，在三年的奋战中歼灭敌人一百余万，终于解放了东北九省的全部土地和三千七百万同胞，粉碎了中美反动派奴役东北人民并利用东北以挑拨国际战争的迷梦，奠定了在数年内解放全中国，然后将中国逐步建设为工业国家的巩固基础。中国共产党中央委员会谨向全东北军民表示感谢与敬意，希望你们继续努力，与关内人民和各地人民解放军亲密合作，并肩前进，为完全打倒国民党反动派的统治，驱逐美国帝国主义在中国的侵略势力，解放全中国而战。

东北解放战争中牺牲的英雄们永垂不朽。

中国共产党中央委员会
一九四八年十一月二日

同一天，林彪、罗荣桓率东北野战军指挥机关离开牤牛屯锦州前线指挥所向沈阳进发。

也许是历史的巧合，同样一条路，3年前林彪率轻便的指挥机关由沈阳赶往锦州，迎击杜聿明凶猛的攻势；3年后林彪将杜聿明、陈诚、卫立煌一一击败，又率领依然并不庞大的指挥机关由锦州回到沈阳。

然而，林彪这一去一回走得并不轻松。

3年前，毛泽东令林彪火速赶往辽西前线，"一战解决问题""拒敌于国门之外"。林彪刚到沈阳就任东北人民自治军总司令还不到20天，他指挥的部队尚在出关的途中，他来不及准备，坐上一辆破旧的日本老式汽车便向辽西前线赶来。他太不幸了，自己的作战计划还在腹案之中，杜聿明已亲率大军突破山海关，连占绥中，向锦州杀奔过来。更让他倒霉的是，那辆破旧的汽车还没到锦州就坏在了半路，他不得不徒步和骑马赶往锦州前线。他将当面情况电告毛泽东并建议"放弃锦州以

282

北二三百里"，以图寻机再战。

林彪自锦州撤退，便一退再退。先是撤到阜新，然后撤至彰武、法库。此时东北局也不得不让出沈阳，撤到抚顺。林彪赶到抚顺参加东北局会议，之后又赶到四平前线，指挥四平保卫战。毛泽东令林彪"化四平街为马德里"，林彪指挥部队血战一个月，虽迟滞了杜聿明的攻势，最后不得不实行战略撤退。从四平退下来，在长春也没停脚，便转向吉林，越过松花江，一口气退到舒兰。直到杜聿明停止了追击，他才松了口气，转到哈尔滨。

林彪和东北人民解放军总部贯彻中央决策部署，于困境之中放手发动群众，开展土地改革和剿匪斗争，稳固后方，建立巩固的东北根据地。他积蓄力量，于隔江对峙中寻机作战，扭转危局。经过三下江南、四保临江战役，粉碎了杜聿明"南攻北守、先南后北"的计划，彻底改变了东北战局。紧接着连续发动夏、秋、冬季三大攻势，迫使蒋介石三易东北主帅，将战争由战略防御阶段推向战略进攻阶段。

在3年时间里，东北人民解放军由10余万人发展到100余万人。在毛泽东和中共中央军委制定的辽沈战役作战方针的正确指导下，林彪指挥东北野战军率先在东北战场与国民党军展开规模空前的战略决战。林彪由双城到牤牛屯，历经52个日夜，调兵遣将，纵横南北，将东北国民党军消灭殆尽，在黑土地上尽情地抒发了他军旅生涯中最为浓重的一笔。

林彪率领东北人民解放军走过艰难困苦的岁月，走向震惊中外的决战，走向最后的胜利。

与3年前不同，林彪这次回沈阳已没有往昔的负重之感。他不再为战争所操劳，不再为战争所拖累，不再为战争的前途所疑虑。他回到了进行这场战争的出发地，回到了既是开始又应该是结束的地方，回到了失去了又必须夺回来的城市。

林彪实现了这个夙愿。11月3日晨，林彪、罗荣桓率东北野战军指挥机关到达新民。第二天上午由新民出发，当晚进入沈阳。

此时，沈阳已由陈云率领的军管会顺利接管，东北局的主要负责人3年之后又在沈阳重新会合。

接管沈阳也是一场紧张而严峻的战斗。10月26日晚，东北局领导人在高岗住所召开紧急会议，研究沈阳接管问题。会议决定成立沈阳军管会，陈云为主任，伍修权、陶铸为副主任，伍修权兼沈阳卫戍司令部司令员，陶铸兼沈阳市委书记、卫戍司令部政治委员，朱其文为沈阳市市长。东北局还决定抽调4000名干部接管沈阳。29日，陈云率军管会人员由哈尔滨乘火车南下。在向沈阳进发的途中，他们即紧锣密鼓，研究部署接管原则与具体办法。11月2日黄昏，陈云即率军管会主要人员进入沈阳。

陈云率军管会入城后，立即展开接管工作。他们每天向东北局并中共中央电告沈阳接管情况。11月3日10时电称："沈阳已全部解放。敌二〇七师最后抵抗之一个团于二日中午投诚。陶铸于一日下午、军管会其他主要人员于二日黄昏、第一批干部约千人于三日晨，进入沈市。"军管会入城后即发布了入城、就职、安民、接收等布告，宣布军管会为军管期间最高权力机关，于11月3日开始办公，负责统一指挥全市一切工作。

哈尔滨人民群众上街游行，庆祝东北解放

11月4日16时，陈云再次电告东北局并中共中央：沈阳最重要的大工厂：兵工厂、机车厂、炼铜厂、机器厂、汽车制造厂、橡胶厂、车辆厂、电工器材厂、桥梁工厂等，均已完整接收；各系统自上而下接收顺利，警察局枪支基本缴收；沈市敌留下弹药，确数未查清。因一、二、三日敌机轰炸，昨已星夜疏散四十八车皮。现仍在继续搜寻疏散；遵林罗刘指示，决定抽一、二、十二纵队及辽北部队共四个师为沈市卫戍部队，师长任分区卫戍司令，于今日接防。陈云在电报最后说："三日来，我们感触最深者，一为民心向我，许多机关、工厂的公务人员有条不紊地保有物资文件等待接收。二为哈尔滨及北满随来的新干部（原东北公教职员技术人员）忠勇努力且业务熟练。三为党的地下工作者（包括一切情报关系在内）在敌军将溃已溃时，挺身而出，向各机关号召保护资财，等待接收，起了不小作用。"

战地记者刘白羽亲眼目睹了沈阳接管的情景。他在《光明照耀着沈阳》一文中这样写道："沈阳是完整的沈阳，这是给我的第一个印象。战争结束的早晨，人们便在路上走来走去，国民党中央日报的工役正在揩地板，字架上一个铅字也没乱，市政府门前有人说服了卫兵，取过钥匙，锁好门窗，很多机关没破一块玻璃，没丢一个灯泡。""沈阳市从战争里迅速恢复，第二天电就来了，曾被国民党切断的居民电灯一下耀眼发光，4日电话通了，5日邮电把沈阳与全东北的呼吸沟通，6日初雪放晴，电车响着喇叭驶过街头，自来水流出了龙头，商店纷纷开业，四乡粮车源源而来。""沈阳千万人民在这样光照里喊出同样一句话：光明的日子开始了！这是真实的话，这一个远从一千二百余年前的渤海国时即已创始而又经过多少历史沧桑的沈阳，现已从从未有过的兴奋与快乐中，开始了这光荣的日月。"

在林彪、罗荣桓等到达沈阳的当天，杜聿明令锦西、葫芦岛的部队开始海运南撤。

杜聿明亲手点燃了东北战火，如今他又亲自来收拾东北的残局。谢幕还得揭幕人，他倒是走了个全过程。

3年前，杜聿明率精锐之师扑向东北，一路夺关占隘，所向披靡。突破山海关，连占绥中、锦州，尔后进入沈阳，攻下本溪、四平，乘势占领长春、吉林，一直将林彪撵过松花江，才肯罢手。

杜聿明大喜过望，孰料战线一长，便露出了破绽。林彪"让开大路，占领两厢"，把大城市和交通线这个沉重的包袱丢给了杜聿明。

杜聿明请求增兵东北，蒋介石也是捉襟见肘，顾了关内，又顾不了关外。杜聿明只好自己的梦自己圆，抛出了个"南攻北守、先南后北"的计划，试图先解决南满，再夺占北满。然而林彪却来个"南打北拉、北打南拉"，这一打一拉让杜聿明吃尽了苦头。

杜聿明从心力到军力渐渐地都有些支撑不住了。可是林彪却是越折腾身子板越硬实。林彪看出了杜聿明的痛处，顺势来了个夏季攻势，结果杜聿明不仅损兵失地，自己的身子骨也出了问题。杜聿明的病来得也正是时候，他见势不妙，借口治疗肾病离开了东北。

杜聿明难敌林彪的攻势，陈诚来了同样是吃不消。林彪秋季攻势一结束，冬季攻势刚一展开，陈诚便溜之大吉。蒋介石又派来卫立煌。卫立煌倒是显得非常持重，收缩兵力，固守沈阳，以不变应万变，静观时局。直至林彪发起辽沈战役，蒋介石强令廖耀湘直出辽西，他仍是固执己见，结果闹得不可收拾。蒋介石无奈只好搬来杜聿明执行他的计划。

杜聿明无论如何也没有想到，廖耀湘西进兵团垮得如此之快，周福成防守兵团又是那样不堪一击。直至蒋介石让他相机策应周福成的战斗，他才从葫芦岛一面派飞机轰炸沈阳，一面催促海军赶紧接应刘玉章。当刘玉章最后用所有火力反击掩护撤退时，他还向蒋介石报称："第52军将共军击退，可能安全撤退。"可是11月2日沈阳解放的消息证实之后，他担心林彪会马上打锦西，赶紧召集众将领商讨安全撤退之策。

此时，在葫芦岛的各将领皆人心惶惶，恨不得立刻离开东北，一听说要撤，顿时来了精神。有的提出马上从陆路撤向关内；有的说陆路不安全，还是从海上走安全；有的说海上走固然安全，如果船来得慢，恐怕想走都来不及了。杜聿明见大家莫衷一是，打断争论，定下决心说："从海上撤退。"

侯镜如也有些沉不住气，散会后拉住杜聿明说："你应该当机立断，快下决心，带着一起从陆上走，等船到什么时候？"杜聿明故作镇静地说："不要急，老兄！一字长蛇阵摆到北宁路上，又会被吃掉的。船来了，我先送你的部队走好不好？"

其实杜聿明自有打算，在开会之时，蒋介石已派国防部第三厅副厅长许朗轩带着《徐蚌会战计划》送到葫芦岛，并附一封亲笔信说："目前徐蚌战役关系国家存亡，许副厅长带来的计划如弟同意的话，请到蚌埠指挥。"杜聿明见蒋介石要徐州主力撤到淮河以南守备，虽有可为，但又不愿意负放弃徐州之责，因此复信说："我同意此案，但须将葫芦岛部队指挥撤退完后，再去蚌埠。徐蚌会战部署，请刘峙总司令迅速将部队调至蚌埠，否则有被共军牵制无法撤退的可能。"

杜聿明光想着自己那点私心事了，却把葫芦岛的事情忽略了，等他转过劲来，才想起为何不将葫芦岛部队撤到蚌埠呢？这样自己将来不是可以多掌握些部队吗？于是，又给蒋介石去电陈述利害。蒋介石因顾及华北，复电说："待向傅宜生（即傅作义）商量后再决定。"第二天，蒋介石来电："华北情况吃紧，原调华北'剿总'第62军、第92军及独立第95师仍归华北建制，其余第39军、第52军及第54军全部撤至上海、南京。"

杜聿明接到命令，立即开始部署葫芦岛部队的撤退。

此时，聚集在锦西、葫芦岛地区的国民党军还有十多万人，因惧怕解放军到来，官兵们都显得惊恐不安。杜聿明司令部的门前，整天挤满了争相撤退的人群，总是找出各种各样的理由，希望能够获得尽先撤退。杜聿明觉得这样争吵下去也不是办法，一旦泄露机密，被解放军牵住，恐怕谁也走不成了。为了缩短海运的时间，尽快将所有部队撤离葫芦岛，他与侯镜如商量先将华北各军运至秦皇岛，然后再运其余部队。侯镜如只想着马上离开这个死生之地，也顾不得太多了，因此十分愉快地接受了。于是，杜聿明拟定撤退序列：先起运侯镜如兵团，其次是由营口撤来的第52军，第54军担任整个兵团的掩护，最后撤退。

杜聿明毕竟是征战沙场的老手，临危撤退也显得颇为老练。他稍稍使了个计策，下令时声东击西，给前方担任掩护部队的命令是向解放军搜索前进，给后方撤退部队的命令是向某地转移，等部队到了码头，再下达上船的命令。

杜聿明当时给撤向华北部队的命令是："据报营口方面第52军之一部，本日凌晨已击退当面之敌，正向田庄台方面前进中。该军（师）即由葫芦岛船运营口增援第52军作战。"他的这一着，连罗奇也被蒙在鼓里。罗奇不解其意，还在到处打听："部队为什么又向营口运，你们得着点消息没有？"等船驶离港口，杜聿明以无线电又下达补充命令，要船开往秦皇岛，仍归华北"剿总"序列。

11月8日上午，国民党军运送部队的最后一批船到齐。第54军担任掩护任务的部队离开既设阵地，向葫芦岛港口撤去。部队经由锦西机场时，杜聿明仍安定自若地站在飞机跑道旁，并不断地打招呼说："不要慌，沉着点。"下午4时许，杜聿明登上飞机，飞往北平。

11月9日，锦西、葫芦岛的国民党军全部海运南撤。至此，东北全境解放。

同一天，杜聿明结束东北的最后收场，在北平给傅作义留下一句令人感慨而又耐人寻味的话："东北共军将近百万，很快就会入关，它的战略战术、武器装备及战力远远超过关内共军。从军事上讲，共产党一年以内将统一中国。"

第二天，蒋介石下令将卫立煌撤职查办。原令说："东北'剿总'总司令卫立煌迟疑不决，坐失军机，致失重镇，着即撤职查办。"

历时3年的东北战事，就这样结束了。

战争的硝烟从美丽富绕而又多灾多难的黑土地消逝。

——永远地消逝。

尾篇　历史的震撼

蒋介石黯然神伤飞离北平

北平圆恩寺。蒋介石行邸。

蒋介石木然地坐在沙发上，目光呆滞，面色阴郁。此时此刻，宽大的会客厅已没有往日的喧闹和进出的人群，只有他一个人独自在咀嚼失去东北的苦果。

3年前，《大公报》记者胡霖建议他让张学良复出主持东北，以抚慰受日本人奴役14年的东北民众。可是，他不但没有采纳这个建议，还将东北划为九省二市，分而治之。那些接收大员和政客们趾高气扬涌入东北，人们发现他们并不是很受欢迎的人。"想中央，盼中央，中央来了更遭殃。"这句颇具讽刺意味的顺口溜，倒是道出了东北人当时的心境。

他把东北问题看得过于简单了。他幻想凭据和苏联人的一纸协约，便可以轻而易举地得到东北。但是，斯大林却把他泡了。毛泽东的部队已经占据了东北。最后，他不得不以武力开进东北。他虽然得到几座大城市和连接这些城市的交通干线，而一些中小城市和更为广大的乡村则

289

被共产党人占了去。

他的得意门生黄埔一期的杜聿明倒是很卖力气，一上来就长驱直入，由山海关直抵松花江，将林彪撵得喘不过气来。林彪一退再退，甚至做好了上长白山打游击的准备。可是他亲飞沈阳，再到长春，对杜聿明大加慰勉，而于继续进击之事则予以劝阻。

他把眼光放得更远。东北大打之后，他又开始转向关内，掀起全面内战。然而东北长达4个月的休战，却让林彪缓过劲来。待杜聿明再度出手，林彪已是兵来将挡，当仁不让。几个回合下来，杜聿明已势见力绌，顾首顾不了尾，顾南顾不了北。待林彪乘势出击，发起夏季攻势，杜聿明已无招架之力。

他再度飞赴沈阳。他不明白为什么黄埔一期生就打不过黄埔四期生。他带着怨气和不满，质问杜聿明："林彪是四期的，可你们全是一期的！"他换下杜聿明，又将参谋总长陈诚派到东北。林彪哪顾得上师生的情面，一个秋季攻势下来，把老师也打得连连求援。他又急飞沈阳，从华北调兵驰援东北，才算稍稍稳住了陈诚的阵脚。可是林彪还不肯罢手，又连续发动冬季攻势。陈诚咽不下这口气，以新5军向沈阳西北主动出击，结果进至公主屯便遭全歼。陈诚本来想在东北出出风头，最后也弄得威风扫地。他不得不再飞沈阳，三

1946年，蒋介石第一次踏上东北，内心充溢着胜利的喜悦

易主帅，调走陈诚，请出陆军副总司令卫立煌坐镇东北。

他把东北的重任寄托于这个曾经做过孙中山卫士的老资格将领卫立煌的身上。可是卫立煌与他的意见总是不能达成一致，两个人一直争执不休，直到辽沈战役结束。他不仅失去了东北，还断送了几十万精锐之师。

他为了东北战事7次飞赴沈阳，其中辽沈战役期间就曾3次莅沈、两赴葫芦岛。可是他所有的奔波劳顿都已化成泡影，东北还是丢掉了。

他越想越感到气恼，越是生气，越是急火攻心。他深陷在沙发里有些太久了，想本能地站起来活动一下，但是他的身子太虚弱了，试了几下都没有成功。他感到胸口一阵闷热和疼痛，一团热乎乎的东西一下子涌到了嗓子眼。他吐了出来，是一口血痰。

他有气无力地坐在那里，客厅里仍只是他一个人。他感觉到周围的一切都变得陌生起来，懊悔、痛苦、悲观、失望的情绪重重地袭压在他的心头。

他已经无可挽回地失去了东北，他不能再失去华北，失去南京。

但是，一切都不能按照他的愿望发展了，他主宰这个世界的时代在渐渐消失。

两个多月前，他在南京军事检讨会上面对两百多名将领沉痛训示："过去两年来的剿匪军事，我们全体官兵牺牲奋斗，固然有若干成就，但就整个局势而言，则我们已无可讳言的是处处受制，着着失败，到今天不仅使得全国人民的心理动摇，军队将领的信心丧失，士气低落，而且中外人士对我们国军讥刺诬蔑，令人实难忍受。这是我们革命历史的最大污点，更是我个人最大的耻辱！"

1个月前，辽沈大战正劲，他派参谋总长顾祝同到沈阳督战。顾祝同回南京告诉他，东北负责将领不服从命令，不愿意打仗，企图避免作战。他异常愤怒，飞赴北平，亲自坐镇指挥。他到沈阳严厉训斥东北将领，要他们以杀身成仁的精神，努力作战。

十多天前，东北局势危在旦夕，他再赴沈阳督战。东北将领对"规复锦州"顾虑畏怯，他几乎是声嘶力竭："我们空军优势，炮兵优势，为什么不能打！"

但是，一切都结束了。

他不愿再想下去，他觉得室内的空气让他窒息。他吃力地从沙发上站起来，走到室外，呼吸一下新鲜的空气。北方冬天的寒风来得正猛，他那可怜的身子骨已经不起这般吹打。他望着肃杀的景象，浑身打了个寒战，心里不免一阵凄凉。他意识到这里的一切都已经离他远去，他应该走了。

他带着无比忧伤的心情离开北平，向南京飞去……

东北战场上的硝烟已经散去，辽沈大战的余波依然在震荡着人们的胸怀。

辽沈战役加速了国民党统治集团的总崩溃，震撼了整个世界，使世界舆论为之哗然。

英国《路透社》记者发表谈话说："国民党在满洲的军事挫败，目前已使蒋介石政府比过去二十年存在期间的任何时候，都更接近崩溃的边缘。"

英国《泰晤士报》称："以现在看来，中国如果要统一，似乎将从东北出发了。"

美国《美联社》报道："国民党在满洲的败北，已使南京突呈紧张，人们已在公开谈论着政府迁移的可能性。"

纽约《先驱论坛报》断言："即令美国有十倍于实际所有的力量也无法挽救国民党政权。"

美国驻华大使司徒雷登在给国务卿马歇尔的报告中说："我们非常不愿意地得到这样的结论：国民党现政府之早日崩溃是不可避免了。"

美国政府在对华关系《白皮书》里写道："满洲的丧失对政府是一个大悲剧，因为满洲是中国工业最发达的地区，这亦是原来吸引政府到那里去的原因。军队和资源的损失，尤其值得注意，没有军队和资源，在华北的安全的抵抗就成为不可能的了。"

蒋介石失去东北，成为他政治军事生涯中的一件憾事。东北，在他的心目中留下了永远挥之不去的阴影。

蒋介石在后来检讨东北失败时也不得不承认："对东北问题的处置，更是我们政府的战略上的一个重大错误……将我们国军精锐主力调赴东北，陷入一隅，而不能调动自如，争取主动；最后东北一经沦陷，华北乃即相继失守，而整个形势也就不可收拾了。"

毛泽东胸怀全局计日程功

西柏坡。中共中央所在地。

一座北方极为普通的农家院落，这是毛泽东的办公地和住所。

在一间简陋的屋子里，毛泽东坐在桌前，正伏案疾书。

警卫员再次走进他的屋子里，把热好的面又轻轻地端放在他的案头。他放下笔，伸了个懒腰，随声叫住了警卫员，笑着说："事不过三，总不能让你热上第三遍。"警卫员停下脚，转过身有些责怪地说："昨晚又是一夜没睡，再不吃点东西，熬坏了身体，我可交不了差啊！"他夹了口面条，边吃边又笑着说："挺得住，挺得住！不打败老蒋，身体垮不了。"

辽沈大捷之后，他不但没有好好地放松一下，甚至比往常还要忙碌。他起草的文电，一封接一封地发往前线。淮海战役紧锣密鼓展开，平津战役也将提前举行。历史在他的指掌间，正急速地发生天翻地覆的巨变。

他吃过饭，走到屋外散步。这时天空中纷纷扬扬地飘起了雪花。他颇为惊喜，雪境对心境，心境对诗境，一番雅兴又袭上心头。他情不自禁地吟诵起那首超历史、见魂魄的得意之作：

北国风光，千里冰封，万里雪飘。
望长城内外，惟余莽莽；
大河上下，顿失滔滔。
山舞银蛇，原驰蜡象，欲与天公试比高。
须晴日，看红装素裹，分外妖娆。

江山如此多娇，引无数英雄竞折腰。
惜秦皇汉武，略输文采；

唐宗宋祖，稍逊风骚；

一代天骄，成吉思汗，只识弯弓射大雕。

俱往矣，数风流人物，还看今朝。

3年前，他应蒋介石之邀赴重庆谈判。他的到来不仅震动了整个山城，他的这首几近10年前创作的《沁园春·雪》一经见诸报端，更加让世人震惊。蒋介石弄得自讨没趣，不但在谈判桌上没能占据上风，舞文弄墨更是自愧弗如。蒋介石真凶毕露，只好在战场上比枪杆子。

1年多以前，蒋介石似乎占了上风，不仅占据了各大城市和交通要道，而且还攻占了共产党的首府延安。他不得已离开了这个象征着红色革命中心的圣地，并把自己的名字改成了李得胜，开始了马背上办公的历史。

他让出延安，但没有离开黄土地。在转战陕北1年多的岁月里，他将解放战争的进程由"上坡"推向"到顶"，然后走向"下坡"和"传檄而定"的新阶段。他度过了艰难的时期，预见了胜利可期的局面。在即将收复延安之时，他东渡黄河，走进了西柏坡，走向了全国。

两个月前，在西柏坡中央九月会议上，他提出了"建军五百万，歼敌正规军五百个旅，五年左右（从一九四六年七月算起）从根本上打倒国民党的反动统治"的战略总任务。他审时度势，因势利导，把握时机，将人民解放军发起的大规模秋季攻势，引向就地歼灭国民党军重兵集团的战略决战。

形势发展得太快了，他不得不对已经变化了的形势作重新地估计。在辽沈战役即将结束之时，他致电林彪、罗荣桓、刘亚楼并告东北局、华北局，指出："中央九月会议规定，五年左右建军五百万，歼敌正规军五百个旅，根本上打倒国民党的任务，因为战争迅速发展，可能提早一年完成。"

11月11日，他在给林彪、罗荣桓、刘亚楼、谭政并告东北局及各中央局、各野战军前委的电报中又说："九月上旬（济南战役前）中央政治局会议时所作的五年左右建军五百万，歼敌五百个正规旅，根本上打倒国民党的估计及任务，因为九、十两月的伟大胜利，已经显得是落后了。这一任务的完成，大概只需再有一年左右的时间即可达到了。"

11月14日，他在为新华社撰写的《中国军事形势的重大变化》的评论中指出："中国的军事形势现已进入一个新的转折点，即战争双方力量对比已经发生了根本的变化。人民解放军不但在质量上早已占有优势，而且在数量上现在也已经占有优势。这是中国革命的成功和中国和平的实现已经迫近的标志……这样，就使我们原来预计的战争进程，大为缩短。原来预计，从一九四六年七月起，大约需要五年左右时间，便可能从根本上打倒国民党反动政府。现在看来，只需从现时起，再有一年左右的时间，就可能将国民党反动政府从根本上打倒了。"

一切都在朝着他所预言的方向发展，他主宰这个世界的时代已经悄悄来临。

他没有蒋介石那样威风神气，不能在各战场间飞来飞去，面授机宜，指挥督战。他只能躲在偏远的柏坡岭上，在低矮简陋的屋子里挑灯夜读，拟文电定方针，运筹帷幄，决胜千里。别的不说，打一个辽沈战役，他就亲拟电文77封。一封封电报发往前线，一份份捷报传回佳音。历史在西柏坡这个小小的村庄，发生了伟大的转折。

雪越下越大。

他站在雪地里，尽情地放纵他那超越历史的想象和胸怀宇内的情怀。他透过漫天飞舞的雪花，似

毛泽东在西柏坡迎来了全国胜利的曙光

乎看到了胜利的曙光……

黎明，从东北升起

战争是政治的对垒，是两军的厮杀，是人心向背的决战。

得民心者得天下，自古而然。

杜聿明在抗战时期取得昆仑关大捷后对记者说："本军是民众的武力，民众是本军的父老。所以诸位要是记载这一次胜利，千万要带一笔：本军的胜利，其实也就是民众的胜利。"

同一时期，毛泽东在《论持久战》中说："战争的伟力之最深厚的根源，存在于民众之中。"

轮到国共交手，杜聿明反倒忘记了。他以武力开进东北发动内战本身，就失去了人心。精明的共产党人在战争之初就预见到，在东北与国民党的斗争，"主要当决定于东北人民的动向及我党我军与东北人民的密切联系"。

杜聿明向大城市和交通要道进击，占领了"点"和"线"。共产党人却深入广大的乡村，控制了"面"，把握了人心，将黑土地搞得热火朝天。

国民党抢占地盘，共产党赢取民心。

中国共产党制定的土地改革政策，废除封建性及半封建剥削的土地制度，实行耕者有其田的土地制度，实现了占中国人口绝大多数的贫苦农民世世代代的渴望与梦想。

东北翻身农民给毛泽东写感谢信

1946年5月4日，中共中央发出《关于清算减租及土地问题的指示》。1947年9月13日，全国土地工作会议又通过了《中国土地法大纲》。此后，全国各解放区掀起了轰轰烈烈的土地改革运动。

东北解放区的土地改革运动，像一场猛烈的暴风骤雨，卷走了积压在人们心头的尘埃，滋润了久已干涸的心田。穷苦的劳动大众分得了土地、房子、车马和粮食，真正实现了"耕者有其田"。人民群众得到了实惠，过上了好日子，翻身做了主人。他们从"地到手、粮到口、马到槽、枪换肩"的切身体验中，真正觉醒了。

翻身农民认清了共产党和人民解放军才是他们的救星，并由衷地感谢共产党的济世恩情。哈尔滨顾乡区靠山屯翻身农民在给毛泽东的信中这样写道：

> 毛主席啊！没有您我们真得饿死啦，这回我们都翻身了，分了地，分了马，分了衣服、粮食，都有吃有穿也都抱团了，一定打倒大地主，打倒反动派！眼看到了冬天了，你那里很冷吧？给你捎去一件皮大氅，一双靴子，一双毛袜，一顶帽子。这是我们的翻身果实，也是我们的一点点心意，请您收下吧。
>
> 我们都想看看你，难的又这样远也见不着你，请你把最近的照片给捎一张来吧。
>
> 向您敬礼。
>
> 一九四七年九月十日
> 哈尔滨市顾乡区靠山屯全体翻身农民

人民群众发动起来了，建立并巩固了解放区人民政权。广大农村和城市的经济迅速恢复，工人、农民的生产热情空前高涨。在"一切为了前线"的号召下，翻身农民开展劳动竞赛和生产互助运动，提出"送好粮，打胜仗，解放全东北"的口号，以丰足的粮食支援前线；工人们组织起来，克服重重困难，恢复和发展生产。煤矿工人提出"多出一锹煤，等于前线增加一个手榴弹；多出一吨煤，等于增加一颗大炮弹。"

被服厂工人提出："生产当模范，保证前线不缺穿。"铁路工人提出："解放军打到哪里，火车就开到哪里，保证军运畅通！"军工企业工人艰苦创业，冒着生命危险进行数百次试验，在短时间内研制出多种炮弹、炸药。大连建新公司工程部副部长兼引信厂厂长吴运铎在试验炮弹时身负重伤，被炸断左臂和右腿，仍躺在病床上攻克一个个技术难关，被誉为"中国的保尔"。

东北广大人民不仅为战争提供了雄厚的物力资源，而且还掀起了参军的热潮。在"人民江山人民保"的呼声里，广大青年踊跃参军，出现了"父母送子妻送郎，兄弟争相上战场"的动人场面。吉林延边朝鲜族妇女李玉今在参军的热潮中送走了丈夫林池龙，后来又动员小叔子林升龙入伍。她的两个亲人在战斗中相继英勇献身，她又将林家的另外两位兄弟云龙和青龙送上了战场。李玉今连送4位亲人参军的动人事迹，一直被广为传颂。

随着战争的胜利发展，东北广大人民积极行动起来，随军参战，执行各种战勤任务，解放军打到哪里就支援到哪里，掀起了支战拥军的热潮。

在"三下江南、四保临江"战役期间，临战区数万民工日夜战斗在支战前线。辽吉三分区，在紧急时刻4天内即出动民工2万多人、大车1300多辆、担架1500多副。大赉兵站动员7000多群众参加战勤工作，兵站医院收容伤病员1100多名。临江县出动民工1.2万多人、大车和爬犁1300多辆、担架2000多副，接收转运伤员5000余人。在夏、秋、冬季攻势期间，支战规模越来越大。地处战争前沿地区的辽吉省委、省政府提出"一切为了战争，一切为了胜利"，把支战作为第一位的工作。仅双辽县不到5万人口的城区，从夏季攻势开始到秋季攻势结束，先后出动民工3万多人次。辽南新金县（今普兰店）在三季攻势中出动大车8500辆、担架960副。冬季攻势彰武战斗中俘获国民党军5位营长，因为吃了败仗不服气，可是当他们看到络绎不绝的民工赶着大车、抬着担架，不畏严寒，不怕飞机轰炸，自动运送军需物资和精心照顾伤员，感慨地说："当了20年的兵，从来没有见过这种情况。看了老百姓这样拥护共产党，我们真是服输了！"

辽沈战役期间，东北广大人民群众以更加高涨的热情和坚定的信念，竭尽全力，投入到辽沈决战这场人民战争的洪流。在通往前线的道路上，汽车、马车、骆驼队以及数不清的民工队伍，川流不息，日夜不停。解放军打到哪里，他们就支援到哪里。在广阔的东北战场上，呈现出军民团结战斗的人民战争的宏伟画卷。

东北野战军南下北宁线，途经北镇至义县的老爷岭山路，很难通汽车，沿途五六个村子立即出动1000多人，开山搬石，昼夜抢修，使部队顺利通过。

在北宁线作战的紧急时刻，铁路工人克服重重困难，向前线输送大量弹药和作战物资。第3005次列车冒着国民党军飞机的轰炸袭扰，昼伏夜行，把1600吨弹药由齐齐哈尔昂昂溪隐蔽地运送到阜新，保证了前线作战急需。

围攻锦州，因国民党军炸毁彰武铁桥，切断后方补给线，辽北省委书记陶铸、省政府主席阎宝航星夜赶到通辽，迅速在甘旗卡组织许多人力、驮马和400头骆驼运送油料及其他作战物资到阜新；还动员民工从通辽经八仙筒、奈曼旗、下洼到北票，新开一条350多公里的汽车路，很快恢复对前线的物资供应。

在黑山阻击战中，当地人民将衣物和食品送到前沿阵地

塔山阻击战，当地村民卸下自家门板，甚至拆下炕沿木料，帮助部队构筑工事。还出动200多人帮助部队修筑一条东起打渔山西至白台山计8000多米的交通壕。国民党军第62军军长林伟俦在阻击部队完成任务撤出阵地后，看到阵地上难以通过的鹿砦、木桩、铁丝网等，不禁惊叹：在这么短的时间里，能找到这样多的木材，构筑如此完整的阵地，是个奇迹！

黑山、大虎山阻击战，黑山县人民得知要在这里打仗，立即组织筹集粮草和修筑工事的器材，随部队走上阵地，连夜赶筑工事。在战斗最为激烈的时刻，村民王桂珍一家三口在防空洞里用一口小缸捣出50公斤玉米面，赶制成干粮，送到101高地。整个战役中，黑山县出动民工8.4万人、大车3300多辆、担架4400多副，有400多人在支战中献出宝贵的生命。

东北人民为了夺取战争的胜利，做出了巨大贡献，在人民解放战争的历史上，树起一座不朽的丰碑。

让我们永远记下这些数字：

辽沈战役中，东北人民共出动民工183万人，担架13.7万副，大车12.9万辆，抢修公路2185公里，筹集运送粮食5500万公斤，提供棉衣100万套，寄送慰问信32万封。

东北3年解放战争中，东北人民共出动民工313.25万人，占东北当时

东北野战军经山海关向华北挺进

人口总数的近1/10，担架20.6178万副，大车30.6718万辆，马90.702万匹，交纳粮食450万吨，送出160万优秀子弟参军。

辽沈战役胜利后，东北解放区成为支援全国人民解放战争的巩固的战略后方，东北人民解放军成为一支强大的战略机动兵团。

10月29日，中共中央军委命令东北野战军在锦西附近的第4、第11纵队等部组成先遣兵团，先行入关。11月18日，中共中央军委命令东北野战军立即结束休整，提前入关作战。东北人民组织支前队伍，随军参战，支援全国解放战争。

东北，从此揭开了历史崭新的一页。

东北人民，从此开始了和平与幸福的日月。

新中国的黎明，从东北升起。

主要参考书目

《辽沈决战》（上、下） 中共中央党史资料征集委员会、中国人民解放军辽沈战役纪念馆建馆委员会、辽沈决战编审小组合编 人民出版社 1988年10月

《辽沈决战》（续） 辽沈战役纪念馆管理委员会、辽沈决战编审小组合编 人民出版社 1992年10月

《辽沈战役亲历记》（原国民党将领的回忆） 中国人民政治协商会议全国委员会文史资料研究委员会、辽沈战役亲历记编审组编 文史资料出版社 1985年11月

《中国人民解放军第四野战军战史》 第四野战军战史编写组 解放军出版社 1998年10月

《中国人民解放军战史》（第一、二、三卷） 军事科学院军事历史研究部编著 军事科学出版社 1987年3月

《东北解放战争纪实》 刘统著 东方出版社 1997年8月

《阵中日记》（上、下） 中共中央党史资料征集委员会、中国人民解放军档案馆编 中共党史资料出版社 1987年10月

《国共争战大东北》 唐洪森著 科学普及出版社 1999年5月

《围困长春》 邹衍主编 《长春文史资料》第1辑 1988年7月

《立国兴邦1945—1956年的毛泽东》 庞松、林蕴晖著 中国青年出版社 1993年10月

《蒋介石》 [美]布赖恩·克罗泽著 封长虹译 内蒙古人民出版社 1992年10月

《林彪的军旅生涯》 李时新著 内蒙古人民出版社 1997年9月

《罗荣桓元帅》 刘汉等著 解放军出版社 1987年10月

《黄克诚自述》 人民出版社 1994年10月

《戎马生涯的回忆》 曾克林著 解放军出版社 1992年5月

《回忆卫立煌先生》 赵荣声著 文史资料出版社 1985年1月

《民国高级将领列传》（第一、二、三集） 王成斌、刘炳耀、叶万忠、范传新主编 解放军出版社 1988年10月

《国共和战演义》（上、下） 林利民、张京著 四川人民出版社 1994年7月